读者 文摘 成长卷

——那些年，我们一起成长

本书编写组 / 编

北京工业大学出版社

图书在版编目（CIP）数据

读者文摘. 成长卷. 那些年，我们一起成长 / 《读者文摘》编写组编. — 北京 ： 北京工业大学出版社，2021.3（2023.8重印）

ISBN 978-7-5639-7772-7

Ⅰ. ①读… Ⅱ. ①读… Ⅲ. ①文摘－世界 Ⅳ. ① Z89

中国版本图书馆 CIP 数据核字（2020）第 263256 号

读者文摘·成长卷——那些年，我们一起成长

DUZHE WENZHAI·CHENGZHANG JUAN

编　　者：本书编写组

责任编辑：刘　瑶

封面设计：点墨轩阁

出版发行：北京工业大学出版社

　　　　　（北京市朝阳区平乐园 100 号　邮编：100124）

　　　　　010-67391722（传真）　bgdcbs@sina.com

经销单位：全国各地新华书店

承印单位：武汉兆旭印务有限公司

开　　本：710 毫米 ×1000 毫米　1/16

印　　张：22

字　　数：370 千字

版　　次：2021 年 3 月第 1 版

印　　次：2023 年 8 月第 2 次印刷

标准书号：ISBN 978-7-5639-7772-7

定　　价：55.00 元

序　言

　　我们都在时光里跌跌撞撞地成长，然后一点点离开最初的模样。到底什么是成长，如何成长，成长要经历什么……这许多的问题，没有人可以给出统一的答案，但个中滋味，每个亲历者都深有体会。

　　小时候，看到大人可以想干什么就干什么，想去哪就去哪，非常羡慕，那时就渴望成为一个大人；可当真正长大之后才发现，年龄越大，烦心事就会越多，承担的责任也就越大，再也找不到小时候的潇洒自在了。人犹如一张白纸，越长大，在上面画的东西就越多，可做的选择就越多，痛苦就越多。那一刻突然明白，还是做小孩子最好了。成长在得到的同时，也意味着失去，失去自由，失去童真。但这是人生的必经之路，谁也逃脱不掉。

　　成长是痛苦的，但也是快乐的。因为有那么多美好的回忆，小伙伴的嬉戏打闹，父母的关爱陪伴，老师的谆谆教导……如此种种，成为一个人生命中温暖的指引。当他处于绝望痛苦、陷于困顿迷茫时，那些情景、话语，会是他重新站立起来的无形力量。那些往日的笑容、快乐，会让他在以后的日子里、否定自己的时候，想起世界上还有人深深地爱着他，他并非一无是处。

　　有人说成长是一份成熟，有人说成长是一份改变，有人说成长是一份责任，有人说成长是一份懂事，也有人说成长是一份失意，但我想说的是，成长是永远的行走，行走在人生这条充满荆棘又有鸟语花香的路上，一边走，一边赏，一边哭，一边笑，永远在走，永远在经历！

　　《读者文摘·成长卷》系列共六本，分别是《不完美，是光照进来的地方》《不负梦想，乘风破浪》《那些年，我们一起成长》《青春的那只蝉》《流年里的桨声灯影》《活成自己喜欢的模样》，这些文字或讲述童年的童真童趣，或诉说生活中的尴尬苦恼，或言说成长的感悟经历，或描绘理想的豪情壮志……总之，处处蕴含着情愫，处处显现着温暖。

最后引用诗人刘瑜的一段话，与成长中的每个读者共勉：

愿你有好运气，如果没有，愿你在不幸中学会慈悲。

愿你被很多人爱，如果没有，愿你在寂寞中学会宽容。

愿你一生一世每天都可以睡到自然醒。

目 录

第三辑　他们是世界上最爱我们的人 / 121

第四辑　成为照亮彼此夜空的那束光 / 173

 第五辑　选择放手，是因为爱得深沉 / 237

 第六辑　唱出最动听的青春之歌 / 277

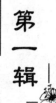

第一辑

恰同学少年，

风华正茂

在时间的河流中，每个人都曾青春年少、意气风发。在那段青葱岁月里，我们哭过，笑过，有过成功的喜悦，也体会过失败的挫折感。即使青春不再，但那些美好的时光将永远留在记忆深处。

六个扫厕所的女生

方悄悄

一

女生之间的"政治"是无处不在的，尤其对初中女生来说，划分团体的标准变幻莫测。不过我从来不关心这些问题，也并不属于任何一个女生团体，原因很简单：我是班长。

并没有受到什么刻意的排挤，只是青春期一种莫名其妙的骄傲吧。我只需要照顾好自己，不需要任何朋友。我习惯一个人看书，一个人上厕所，一个人去食堂吃饭，一个人提着水桶上宿舍的四楼。回首往事，我可以很负责任地讲：从初中开始，我就已经是一个独立的女生啦！但当时唯有一件事是我无法独立完成的，那就是大扫除。

我所在的重点班，最开始有60个人，人数最多时达到过80个人。但80个人，也不够大扫除的。

一天一小扫，教室和宿舍；两天一大扫，教室、宿舍和公共区。每年公共区分配下来后，几个人扫、几男几女分一组、全班分几组、哪一组周一（最脏的一天）扫、人员怎么轮换、教室和公共区怎么轮换……一系列重大的问题，都等着卫生委员做决定。

"啊，你们杀了我吧！"他总是这样哀号。最后他做出的安排，毫无例外，总是人人都不满意。

只有一次——初三上学期，卫生委员从教务处开会回来，脸上挂着神秘莫测的笑容："咱们班今年，哈哈哈，分配到了女生宿舍四楼的厕所！"

我们班的卫生委员是男生，这意味着他这一学期都不用打扫公共区卫生，分组也变得简单了许多。

凭什么让我们扫厕所？都是家里娇生惯养的小公主，难道不能请清洁工吗？

班主任找我谈话："你是班长，要起到带头的作用。"

分配完公共区的第一个周一，我带头站在了女生宿舍四楼的厕所门口。

二

女生宿舍楼一共有四层，每层都有一间冲水型厕所。理论上来说，扫厕所并不是什么难事。把纸篓里的纸拿到楼下倒进垃圾箱，放水冲干净蹲位，就可以了。

但这种事情要细说未免就太恶心了，水压不足或其他原因（请发挥想象），导致厕所经常堵塞。这厕所设计得也很有个性，只有水箱，没有水龙头。

"现在你们先试着放水冲，我去楼下提水。"从一楼提一桶水到四楼，中间几乎不用休息，这是我在这所学校寄宿以来，锻炼出来的一项最重要的生存技能。

话说我提着水到了四楼，找到一个堵塞的蹲位，"哗"地倒水冲了下去。

也是"哗"的一声，身后有人吐了。如果是别人吐的我可能就勒令她自己处理了，但是，吐的是学习委员——班上唯一算得上是我朋友的人。

被分配去扫厕所的一共六个人：我、学习委员廖丹、体育委员黄莉，还有周咏、徐莎、邓婷婷。我其实不想要邓婷婷，并不是我对她有什么偏见。不要她的原因很简单：她太漂亮了，漂亮得根本没有亲自做过扫除——以前公共区不是女厕所的时候，每次轮到她打扫都有男生代劳。说实话，扫除开始前我点名的时候，发现她居然来了，真是松了一口气。

廖丹吐完以后，有十几秒的时间，我们所有人的大脑都是一片空白。

去描述那堆呕吐物简直太残酷了，就连现在回忆当时的场景也是一种酷刑。不过，好的一面是所有来上厕所的人，进来看到这一幕，都默默地退了出去。

"现在怎么办？"邓婷婷抬起手腕，看了一下自己那块漂亮的手表，"我半个小时后还有事。"

"厕所堵了没法扫，半个小时肯定扫不完。"

"怎么扫不完！"

邓婷婷走到我身边，看了一眼被堵住的那个蹲位，又退了回来。

"以后碰到这种堵塞你就不要冲水，恶心死了。"她一边说，一边从黄莉手里拿过来一把扫帚，脚踩住一头，用力扯出一根棍子。然后她拿着那根棍子，大步走向那个堵住的蹲位，背过身，使劲捅了下去。

那一秒之前，邓婷婷在我心里是个娇滴滴的寄生虫，在那一秒之后，她成了光芒万丈的女英雄。

三

其实扫厕所也没有想象的那么难，第二次扫的时候，已经没有任何人需要呕吐了。第三次我们有了明确的分工：邓婷婷和徐莎负责清理堵住的蹲位，我和廖丹负责提水上楼，周咏负责倒纸篓（她从家里拿了巨大的黑色垃圾袋），黄莉负责堵在厕所门口。

我们也是无意中发现她的这项技能的。初一刚分班时，我们就发现班上有一个很奇怪的男生，总是跟女生勾肩搭背的，挺亲热，后来才发现她是个女生。说真的，直到现在我也没见过长得比黄莉更像男生的女生。倒不是说她长得不好看，实际上她长得挺秀气的，但她皮肤黑，短发，身材直得就像一把尺子。

后来我们已经习惯了陈旧的粪便，徐莎说就在心里把它们想象成泥巴。但一坨新鲜的大便对于我们来说仍然是困扰。每次轮到清理的日子，我们就让黄莉穿上她弟弟的衣服站在厕所门口，一直站到学生会的人来检查为止。

这是只有中学生才能想出来的招，但对羞涩、腼腆、尚未摆脱保守思想的女中学生确实有作用，这个方法用了小半个学期后才失效。

小半个学期后，我们发现，扫厕所的确是最轻松的公共区的卫生任务了。打个比方，上个学期扫操场，一组八个人，有男有女，但是男生到了操场以后会发生什么事大家都是能想象到的。扫帚舞几下，便踢球去了。一开始女生们还会正义感爆棚地呼喊"回来"，但后面就放弃了。操场跑道的长度是标准的 400 米，看上去是全校最干净的一块地方，但是总要到天黑才能扫完。走读生来不及回家吃饭，寄宿生跑到宿舍，舍友帮忙打好的饭也已经凉得不能吃了，心酸。

但是扫厕所完全不一样！扫厕所最大的好处就是需要打扫的区域面积小、垃圾集中，如果抓紧干的话，不到半个小时就能扫得干干净净。俗话说，"久入鲍鱼之肆而不闻其臭"，我们六个虽然嘴上不承认，但后来一点也不觉得扫厕所有什么恶心的了。扫完厕所之后，身上当然是臭的，一起出去吃个臭豆腐都会被人嫌弃。所以后来邓婷婷过生日的时候，我们凑钱送了她一瓶香水，这瓶香水，她慷慨地分给我们所有人一起用——一种气团形成了，我们成了一个密不可分的女生小团体。

现在回想起来，这件事几乎改变了我的生活：我从此有了朋友，不再独来独往，不再一个人笑，也不再一个人哭。从那以后，我的所有秘密，都有了倾诉的对象。

四

厕所，我们只扫了一个学期。初三第二学期，学校规定我们不再需要打扫公共区了——专心备战中考！那一年还发生了一件特别的事，让我们第一次体会到离别的含义。省招待所来我们学校挑女生去做服务员，没想到，徐莎居然报名了，而且被选中了。

真是没想到！她虽然个子高、头发长，但一直是个寡言少语、温柔憨厚的女生。问她为什么不继续读书，要去当服务员，她说："我本来就不喜欢读书啊。"

她走的那天我哭了。如果没有之前扫厕所的经历，我想我是不会为她的离去而哭的。"我们要当一辈子的好朋友"，这句话的话音还没落，就已经有人跟我们挥手告别。后来我们中间有人去了美国，有人去了澳大利亚，还有人……

去年，我们在北京的机场送别周咏，她要离开老公和孩子，去日本读博士。这应该是一次欢快的离别，但是，我们喝多了咖啡，弄到要集体上厕所。机场的厕所用浓烈的熏香来掩盖臭气，排队的时候，徐莎低声提起："黄莉的遗书，你们看了吗？"没有，我没有看——我们没有一个人知道她为什么做了那个决定，以及在做那个决定之前，她经历了什么。徐莎做了一个突然的动作，用胳膊揽住我的肩膀——她初中的时候和我一样高，但现在比我高出半个头，她把头埋在我的颈窝里，缓缓地说："还记得吗？她那时候在厕所里都会唱歌。傻不傻？傻死了。"

那一刻，我们彼此眼中的我们，都不是身着成人的装束、冷静持重的模样，我们就好像又穿上了初中的校服，站在厕所门外，挨个儿往身上喷着香水，喷完以后，彼此交换着领口用力闻着。在确认大家拥有一样的味道后，牵着手，欢乐地计划着怎样安排接下来的愉快时光。就好像时光会一直这样愉快，就好像，最肮脏的地方已经被我们征服，被彻底抛在了身后，以后我们每一个人的眼前，都会是一片芬芳和光明。

感悟手札

两斤猪肉，无限动力

刘希

上小学三年级时，学校新换了一位校长，校长在大会上说："以后呀，考试成绩排在班级前五名的孩子，都可以得到奖励，那些钢笔、文具盒之类的咱们不奖了，我们奖点特别的，保证大家都喜欢。"

期中考试临近了，大家都铆足了劲，争取考出高分，得到那份神秘的奖品。那一次我虽然很努力，但成绩仍然排在十名之后。

发奖品那天，我们惊呆了！校长旁边，居然摆了满满一筐猪肉，猪肉特别新鲜，刚宰杀的，似乎还冒着热气。大家你看看我，我看看你，心里为这个奖品拍手叫好。

校长大声问："大家想吃肉吗？"

"想！"全校师生异口同声。

"那大家以后努力学习，考进班级前五名，我绝不食言，只要我在这里当一天校长，考进班级前五的同学，期中考试、期末考试每次奖励两斤新鲜的猪肉。"

那时候，要是一个月能吃上一斤猪肉都是幸事，一次奖两斤，也就意味着，全家人可以饱餐个够，那该多幸福呀！

我后悔极了，要是我再认真一点，考进前五名，拎两斤猪肉回去，不仅爷爷奶奶会夸奖我，爸爸妈妈也会高兴得合不拢嘴，就是邻居见了，也一定会伸出大拇指称赞我。所以，这两斤猪肉的诱惑力是巨大的。况且，我特别想念妈妈那道辣椒炒猪肉的味道，香喷喷的，淋点肉汤，一次能吃下三碗饭。

我每天起得更早了，睡得更晚了，争取把每一个知识点都灌进脑海；同学们也不甘示弱，教室里的琅琅读书声，比原来更加洪亮，大家都铆足了劲地拼命学习，只想把别人甩在身后。我不得不佩服校长的智慧，要知道，在我们这个贫苦的小山沟里，大家都想得到看得见的实惠，试想哪一个孩子，不希望挣得两斤猪肉改善一下家里的伙食？哪一个父母，不希望品尝自家孩子用学习成绩换来的成果？

两斤猪肉渐渐成了父母唠叨的话题。"看你这学期能不能挣两斤猪肉回家！""隔壁家的小明都挣了两斤猪肉了，我看你这次能不能把肉给我挣回来。""爷爷奶奶说你这次要是挣两斤猪肉回家，他们准会给你五块钱奖励。"两斤猪肉的诱惑逐渐升级，每一个孩子，都想得到那两斤猪肉。

那个学期期末，我在父母的翘首期待中，在邻居们的夸奖声中，兴奋地提着两斤猪肉回家，可想而知我是多么神气，连走路都是大摇大摆的，脸上那得意扬扬的神情，跟考了全校第一名没差别。看到父母脸上笑容的那一刻，我心里充满了成就感和自豪感。我在心里对自己说："要每次考试都得到两斤猪肉，要让他们为我骄傲一辈子。"

谁也没有料到，两斤猪肉竟有如此神奇的魔力，一个对学习原本不太上心的孩子，竟然为了得到猪肉，天天秉烛夜读，从成绩一般逐渐变为成绩优异。那些年里的那两斤猪肉，就像一盏明灯，一直引导我努力向前。

感悟手札

我这么没耐心的人，竟爱了你那么多年

朽木

一

秦城是个暴躁男孩。

"林园！你能不能快点儿啊？再晚动车又该迟了！"

"来了来了……急什么呀！"我上气不接下气，拉着装满家当的粉色行李箱。

秦城特嫌弃地瞥了我一眼，自然地接过我手里的箱子，粉色和一米八的搭配实在是有些滑稽。

二

"我和秦城，可是穿同一条裤子长大的兄弟！"向来我都是拍着胸脯，这样介绍我们的关系。

我和秦城青梅竹马，因为秦城特暴躁，而我特皮，所以说我俩是兄弟比较恰当些。

幼儿园时我特别爱欺负人，而矛头对准的永远是秦城，那时候打不还手骂不还口的秦城，明显在时间洪流里被干净利落地冲走了。

"你干吗？"脑袋被狠狠地敲了一下，我费力地抬头瞪着他，恨不得拿高脚椅揍他一顿。

"这是你宿舍的方向，往那边走是校医院，右边有个ATM机，别走错了。"他傲娇地睥睨着。

三

我对大学的期待很简单，因为十八年来都是秦城陪在身边，我的目标就是能和一个充满书卷气息的男孩，来一场在宿舍门口依依惜别的恋爱。

秦城作为学长，时不时就会打个电话"嘘寒问暖"，刚开学一个星期，完全有足够素材来编写一本《秦城暴躁语录》了。

秦城成为我的学长可不是因为他聪明，而是我在中学的一个小小失误，被留了一级……

四

我以为我会再晚些遇见自己的真命天子，没想到节奏有些快。就那么一转角的瞬间，一抹身影让人眼前一亮。

暖男林浩辰很白，比秦城白，穿一件浅蓝色的牛仔外套，不像秦城，天天黑白灰，一看就很暴躁。

我开始用起了最低级的追求手段，天天到教室门口去偷偷望上他一眼，每天都去食堂偶遇他。脸熟是混到了，可是人脉狭窄，迟迟搜罗不到他的联系方式。

五

直到一场篮球赛，秦城是篮球队的主力，在篮球队员进场时，我一眼就认出了林浩辰，"加油！"我把手撑在嘴边，喉咙都要喊哑了，跟着那个身影飘忽不定。我们赢了，秦城超常发挥，比分拉得很悬殊。

比赛刚结束，我就用了百米冲刺的速度，蹭到林浩辰前面，热心地递上手里的水，还没来得及要到联系方式，就被秦城扯到一边："你干吗？"秦城有些不耐烦。

"你有没有林浩辰的联系方式？微信、QQ都行！"我笑嘻嘻的，丝毫没有注意到秦城的黑脸。

"加油是给他喊的？"

话题转得有些快，我没有反应过来。他望了眼我空空的手，沉着脸转身走了。

六

我还是要来了林浩辰的联系方式，林浩辰不像秦城那样沉稳，他总是对身边的事物充满同情，总会在你心情低落时，暖心地劝解你。怎么说呢？就像是漆黑夜空挂着的一轮圆月，和弯月相比，少了份清冷，却多了份温度。

一天我肠胃病犯了，第一个反应，就是考验我的理想男友，打个电话给他，但他没接，下一秒我就熟练地滑到秦城的名字上，发了条短信，得到了秒回。

七

"我说过让你不要喝凉水，偏偏不听话。"他的头发有点儿乱，包括心情。

秦城是真的很没有耐心，就几分钟时间，他能催我好几次，就连吃药也是。

就在我打完林浩辰电话的下一秒，他在朋友圈里回复了同学的留言，"没事儿的，一切都会过去"。

一如既往的暖心博爱，那一刻的我，内心却毫无波动。

不知道是谁说过一句话，"我只知道他是月亮，却忘了他不是我一个人的月亮"。也对，月亮从来不属于任何一个人。

平静的心情在看到秦城的留言板时却产生了波动，一溜下来，整齐的晚安，头像是个卡通手绘，女生的风格。我偷偷摸摸地和林浩辰打探秦城的近况，装作八卦的样子。

"秦城？最近确实有个女孩子追他追得挺凶的。"

"不过我觉得希望不大，他好像早就已经有喜欢的人了。"

心里一颤："是谁啊？"

"啊，这个就不清楚了，好像喜欢很久了。"

八

最近我有了一个新的目标，找出秦城暗恋的女孩。作为一起长大的兄弟，连这点儿事都不知道，让我颇受打击，开始单方面地和秦城闹起了脾气。

"你要不要吃点儿？"他拿出来一块燕麦糖。

"我可不敢吃，可别被某个妹子盯上。"话里有点儿酸意，想收回也来不及了。

"噗，哪有妹子？要有也只有你这个啊！"越听他调侃，心里的火烧得越旺。

我没理他，直接转身回宿舍了。林浩辰再没回过我消息，不知道发生了什么。只回我一句："我们千万别聊出小火花来。"后边加了个大哭。莫名其妙……

九

又一年圣诞节，依稀记得往年，秦城气势汹汹扫走了我收到的所有糖果，叮嘱我不要早恋，心安理得地把所有糖果都吃了。

他喜欢的女孩会是什么样的呢？我突然好奇得心痒痒，不得不承认，被秦城喜欢着的女孩一定很幸福。他没有耐心，暴躁，但是细心、体贴、真诚。

"来教堂门口。"

"干吗？"

"把以前欠你的糖果都还给你。"

圣诞节的氛围在深冬里暖暖的，树干上绕着的小灯，散着彩色的光，一个大高个捧着一大盒糖果走向我。

"喏，"秦城的脸被冻得有些红，"还给你。"

我抱着心形的礼盒有些蒙。

"噗，林园，你傻了吗？"

"林浩辰，他……"

"他要是再找你聊天，我打断他的腿。"

"那个给你留言的……"

"我拒绝她了，因为我喜欢的是你。"

他拍掉了我肩头上落的雪花，"我这么没耐心的一个人，竟爱了你那么多年，你给我一个机会吧，做我女朋友好不好？我可不想再当你的兄弟了。"

我的脑子空白了一段时间，只剩下这段对话：

"是谁啊。"

"啊，这个就不清楚了，好像喜欢很久了。"

脑子里像安了个回音壁，一遍又一遍，"好像喜欢很久了……"莫名很感动，眼睛充满了泪花。

原来最爱我的人，一直在我身边，只是我后知后觉，但幸好没有太晚，从今以后我只爱这个暴躁的男孩。

感悟手札 • • • • • • • • • • • •

六岁的盛夏

江伟军

六岁——想必大多数人对这个年纪是充满了美好回忆的。那时的我，无拘无束，整个世界仿佛只有蓝天和白云。

"记得，一定别忘了。"夕阳下，两个男孩约定。没错，其中一个是我，另一个便是我的朋友。

次日中午，我小心翼翼地拉开奶奶家的门闩，偷偷地溜出去。这时，爷爷奶奶正在房间里睡午觉，此时正是我的活跃期。到了约定的地方，朋友也早早地来了。此次我们俩的目标是树上的蝉。从朋友家的柴房里找出一根长竹竿，套上塑料袋，便成了我们引以为傲的捕蝉利器。只要被它套住，蝉是怎么都飞不出去的。为什么我们要捕蝉呢？这当然也是有原因的。隔壁村庄有一户人家是养蝉的，在他那儿，五只蝉可以换一元钱。当然，蝉也是有优劣之分的，像那种不会鸣叫的要八只才能换一元钱。换了钱，我们便以最快的速度冲进小店里买雪糕，坐在树下慢慢品尝。要知道，能吃上雪糕，在那时可是一件很幸福的事。

光靠卖蝉获得的钱是远远不够的，我们的主要经济来源其实是卖虾。家乡地处江南，河里、湖中的虾可真不少。我们最喜欢的是阴天，因为阴天不会太热，可以钓一下午的虾。我们会把钓到的虾分成两盆，一盆留在家里吃，一盆拿到第二天集市上去售卖。要说卖虾，我和朋友可是镇上的"红人"，因为我们钓的虾又大又干净，不太好的黑虾会在我们细致的筛选之后被丢弃，剩下的都是精品。在集市卖完虾，赚到的钱就可以直接花掉了。一斤虾，市价为 20 元左右，全卖掉后的收入也够我们俩玩遍全镇了。如果有人关注我们，会发现，我们俩每分钟都在吃着雪糕或冰激凌。

吃完雪糕，朋友便和我商量着去后山上玩。我当然很乐意，便一马当先地往山上跑。山顶有我们的"秘密基地"——其实就是一处枫树林。因为在夏天，枫树会招来一种虫子，这种虫子本事可不小，只要它愿意，它就是一个小型风扇，它的翅膀一旦扇动起来，便会有风产生。这种虫子在我们那里可是很抢手的，时不时就会有两个玩得好的小伙伴因它而吵架甚至打架。但我和我的朋友从来不会，因为我们是比赛看谁先抓到，输的人要接受惩罚，我们也不会用它来扇风，因为我们有更给力的"风扇"。

那是一棵我们叫不上名字的树，在比赛中输了的人负责用脚蹬动树干，那巨大的树叶扇动起来，大自然的风便迎面吹来。一觉睡醒，就到了九年后的今天！

六岁那年，我抓住了平生中抓到的第一只蝉，我当时以为自己抓住了整个夏天，却没想到，我更是抓住了童年的回忆！

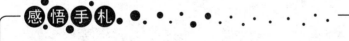

感悟手札

图书馆里的青春故事

文珍

关于图书馆和我，也算是一段悲欢史，该从何处说起呢——这样的开头，大有"不道别来愁几许，相逢更忍从头诉"的意味，但其实当然是恩多于怨、乐多于愁。

一

妈妈至今还记得我第一次去深圳市图书馆时惊讶万分的样子。

那时我们已举家南迁——从湖南移居至深圳——妈妈找的新工作需要参加职业资格考试，因此她每个周末都要去图书馆复习。12岁的我跟她一起去了那里才知道，以前去过的中学图书馆是何等简陋。

阿根廷最著名的图书管理员博尔赫斯说过的最著名的话，无关镜子、迷宫和交叉小径的花园，而是这一句："如果有天堂，大概就是图书馆的模样。"诚如是言，深圳市图书馆无疑是少年时代的我见过的真正的"天堂"。

初到大都会，我忍不住给留在湖南小城的好友写信炫耀："这里不光有无数版本的《红楼梦》，还有《红楼梦魇》和《红楼梦补》！"整整一个月后，好友才回信淡淡地说："那你就替我们多看些书吧。"

迟钝的我这才意识到可能伤害了旧友的感情。而我已经幸或不幸地在图书馆里发现了言情小说专架，从此弃红楼于不顾，从岑凯伦、琼瑶一气看到亦舒、梁凤仪，乃至著名创作团体"雪米莉"。直到大半个暑假过去，熟谙了所有港台言情套路，我才罢休。紧接着，我又发现了金庸、古龙、苏童、陈丹燕，明清小说，还有《青鸟》和《骑鹅旅行记》，等等。

高雅和滥俗在同一个图书馆里和光同尘。也就是说，它们安然共享同一个"天堂"。

刚转学到深圳的我时常逃学。原因很简单，就是迷路。

那条下车后穿过私立医院去学校的小路走过若干次了，但也许因为岔路太多，我还是很容易迷失方向——也有可能是自己潜意识里故意的——等终归正途时，往往已经迟到，而迟到就势必被罚站。每当此时，我就果断地决定逃学——反正上课也没有什么意思。

也怨不得老师总罚我站。那年我刚上初二，正是惨绿少年的年纪。觉得没意思就想逃，可是深圳这么大、这么冷淡，逃到哪里去呢？我并不知道。

终于有一次，班主任忍不住给我妈妈打了电话。妈妈挂断电话后便直奔市图书馆，果然在文学阅览室里把我抓了个正着：无处可去的我，站在书架前消磨光阴，和此前的大多数时间一样。

那天妈妈的表现着实古怪。在深圳 10 月依然灼人的正午骄阳下，她领着我往学校一路疾走，一言不发，吓得我肝胆欲裂。到学校时已过饭点，她便在外面的小饭馆要了两份盒饭，吃饭时还是全程板着脸一言不发。吃完差不多已到上课时间，她才说："你快去上课，不许再逃。"

我灰溜溜地走了，一下午都在忐忑，不知回家后会受到怎样可怕的惩罚——然而，那天晚上并没有发生什么，此后的很多天，都没有。

好几年之后，妈妈才告诉我，其实她那天一直在拼命忍着笑——一个逃学都逃往图书馆的小孩，能坏到哪里去？可又不能笑，一笑，就没法教育了，万一以后再逃学怎么办？

二

另一个关于图书馆的记忆，是常在图书馆里遇到骚扰者。

在图书馆的开架阅览室里看书，脖颈处偶尔感到异样灼热——猛一回头，总能看到一张慌乱潮红的脸，我便如受惊小鹿一般逃开，但还是舍不得放下手中的书。倘若来者再次逼近，我只得放下书快速逃离。有一次受惊吓太遽，我在这座尚且陌生的海滨城市的大街上狂奔，犹如奋力逃离身为一个少女的危险宿命。

而在记忆中狂奔不止的画面里，大街上的夕阳总是惨淡灰黄，公交车站则像永远也抵达不了的、足以自保的成年时光。

过了那段危险期，再在图书馆遇到搭讪者，早已练就应对之法。就读研究生时期，有一次在阅览室自习，不知为何总感觉对面有两个小火团灼热地投向我。终于，一张纸条"啪"地按在我看的书上。我眼皮都不抬，当即收拾东西起身。还没走过长廊，空荡荡的楼道里脚步声越来越近："同学！"

我回头看那人，他比我想象中更从容："同学，可不可以告诉我你的电话号码？"

彼时我早非惊惶如雀的13岁女孩，正色道："同学，你不觉得在图书馆这样影响别人学习不好吗？"

他似乎吃了一惊。

过了几年，某个冬夜又在国家图书馆遭遇搭讪者，已经不再那么可笑地大义凛然了。搭讪者同样是看我离开阅览室，一路追出，在万家灯火次第亮起的中关村大街上大喊："你读几年级了？"

我想了想，还是平静地回头："已经工作了。"

那个中年男人"哦"了一声，听不出失望还是别的："你看上去很年轻。"

我忍住了没说"谢谢"。

"请问，我有这个荣幸可以认识你吗？"

"并没有。"我同样礼貌地回答。

也许是长大后渐渐就理解了，在图书馆搭讪成年女子的人和骚扰者不同，多数还是耽于幻想的多情种子。这样一想，我多少就原谅了这些搭讪者。

习惯在图书馆里追逐女孩的男人们，在书与书的空当处茫然四顾，幻想颜如玉从天而降。是读书给他们制造的幻觉，抑或被某种孤独感驱使，能接近最大数量陌生女性的唯一可能，也就只有在这全然免费的"天堂"了。

三

还有一些时候，不一定要自己去图书馆，也可以委托他人去借书。

表妹家比我家到深圳要早好几年，她家里缴了择校费让她进了市重点中学，据说该校有全市数一数二的校图书馆，比我插班的普通中学的图书馆规模大得多。我有一次随她混进去借了本港版《唐伯虎诗词歌赋全集》，至今还可以将里面的词倒背如流：

牡丹含露真珠颗，美人折向庭前过。含笑问檀郎，花强妾貌强？

檀郎故相恼，须道花枝好。一向发娇嗔，碎挼花打人。

据说这首《菩萨蛮》是唐代无名氏所作，也不知道怎么窜入唐寅的集子。唯一记得的就是这本书差点遭遇不测。事发于某节语文课，我刚把书拿出来看不久，语文老师突然过来轻敲桌子，让我去他办公室帮他拿一本书。我赶紧把书藏在书桌抽屉里，起身就走。回来后发现班里的气氛异样，下课后才知道，我刚起身离开教室，语文老师就把我抽屉里的书取出来向全班展示："你们看看人家在看什么书！竖版，还是繁体……"

那是一个说不清楚到底是称职还是不称职的老师。同学都叫他老鬼。他看上去很严厉，会罚迟到的女生在操场上跑五圈。当时学校不允许女生蓄长刘海，中考前夕他会拿自己的刮胡刀剃掉女生的长刘海（几乎所有女生都为此露出难以忍受的表情）。他会在上课时把"干涸"念成"干固"，引得我这样的二愣子学生忍不住举手站起来说：老师你念错字了——端的是书生意气，挥斥方遒。而老师到底是什么反应，我却完全忘记了。

不过我一直没忘记那个细节，他从我抽屉里拿出书向大家展示，又在我回来前迅速放回——虽然并没有真的看到那一幕。就是这行为的出人意料，让我猜想他也许并不像表面上那样讨厌我。不光是因为唐寅、繁体字、竖版。也许更多的，只是人到中年的渐渐吃力，和面对年少轻狂的学生的不知所措。同时，又对这无知无畏不由得退避三舍，并感到某种怅惘。

人生忽如寄。当我开始懂得这点时，早已过去很多年，几乎到了和那个老师差不多的年纪。一生再也没有机会问这个被称为老鬼的语文老师当年到底是怎么想的——被一个13岁的女孩指出自己念错字，以及发现她上自己的课时却在看繁体字的古籍。

感 悟 手 札

_____

_____

美女学霸养成记：我要做最闪亮的那颗星

张东亮

九岁独自赴英留学，17 岁成为全校唯一考进牛津的人，18 岁夺得全球著名公司麦肯锡的实习机会……赵丹阳的成长历程就是一部"学霸养成记"。

1998 年出生的赵丹阳是广州女孩，父母都是知识分子。在外企当白领的母亲曾有过海外留学经历，对赵丹阳的成长产生了不可忽视的影响。

儿时的赵丹阳就不同寻常，当同龄人还沉溺在动画片中无法自拔时，她已经学会了关心时事政治，关注国家大事。她经常在完成作业后，独自坐在电视机前津津有味地看世界新闻，并和父母探讨国际形势。于是，赵丹阳小小年纪就具有了"国际视野"。

2006 年夏天，一个远房亲戚打电话给赵妈妈，说自家儿子快要高考了，不知道该选什么专业，对于自己的未来很茫然。赵妈妈给出一个中肯的建议后，开始思索国内外教育模式的不同，国内偏重于灌输式教育，所以中国学生的根基非常扎实，这是优点，但也是缺点。而西方国家更重视综合素质教育，尤其是人格特质的培养，大学也是"宽进严出"。所以，她就和丈夫商定，将来等女儿大了要送她到国外留学，进一步拓展她的视野。

但没想到，自从赵丹阳随父母到英国旅游过一次，并参观了当地学校有趣的教育方式后，她就开始缠着爸妈要留在英国读书。她才八岁，虽然赵丹阳的表姐定居在英国，有亲友照料，但把一个自理能力并不好的小不点扔在大洋彼岸独自求学，赵妈妈想想就心疼。

但赵爸爸却在第二年同意了女儿的选择，"正因为孩子的自理能力差，我们更应该勇敢放手，让她学会独立。丹阳一直向往到国外当小留学生，何不让她先尝试一年？"

赵妈妈最终被丈夫说服了。2007 年，他们把小丹阳送到了英国第三大城市利兹读书。在别人玩耍嬉闹的年纪，这个早熟的小丫头就遵循自己内心的想法，去见识更广阔的世界了。

赵丹阳的表姐毕业于世界名校，还曾周游列国，一直是小姑娘钦佩的楷模，她立志要成为像表姐一样优秀的人。然而，赵丹阳毕竟只是一个孩子，在异国他乡，交流障碍、文化冲击、饮食习惯、被孤立等考验如潮水般汹涌而至……每到夜深人静的时候，她都会抱着书本哭泣不止。

赵丹阳始终牢记着妈妈告诉她的那句话："勇者和庸者之间，有时只差一步之遥，就看你能不能坚持到最后。"她知道自己为什么要出国，她不仅要成为学习最好的那个，更要成为人群中最耀眼的那个。

赵丹阳苦练英语，并为自己取名叫 Cecilia Zhao。知识让小姑娘变得强大，她开始慢慢融入学校，融入学生群体，更凭借自己聪慧的头脑，在一年后成为全年级最耀眼的小学霸。

数年后，一直成绩优异的赵丹阳初中毕业，考进了著名的赫特伍德中学。这是一所高级精英学校，学生大都来自上层社会群体，家庭背景优越。这所高中在学习成绩之外，更注重学生的全方位发展。对学生而言，想要优秀就要同时兼顾学业与运动、社交等方方面面。但就在这个天才云集的地方，赵丹阳依然是最学霸最全能的那一个。

英国高中每学期有三门课程，作为精英学校的赫特伍德中学，三门课程尤其专业，考核严格，任务繁重，很多学生努力一学期都无法得到三门课的优秀。但赵丹阳在这里创造了一项纪录——这位中国姑娘选择了六门课程，是别人的两倍！其中包括高等数学、经济、地理这样公认超难的学科。当时很多人都觉得她疯了，原本名列前茅的成绩，一定会被这个举动瞬间拉垮。结果却让全校为之叹服，赵丹阳修读的六门课程不仅全部完成，更在高考中拿到了六门 A+！

2015 年，赵丹阳以全校第一的成绩被牛津大学录取，也是那一届全校唯一考入牛津的学生。她拿着最高等级的奖学金，开始了崭新的大学校园生活，也开始书写她全新的学霸纪录。

牛津辩论社，就是她上大学后第一个要征服的目标。这是世界上最负盛名的辩论社团，被称为西方世界言论自由的终极堡垒，有着 195 年的历史，华人女性想要成为牛津大学辩论社的一员，难度可想而知。

该辩论社录取采用投票制，进入牛津大学的第一个学期，赵丹阳用了整整半年的努力去准备这次竞选，为了一天的闪耀，她付出的辛苦难以计数。结果是喜人的，赵丹阳以最高票加入了辩论学会，成为学会中的委员。但这还不是她的目标，她不要做普通会员，而是要做夜空中最闪耀的那颗星！

第二学期，在同学们都不看好，甚至出言打击的情况下，赵丹阳成功竞选辩论学会的常委。结果，她证明了一个真理：当个人实力达到一种境界时，种族、肤色、国籍都无法限制他们散发光芒！她也是第一个当选牛津辩论学会常委的华人女性！

2016 年，18 岁的赵丹阳还从 2000 多名竞争者中脱颖而出，获得了全球最知名管理咨询公司麦肯锡的实习机会！在那里，女孩又斩获了非同寻常的职场经历。

2018 年 4 月下旬，牛津大学将举行年度辩论大赛，辩题是"科技帝国的崛起威胁社会发展"。为此，赵丹阳查阅资料，写辩论文，模拟辩论，做了充分的前期准备。

4 月 21 日晚，辩论赛在牛津大学开幕，多家英国媒体全程拍录。作为反方辩手的赵丹阳一开口，纯正的英语发音和妙语连珠的发言，就令全场的老外们肃然起敬。就连坐在观众席上的牛津大学校长，都冲她竖起了大拇指。

如今，20 岁的赵丹阳正在本硕连读。待到学业有成，她将回国与父母团聚，并把自己所学的知识和理念用于国内，奋力去圆自己的女外交官梦想。

赵丹阳一直相信视野决定格局，而格局决定未来和命运。"就像一个没有见过大海的人，他只会迷恋小河，又怎么会产生在星辰大海间远航的梦？"

明明有资本当个享受生活的女孩，偏要走出安逸圈，去做十项全能的"开挂"少女，一路拼成牛津历史上最著名的中国女学霸。赵丹阳用她的传奇青春激励我们——比你优秀的人都比你努力，你还有什么理由怨天尤人？

感 悟 手 札

青春碎片

张若尘

一

高三青春是什么样子，每个人都听了太多，看了太多，无论向往、恐惧或留恋，只有亲身走过，才明白属于自己的高三青春是什么样子。我一直觉得，许多时光让人留恋，并不一定在于轰轰烈烈、惊天动地，或许美丽更多存在于平常细碎的欢声笑语、痛苦和气愤等点点滴滴中。我更喜欢用文字记录生活的片段，分享给他人，留给未来的自己感慨。我在经历，千万人在经历，青春每天都在上演。我一直相信：细节中见真情，琐碎中见人心，平淡中现人性。

二

周一下午班会，班主任问我们："近来发生的大事是什么啊？""金庸先生去世了！"我们大声回答。班主任愣了下，似乎是没有听到她想要的答案。然后她突然开始感慨她当年上高中时在同学家看《射雕英雄传》的经历。最后她说了一句："现在'80后''90后'为什么这么怀念金庸先生呢？说白了，许多人都在纪念自己的学生时代，怀念当年老师在讲台上讲课，自己在抽屉里偷看金庸小说的经历嘛！"全班大笑……

三

我们中午吃饭时要看新闻，以了解国内外发生的事，增长见识。有一次看新闻，讲了陕西的一个小孩子被继母折磨虐待，颅骨75%受损，肋骨断了两根，两个视网膜脱落……各种带伤口的照片一张张展出，我旁边的女生说了无数次"天哪，怎么能这样"，还有个同学只吃了几口饭便吃不下去了，难受……

四

之前有个同学，上体育课和大家打篮球，恰好有两个女同学来到篮球场说来看男生打球。他注意到了，在所有人注视下，拿着球打了鸡血一样直冲篮板，起跳，然后，"咚"一声躺地上了，球都飞了……哈哈哈哈，你可以想象那种尴尬吗？我们永远忘不了那个场面！

五

中午在教室里上自习，是有些难受的，因为要睡觉只能趴在桌子上。有一天，我还没睡，突然一阵闷响传来，我抬头，发现我前面的男生在打呼噜，那可谓是惊天动地，在宿舍里打也就算了到教室里还打，我实在憋不住笑喷了。我环顾四周，看到无数人被吵得睡不着后盯着他的眼神，哎，为下课后的他默哀……

六

周二下午，因为领导来验收文明单位，学校提前组织大扫除。可有一点让我感到十分无语，为什么连花坛里的落叶还要扫出去？南京都推行落叶不扫政策了，为什么我们学校就不能让学校更自然一些呢？落叶，况且是花坛里的落叶，算是垃圾吗？为什么我倒觉得落叶缤纷更美丽呢？

七

我喜欢偶尔望着窗外发呆。三四个星期的时间，我看着楼前的杨树从最茂密的翠绿，到阳光下的金黄，如今只剩下无数的枝条在风中摇晃，甩动着仅有的两三片叶子。每一次看向窗外都觉得时间过得好快，离高考只有200天左右了。

八

我只听说过好多名人因为抑郁症自杀，但并未接触过。我不知道到底什么是抑郁症，有时候自己不想说话，只想沉默发呆，让思想乱跑，带来些难受的感觉，便会觉得抑郁症患者估计也是这样。

九

我很喜欢大家在晚饭后大声背书。因为其他人大声背书时，我就可以随便唱歌了！周三晚饭后，大家又开始背书，而我和同桌一起边唱着歌，边写作业，唱着唱着就唱到《南山南》了。我们刚进入副歌"南山南——"班主任从后面走到我们旁边！

"嗯——南方经济开始超过北方，经济重心从此逐渐南移……"机智如我！

十

谁都知道高三学习生活忙碌，体育课自然会很少，一周一节。我们真的超级珍惜每节体育课，可是最气的是连珍惜的机会都没有。开学四个月，上了四节体育课！每次都因为老师开会、学校联考各种"人祸"取消，如果没有"人祸"，那80%会有"天灾"——下雨。好不容易把我们的体育课从周二下午调到周三下午，当周，周二晴天，可周三又下雨！我们只好获得体育老师批准后放篮球比赛视频看，刚看一会儿，班主任进来，说了句："都高三了，咱们班没有这样的先例，不就上不了一节体育课嘛！"啊——我只好调侃："干什么呢都？我们班没有上室外体育课的先例！"

十一

年级让每个同学都为自己的高三定一个目标，也就是想上的大学。之后会将各班的目标大学印出来贴在每班教室外面的墙上。但要让班主任先把所有人的目标大学按"985""211"之类的等级排好顺序。全年级只有我们班没有排，因为我们班主任给我们说，她认为梦想不分高低，无论"985""211"还是普通一本，都是一样的梦想。鼓掌！

十二

年级将各班的大学目标贴到墙上当晚，晚自习下课后，我和同学回宿舍时，我让他和我一起看看×班××的。我满心紧张地和他站在其他班的教室外面，超级着急，找到后我赶紧装作什么都没做走开了，心里像做了什么亏心事一样。其实那时走廊上已经没几个人了，后来想起来自己真好笑。但这不重要，重要的是我看到了她的目标。

感悟手札

每个与闹钟相伴的清晨

鱼巳

丁零零，闹钟每天早晨六点准时响起，我的眼睛还迷迷糊糊地睁不开，手已经条件反射般向床头柜上闹钟的位置摸索。

夏天的早上，太阳出来得很早，六点的时候，阳光已经透过窗帘照进屋子里，微微睁开迷糊的眼睛，只觉得明晃晃的，叫人留恋昨晚的好觉，不愿意醒来。

昨晚做了一个怪梦，从周六的休息场景不知怎的一下子转到了明天，也就是考试日，梦里的我满脑子都是"怎么办呀，还没学会呢"。考场也像是一个陌生的场地，发下试卷一看，卷子的前半张是数学，后半张成了语文，夹杂着不知是前几日还是好久以前留在脑海里的英语试题，无厘头得很，梦里都是手心发汗的紧张情绪。试卷的每道题我好像都见过，却又完全不会，没过多久，丁零零，恼人的交卷铃声就响起来了。

"丁零零……"

交卷铃声响个不停，试卷没做完可怎么交啊，真叫人慌神。

丁零零的声音一直持续，慢慢变得清晰，也让人感觉熟悉起来。嘿，这不是家里的闹钟在响吗？

六点准时响起的闹钟声总是钻进我的梦里，拽着不情不愿的我从美梦或者不怎么美的梦里醒过来。

有时候闹钟响起时恰巧正做着美梦，梦里我正和好多朋友一起玩耍，香喷喷的美食摆满了桌面。丁零零的闹钟声突然不知道从哪个角落传来，响了好一阵子，我才终于从梦中醒来。这时候妈妈正在厨房里做早餐，乒乒乓乓、咕噜咕噜地响着，原来梦里食物的香气就是妈妈做的早餐的味道。

摁掉闹钟以后，我总是习惯在床上愣神几分钟，挣扎着不让自己躺回被窝继续刚才的梦境。

"快点洗漱！闹钟都响过了，怎么还不起啊！"妈妈在厨房中气十足地喊着。我这才慢慢地爬起来，换上校服去洗漱。

好像每个人的学生时代都躲不开闹钟的身影。我周末和同学去看了一场青春电影，银幕里长相精致的女高中生也和我一样被闹钟声从美梦里叫醒，不过她做了一个和帅气的男神相遇的美梦，而且一睁眼就已经是美丽的模样。就算不照镜子我也知道，刚被闹钟叫醒还睁不开眼睛的我，脸肯定肿成了大饼状。

丁零零的闹钟声贯穿了我的每个学期，直到假期来临才能稍微消停一下。睡眠质量奇高的我，在学生时代总是伴着闹钟丁零零的声音醒来。迷迷糊糊之间，闹钟声仿佛成了一种学习的暗示，是一天美好的开端，每天的活力从闹钟响起开始，在进入美梦时结束。

床头的小闹钟我已经用了好多年，换过了几回电池，依然还在坚持工作着，准时准点地在六点响起，陪伴着我从睡梦里醒来，陪伴着我开始一天的学习。

感悟手札

_____

_____

_____

人生何处不相逢

大牙秦

一

像陈曦这样不善交际的人怎么也想不到，有朝一日自己会参与网友见面会这种活动。自我介绍之后，陈曦暗自发誓，从今往后，这种活动不会再参加第二次。

有人朝她走了过来，她看清来人后，不禁发出感叹。

"好巧！"这两个字被两个人异口同声地吐出。

"怎么，认识啊？"和陈曦熟络的女生笑着问。陈曦点头，说："巧了，坐火车来北京的时候，我们坐对面。"

二

第一次上大学，陈曦豪气云天地送走家人，坐在火车上就开始吧嗒吧嗒掉眼泪。那时，一个男生拖着行李箱走过来，冲陈曦得体一笑。陈曦自觉失态，抹了把眼泪，抱着大包小包端端正正地坐好。途中，列车放起了音乐广播，陈曦低声跟着哼唱了两句，听到对面的男生说："呀！是陈百强的《偏偏喜欢你》。"

不得不说，这个男生嗓音还不错，可这和她有什么关系呢？

之后下火车，陈曦等要好的同学来接站，大包小包扔在地上，她看着车站里人群熙攘，不知道自己的路究竟在哪个方向。

三

陈曦讲到此处，宋奕插嘴，说："你错了。"

"啊？"

"陈曦同学，我们在火车上可不是初见啊，之前在学校就见过，我也是Z中的。"

宋奕初见陈曦时，她也是这样闷闷的，不怎么讲话，哪怕是在学校的"金色年华杯"颁奖典礼上。

宋奕记得清楚，那是冬天的一个晚上，陈曦到现场时有些晚了，摸摸索索到了他旁边，将外套、帽子、围巾一一取下，喘息声很重。她大概是想问典礼开始多久了，眼神往自己这里瞟了几次，又躲开。还是宋奕先开了口，说："没事儿，才刚开始。"陈曦礼貌地回了一句"谢谢"。宋奕看到她的眼睛圆圆的、大大的，非常好看，不自觉就想了许多。

想着想着，脸上便升了温度，心也乱了节拍，眼睛四处乱瞟，却又不小心撞进陈曦的眼睛里。宋奕忽然觉得气氛有些微妙的暧昧。正当他准备再说些什么的时候，台上的主持人叫了一声："小说组一等奖，陈曦。"他在心里感叹："哇，小说一等奖，很棒啊！"

陈曦匆匆地来，拿了奖、留了影之后又匆匆地离开，宋奕没来由地有些惆怅，他见识了陈曦卓越的才华，可陈曦还没投给他一个满心敬仰的眼神。

这不公平。宋奕有些气恼，这时，台上主持人的声音再次传来："绘画组一等奖，宋奕。"

四

陈曦听完之后笑了笑，回了一句："原来是宋画家，失敬失敬。"

"之后，我们又见过很多次。"宋奕喝了一口饮料，悠悠开口道。

大三，陈曦决定考研，早早地在自习室第一排占了位子，只要没课，便雷打不动地去学习。

"当时，我就坐在最后一排，你进来的第一秒，我就看到你了。"宋奕继续开口道。

那时候的宋奕用笨拙的招数，企图引起陈曦的注意，比如偷偷撞一下陈曦的桌角，丢下一句"对不起"。可是，陈曦满心都在学习上，是真正的"两耳不闻窗外事，一心只读圣贤书"。宋奕的小伎俩完全起不到任何作用，他失望极了，没多久，学习方面也有了诸多迷茫，心灰意懒之下，就索性放弃了，留下了满桌的随手涂鸦。

再后来，就是陈曦考研失败，一个人站在教学楼楼顶吹风的时候，宋奕碰到过一次。那时，宋奕和一群文青哥们儿想在这所学校里留下一点属于自己的东西。宋奕选择了陈曦所在的那栋考研楼，准备在楼顶的大白墙上画一排机器猫。

陈曦上楼时，宋奕的机器猫还没咧开嘴。听到有脚步声，宋奕躲到隔断墙的后面。他觉得陈曦又闷又倔，哪怕是一个人，也不肯痛痛快快地哭上一场。后来，他看到陈曦终于结束了沉默，用手指戳了戳墙上的机器猫，说："好了，哆啦A梦，我们都要开心呀！"

"那时候，我看着你的背影想，这样一个倔姑娘还挺让人心疼的。"

陈曦揉了揉太阳穴，接着宋奕的话茬儿说："然后就是面试地产公司了吧。"

春招时，陈曦已经病急乱投医了，毫无目的地选择职业方向，让陈曦碰了不少壁，磨掉了些许自信。

从地产公司出来时，正巧碰上小雨。陈曦走在路上，竟生出几分伤感来。也是此时，头顶忽然多出了一把伞，那个人一直未曾看她，只丢过来一句没头没脑的话："没什么大不了，你只是志不在此。"

当时，那个人一眼都未看陈曦，而她心事万千。

"我以为你不记得了。"两个人同时开口，又笑了起来。

五

聚会散去之时，宋奕和陈曦一南一北，正欲道别。陈曦先开口，问："宋奕，要加个微信吗？"

宋奕愣住，随后又赶紧回答："当然要……要啊！"加了微信，两人又走了一段路，陈曦的话多了一点。"宋奕，你说这叫不叫'人生何处不相逢？'"

宋奕挠了挠头，忽然笑出声来，说："这大概是缘分吧。"

陈曦又开了口，说："虽然我才知道宋奕是你，但我暗暗欣赏宋奕这个人已经很久了。"

陈曦供稿时，注意到杂志上一位自称为"song"的插画师，这位插画师的风格完全符合她的审美。后来，她听说那位插画师是一个还在念书的男生。陈曦尽管闷了些，梦总还是会做一些的，她躺在床上无眠时，是幻想过那个男生的眉眼的。陈曦有过几桩憾事。一是在"金色年华杯"活动上，未曾见上一见那位署名为"song"的选手；二是整理资料离开考研教室时，才发现最后一排一个座位上的涂鸦，署名依旧是"song"；三是她考研失败，在考研楼顶楼的墙上看到一排可爱的机器猫，这给了她很多慰藉，可她甚至不知道作者是不是她一直想要结识的"song"，而这个"song"是否又是她欣赏的那个插画师。

后来，她毕业，被拉进一个莫名其妙的群，本来想退出，可看到群里有一个昵称为"song"的人，手指便僵住了。

兜兜转转，此刻，所有的谜团都揭晓了，他们两个都笑起来。

"宋画师，我有一个故事差一个结局。"

"陈作者，我的漫画已经画出结局了。"

宋奕打开手机，一则短漫映入眼帘——男女主人公擦肩无数次，漫画的最后，主人公们终于停下前行的步伐，相视一笑。

"好巧，既然又遇到了，我们便一同赶路吧。"

宋奕终于挽起陈曦的手，背后车水马龙，人群熙攘。

感 悟 手 札

我的"硬汉梦"

彭扬

很多男孩心中都有一个"硬汉梦"，我也不例外。

何以非得勉为其难地奢望成为硬汉，而不是风流倜傥的英俊诗人、家财万贯的郊区佛爷抑或一只无忧无虑在树林里敲树不止的啄木鸟，我自然不得而知。也可能是荷尔蒙作为秘密的指挥官，让我一看到哈里森·福特、克林特·伊斯特伍德、史泰龙、布鲁斯·威利斯、施瓦辛格、尚格·云顿等人，内心就涌起无尽的激越和亢奋。

刚上小学时，看了约翰·韦恩的《关山飞渡》，在这部改编自莫泊桑的小说《羊脂球》的电影里，他斜戴着牛仔帽，以一敌三，为导演想极力塑造的英雄主义画下里程碑式的一笔。

第二天，我来到教室，仿佛约翰·韦恩附体，口中念念有词，左手插在腰间，随时准备抽出幻想中的手枪。坐在我前面的男生跟往常一样，和他的女生同桌吵着小架（小学毕业后我才知道，这种吵架是他对同桌表达爱意的方式），但在我的眼中，他成了十恶不赦的大坏蛋，现在竟然化身小学生对大家闺秀纠缠不已。我大喊一声，模仿骑马的姿势冲向他。仿佛一位优雅的观光客突然被丛林里冒出的野人抓去一般，他嘶叫着和我扭打在一起。美丽的女生一点也没有要拉开我们的意思，仿佛在欣赏某种文明的壮丽景观似的，含笑眨着眼睛，哼着《千年等一回》的曲调。

对我来说，我心中狂野的梦，并不是那种长满举重运动员似的骇人肌肉和身藏数不尽的高科技武器就能草草了事的。硬汉的形象，最重要的是有一颗狂野的心，在举手投足之间都能让人感受挑战世界的年轻味道，如同火热夏天的蓝色海洋。如此说来，相对于施瓦辛格之类的肌肉男，我更喜欢杰森·斯坦森。在《敢死队》里，他穿着黑色的夹克，骑着硬朗的摩托（请注意，并不是价值连城的招摇跑车，也不是《蝙蝠侠》里超现实的高科技战车），载着前女友，海扁了对前女友暴力有加的现任男友。在撂翻一群装模作样的伪君子后，他穿过日光汹涌的篮球场，坏坏地看着惊喜和后悔交织的昔日情人。

　　如此这般，我便也在心中埋下狂野的摩托车情怀。上高中时我曾对着浣熊形状的云块这么想，有朝一日，我一定也得穿着黑色夹克，骑着哈雷，带着喜欢的女孩，穿越金子般耀眼的大沙漠。或者，像布鲁斯·威利斯在《低俗小说》里那样，在临时的汽车旅馆，和女孩子逃避喜剧般的追杀。

　　那时一并迷上的还有雷蒙德·钱德勒的侦探小说，我经常模仿"硬汉马洛"的口气说："你是个凶手！"看过《长眠不醒》《高窗》《湖底女人》等书以后，我知道原来钱德勒本人也是一条十足的汉子。他20多岁的时候看上了别人的老婆，便穷追不舍，终于在许多年后将其娶到手。

　　大多数人成年以后，便很少做梦了。"狂野的心"这类说法，大概也成了凯迪·佩里唱的 Teenage Dream 这样过气的畅销金曲。但是，如果没有千奇百怪的梦，世界想必一定会单调和寂寞许多吧。

感悟手札

青春是个染色缸

张泽语

　　我躺在军训基地的操场上，和好友有一搭没一搭地聊着天，数着满天繁星。

　　"你说青春像什么呀？"好友问。

　　沉思良久，我不急不缓地吐出一句："像个染色缸。"

青绿色

　　进入初中学习的前一天晚上，我在床上兴奋地翻来覆去，怎么也睡不着。要知道，平时的我可是头一碰到枕头分分钟就能入睡的呀！就这样激动地数了大半夜的绵羊，直到第二天凌晨才昏昏睡去。

第二天，我坐在校车上左看看右望望，头扭个不停，心里还不停地感慨："初中的校车就是气派呀！"去学校的路上我也不安分，仗着自己坐在靠窗的位置，自以为跟车老师看不到自己，就肆意地把安全带解开再扣上，扣上又解开。事实上，这恼人的吧嗒吧嗒的声音与那安静的车厢格格不入，很快便引来了跟车老师，后面的事大家都应该猜得到吧。

但那又如何，这点小风小浪还能打垮我？我的心情依旧激动，甚至在下车的时候也不停地催促前面的同学走快一点，恨不得自己是第一个冲进学校的。看着前面的同学陆续下车，马上就轮到自己了，激动的心情里不知何时又掺了些许紧张。没想到，下车的时候我一脚踩了个空，崴了脚！有同学想过来扶我，被我一口谢绝，因为我想一个人气宇轩昂地跨进中学，拥抱新的生活。

当时的我进入青春期不久，就像一株破土而出的青竹，充满活力，阳光向上，觉得自己连"小升初"都熬过来了，还怕什么呢？面对新的局势、新的环境，脑海里竟没有一丝畏惧，有的全是美好与奇妙的联想。

那时的青春是满怀希望的，宛如染色缸里那一抹充满新意的青绿色。在时光的长河里荡漾着，挥之不去，最终变成美好的回忆。

淡粉色

初二那年，我情窦初开，特别喜欢躲在角落里或者窝在被子里，拿着手机看明星的照片。余淮的饰演者刘昊然、江辰的饰演者胡一天，都曾是我钟爱的校园男神。可是当他出现在我的世界里的时候，我才知道其他人都是过眼云烟。

他当时高二，是我们中学为数不多的提前进入高中学习的学生。他个子很高，瘦瘦的却很精干。他的长相不算出众，甚至脸上还有青春痘，可那份与生俱来的沉着冷静、阳光开朗以及淡淡的书香气息一下子就吸引了我的目光。

他的成绩很好，曾考过我们市的第一名。可当时我只是一个不起眼的小女生，成绩也处于中等水平，所以无论如何都不可能引起他的注意。这可怎么办？

我坐在窗台上翻阅了许多平日爱看的青春校园小说，想着借鉴某个桥段和他来一次美好邂逅，可结果不尽如人意。

那时的我突然明白一件事：我不是耿耿，不可能遇到余淮；也不是陈小希，更没有江辰来守护。我，就只是我。想要被他注意，能做的就只有变得和他一样优秀，不再仰视他。

从那时起，我就把手机里的照片全部删除，甚至到后来主动上交手机，因为我的心底一直有个声音——我要平视他！

回头想来，当时羞涩的感情也许只是单纯的崇拜。因为崇拜，所以想和他谈天说地，所以才会拼命努力地追赶他！

这大概就是冒着淡粉色气泡的青春教会我的吧！

咖啡色

备战中考的那段日子就像是喝咖啡，刚入口时苦涩难咽，可现在回味又别有一番风味。

"妈妈，家长会上老师和你说我可以上什么学校啊？"

"老师说，只要你稍微认真一点，二中肯定是可以考上的！"

于是《五年中考三年模拟》便频繁地出现在我的书桌上。

"妈妈，考前老师和你说我可以上什么学校啊？"

"老师说，你进步很大，再多努力一点，上省中是很有希望的！"

于是我的作息就调整为晚上 12 点睡觉，早晨五点起床；包里放的零食也越来越少，后来索性腾地儿放试卷了；那段时间我爱看的小说也被我狠心锁在抽屉里，手里捧的只有名著。

就这样，我一直坚持到中考前夕。那晚我躺在床上有些失眠，正昏昏欲睡时，一番对话传入耳中：

"丫头最近真的辛苦了。其实她的老师对她考市里的高中没抱多大希望，可我相信她一定行！"

"我也相信她！"

我用枕头捂着脸，不想让眼泪流下，但无济于事。备考的压力以及父母最殷切的期盼和那份浓浓的爱，让泪水一触即发，顺着脸颊滚落，滑入干涩的喉咙——苦苦的，涩涩的。

12 岁那年我以青绿色推开青春的大门，那般满怀希望；

13 岁那年我用淡粉色探索青春的秘密，如此可爱调皮；

14 岁那年我用咖啡色谱写青春的行迹，这样无所畏惧；

而今天，15 岁的我想用淡蓝色去打开高中的青春之旅，往后的日子都要冷静沉稳。

天上的星星依旧眨着眼，我们已经从北往南数了一大半了。

"那你说它们为什么都羡慕我们？"好友又问。

我答道："可能它们羡慕我们可以把生活染得五颜六色吧！"

感·悟·手·札

一年看600本书的"图书馆女孩"

青辰

2018 年 10 月，山东大学文学院研究生丁安琪因一年读 600 本书而意外走红，大家称其为"图书馆女孩"。

丁安琪的舍友说："丁安琪每天不是在图书馆看书，就是在去图书馆的路上。"

大四课程少时，丁安琪就每天早上六点半起床，先去地下餐厅晨读 40 分钟，吃完早饭就去图书馆读书，一直读到 12 点。午休后，丁安琪又开启"读书模式"。从下午两点开始，她又坐在图书馆里直到五点，晚餐后，又接着读书做笔记直到七八点。

宿舍、图书馆和餐厅形成丁安琪的三点一线，日复一日，周而复始！

有一次清晨，丁安琪借了五本书，安安静静坐在图书馆埋头啃读。周围的人一茬又一茬，来了又走了，她完全沉浸在自己的阅读世界里，忘记了时间。直到五本书全部看完，她伸长双臂舒展僵硬的身体那一刻，才发现，原来已是晚上九点。

刚入学时，丁安琪的成绩在班上排名靠后，但由于持续读书，到大三下学期结束，她的学习成绩已经上升到班级的第二名。大四毕业后，她又被保送继续在本校读研。读书的过程使她找到了奋斗的方向，那就是研究著名作家巴金和萧红的作品。

看完介绍她读书生活的视频的学弟学妹们迅速展开心算：丁安琪每天泡在图书馆的时间超过 10 小时，如果按每小时读 100 页计算，那她一天就能看两到三本书，除去休息日，丁安琪一年至少要看 600 本书！天哪！这个学姐简直就是"读霸"附体、"学神"再现啊！

丁安琪被学弟学妹们奉为新晋偶像、学习楷模，他们将她的读书视频发到网上，以"山大"拥有如此人才为荣。

视频一经发布，迅速如飓风刮过：一年读 600 本书？这是什么概念！大家争先恐后点赞留言："姑娘一年的读书量超过了我一辈子的读书量，我要向她学习！""腹有诗书气自华，爱读书的姑娘最美！""丁安琪是这个时代的清流！"

与此同时，各种置疑和诋毁也渐渐出现……

"读书在质不在量。读得这么快，读得这么多，能记住多少呢？""如果一个人做不到全面发展，在社会上又如何胜任自己所要承担的工作？所以，读书应有度，适可而止。"

更有甚者，阴阳怪气地说："读那么多书有啥用？估计脑袋都成硬盘了，读成了书呆子！"

听到这样的奇葩言论，网友们一下炸了锅："有啥用？那是说你自己吧！一个天天看 10 个小时手机的人，当然不知道看 10 个小时书的好处！""读书是高雅的爱好，把每一件事情都折算成收益的功利之人，肯定会觉得读书耗时无用！"

有些网友毫不客气地回怼那些持"读书无用论"的人："你有时间忙着思考读书多有啥用，不如放下手机，去买本喜欢的书看，充实自己的内心！"

不知从什么时候起，这个世界上最远的距离不再是天涯海角，而是我站在你面前，你却在玩手机。在丁安琪看来，习惯于手机阅读会造成思维惰性；长时间沉迷图片浏览模式，更是让人失去主动思考的能力，精神日渐萎靡，没有朝气。丁安琪只有在偶尔胃疼得实在受不了时，才会刷刷电视、看看电影，以此分散注意力缓解疼痛。

三毛说："读书多了，容颜自然改变，许多时候，自己可能以为许多看过的书籍都成过眼云烟，不复记忆，其实它们仍是潜在气质里、在谈吐上、在胸襟的无涯，当然也可能显露在生活和文字中。"

妆容精致的舍友好心劝她："安琪，你要是把头发烫个波浪卷，再化点淡妆，凭你的模样气质，绝对能成为'新生代知性女神'。"但她总是笑笑："化妆？太浪费时间啦！穿裙子？在图书馆看书多不方便呀，高跟鞋更不利于急匆匆地去餐厅打饭，运动起来也不方便。"

虽然丁安琪的衣着朴素无华，但她的神情里有种说不出的淡定安宁，举手投足间尽显温雅从容。丁安琪觉得装扮自己不是当下最重要的事情，等她想改变的时候，随时可以改变。大学正是读书的好时候，每一本书都能帮助自己将思想的宝塔搭建得更高。

不管外界如何议论，读书早已融进了丁安琪的生命。看吧，扎着马尾辫，身穿牛仔服，背着蓝色背包，脚穿运动鞋的丁安琪，正匆匆走在校园的林荫大道上，甩给我们一个青春的背影——她正向学校图书馆进发。

感悟手札

年少无知，最为致命

烟二

一

有人说，有香菜的地方就有江湖，我很赞同。然而，这世上还有另一个江湖，它是属于大蒜的，这里的大蒜特指一个人。

大蒜是我的发小，我们两家都住在巷子尽头的大院里。

大蒜的本名叫张天算，我问他为啥叫这名。他说"人算不如天算"，听上去很有深度。我止不住大笑，问这话谁说的，大蒜故作深沉："我爸！我觉得我是个有故事的男人。"

大蒜有没有故事我不知道，但大蒜的爸应该是个有故事的男人——毕竟，大蒜是没有妈妈的。每次我妈给我炖蛋、做酸辣汤、包馄饨的时候，他就只能远远看着，然后剥一颗大蒜塞进嘴里。

当别的孩子还在向往大院外的江湖时，他已经可以骑着自行车去小卖部打酱油了。大蒜每次打酱油回来，都会从口袋里摸出些新奇的小玩意，比如五彩的玻璃球，比如塑料片拼的飞机模型，又比如小浣熊水浒卡。

有一次大蒜送自己多余的水浒卡，大院里的孩子众星捧月般将他围住，一声声"蒜哥"叫得人鸡皮疙瘩掉一地。

我挤进人堆，也想捡漏，大蒜抬头看了我一眼，立马从衬衣口袋里掏出一张卡片塞给我，然后大声撵我离开："快走快走，你妈让你回家写作业。"

仿佛是得到了某种暗示，我飞快地跑回家，这才研究起手里崭新的卡片——居然是"呼保义宋江"。我心想，大蒜可真讲义气啊，我也得有点表示才行。

第二天，我从家里偷偷拿了一个大蒜送给张天算，他看着我用心准备的礼物，明显有点蒙。

"那个卡很珍贵的吧？"我小心翼翼地问。

"我正好多一张。"他还是收下了我的礼物，若无其事地剥了一颗蒜丢进嘴里。

二

大蒜一直想搞点大事，有一天，他把我和小鬼们聚集起来。大蒜站在石头磴上说："大院其实就是一个江湖，想在这个江湖上立足的人，必须得有个帮派。"那时，电视里正在放着黄日华主演的《天龙八部》，江湖迷得我们晕头转向，所以大蒜一提议，就得到了全票通过。

"从今往后，我们就是'蒜帮'了，我是你们的帮主！"想入帮，就得经受一些考验。大蒜说，每人当着他的面吃一颗生蒜，咽下去就能入帮。终于，张天算将一颗蒜瓣放在了我的手里，他看看我，欲言又止。

我无比讨厌大蒜的味道，可不吃吧，又害怕被入了帮的小伙伴嘲笑。我狠心咬了一大口蒜瓣，还没咽下去，就全数吐了出来。

"太难吃啦！"我赌气扔掉蒜瓣，扭头想走，张天算忽然拉住我说："你不吃大蒜也可以，亲我一下，就让你入帮。"

我知道张天算在开玩笑，大院里数我和他的关系最好，但张天算没想到，我真的走过去，亲了他一下。他的脸忽然就红了，然后他当着"蒜帮"帮众的面，大哭了起来。我不知道自己做错了什么，也不明白大蒜为什么要哭，反正那天所有人都忘了起哄，他们怔怔地看着我，仿佛在看乔峰。

从那之后，邻居们很快都知道了这件事，她们笑嘻嘻跑来我家"问情况"，我妈铁青着脸，摆摆手说不可能，然后关上门狠狠骂了我一顿，罚我一个月不许看电视。作为当事人的张天算，却再也没和我说过话，有时候在大院里撞见，他也低着头快步走开。我很纳闷，他在那儿别扭个什么劲？

三

几年后，小巷翻新，大院外墙也跟着翻新，我妈告诉我，大蒜要搬家了。

我跟着一群人围到了张家门口，张天算正在收拾东西，这一回他没哭。16岁的张天算，已经长得很高、很清秀了。大院里没有人再管张天算叫"大蒜"，因为不知道从什么时候起，他已经不剥蒜瓣吃了，且成绩很好。

看着越变越优秀的张天算，我总觉得，很多年前，自己在无意间抹杀掉了一位江湖名流。

"喂，秦小静，你等一下。"当大院里的人都散去后，张天算忽然叫住我，"我有东西给你。"

我心里"咯噔"一下，心想，他能有什么东西给我呢？答案很快被揭晓——一套中考复习资料。

我抱着厚厚的一摞资料，干笑着缓解尴尬："我听说，一中都是学霸，学习压力应该挺大吧？"

张天算"嗯"了一声，说："你明年中考要加油，我在一中等你，你要是考不上，以后就别说是咱们'蒜帮'混出来的。"

我愣了一下，点头说："好啊！"我看着他把整理好的东西放在纸盒里，又把纸盒绑在自行车后座上，然后，我们终于要正式告别了。我挣扎了很久才开口问他，那个时候到底为什么要哭呢？

张天算没有回答我。他翻身上车，使劲儿一脚蹬下去。这一次，走掉的大蒜却再也没回来。

四

拿着张天算留下的复习资料苦学一年后，我并没有考上一中，我只去了个普普通通的高中，然后按照普通人的成长轨迹，又考上一所普普通通的大学——我终于意识到，这对我来说，并不是一个青春励志故事。

可我听说，张天算依然开着挂，先是重点高中，再到重点大学，他算是大院江湖中传说级别的人物了。我是被"蒜帮"逐出门外的废柴，我没脸再去见他。

只是我没想到，在大一结束后的那个暑假，他竟然主动回来找我了。那天下午，张天算骑着自行车，停在了大院门口。

"秦小静，你出来。"他大声喊话。我耷拉着脑袋挪了出来，像个做错事的孩子。我想向他道歉，可是张了张嘴，却一句话也说不出来——为什么要道歉呢？因为没考上一中？或者，没有考上理想的大学？

他把一束花迅速塞进我的手里，就像当年塞给我那张宋江闪卡一样。他说："秦小静，你知道我什么意思吧？"

我愣一下，为了更明白他的意思，我盯住张天算，又问了一遍："当年我亲你的时候，你到底为什么要哭？"

"能不说吗？"他皱起眉头。

我笑笑，把花还回去。

张天算沉默了片刻才开口："和女孩子接吻前吃大蒜，是会被讨厌的吧？我不想被你讨厌。但是，我觉得你已经讨厌我了，因为那天我刚吃了好几个蒜瓣。"

我哈哈笑起来，问："那你现在还吃大蒜吗？"

"偶尔吧。"

"那你刚才吃了吗？"

"没有。"张天算笑笑。

不得不承认，这么多年过去了，我依然不喜欢大蒜，却依然很喜欢大蒜。

感·悟·手·札

被游戏改变的北大文科生

王一越

在刚结束不久的纽约时装周静态展中，展出了腾讯出品的网游《天涯明月刀》中的三套游戏服饰。这三套服饰采用了苏绣、云锦和花丝镶嵌等国家非物质文化遗产传统工艺，而把它们从虚拟的二次元世界带入现实世界的，是自称"没做成艺术家，只能当个匠人"的虞丽琦。

虞丽琦从小就对古代文化感兴趣，本科考入北京大学中文系，研究古典文学，读研时在考古文博院继续学习。虞丽琦还对古代服装非常感兴趣，18岁时，她曾仿照马王堆汉墓出土的朱红罗绮锦袍自制了一件青衿曲裾深衣。

"我是个容易沉迷于兴趣的人。"虞丽琦这样形容自己，这份热情不仅被用在古文化研究上，还用在了她从小就着迷的游戏里。1998年她第一次接触文字mud（用文字和字符呈现的早期网络游戏）后，就疯狂爱上了网游，从单机到端游、手游，直到现在，她还保持着只要休息就打游戏的习惯。

"因为太喜欢了，我一定要学会怎么开发游戏。"

作为一个毫无程序基础的文科生，虞丽琦利用课余时间找来资料，一点点啃下复杂的编程语言，那种亲手创造世界规则的感觉令她废寝忘食。半年后，虞丽琦开发出了在mud圈内颇有名气的游戏《笑傲江湖》。

对游戏的痴迷让虞丽琦笃定了未来要从事游戏行业，毕业后，她放弃原本的专业，去了游龙网负责市场营销，之后，陆续做了渠道、推广、产品，甚至负责过招商投资，慢慢摸清了游戏产业链上各个环节的操作，那段时间的提升成了她日后创业的积累。

虞丽琦是个喜欢自由发挥的人，她明白创业更适合"一心干事"的自己。最初的尝试从古装摄影工作室开始，那时市面上的古装质量良莠不齐、设计不符合史实，价格却不便宜。想到自己从小坚持下来的绘画功底，虞丽琦干脆亲自设计制作服装。之后，陆续有游戏行业的朋友委托她制作 cosplay（角色扮演）的服装，这让她发现制作游戏服装的过程比摄影更有意思，也因此找到了一条新的创业方向。

和普通服饰不同，游戏服饰往往充满了设计师天马行空的幻想，经常会出现质地坚硬的铠甲，或是色彩梦幻的裙袍，夸张的配饰和道具更是常有的搭配，这些特殊的设计使得常规服饰的面料和制作工艺往往无法满足制作要求，虞丽琦不得不根据图样去"开发"新的材料。有一次，客户提供的图纸上画着一套覆盖龙鳞的服装，龙鳞泛着暗紫色的光芒，市面上难以找到这种面料，让虞丽琦很头痛。一次偶然的机会，她看到别人用 UV 喷绘的工艺在亚克力上喷涂，得到了灵感，当晚就拿着各种材料试验，最终做出了理想的面料质感。

因为这个领域的不可复制性，学习和创造成了虞丽琦的工作常态，她平日里会时刻留心生活中值得借鉴的工艺细节，任何用得上的技艺她都会尝试，她说："这种跨行业的思维是很重要的，其他领域的东西都可能是很好的启发。"

除了游戏服饰，虞丽琦还为舞台表演、影视剧、博物馆等场景制作服饰。不同于游戏服装，影视剧追求真实感和装饰感的平衡，要求衣物饱和度低、色泽沉稳，面料则不能出现现代制品，而是以丝绸棉麻为主。博物馆要求最为严格，但也最贴合虞丽琦的专业底子："做藏品复原，我一定会先去分析考古报告，从里面找到衣服残片的尺寸，一点点将它们复原出来。"虞丽琦为江苏宿迁项王故里制作过一套战国甲胄，甚至连缺损的残片都复原了。

从北大文学才女，到服饰工艺制造者，虞丽琦的转型过程充满了艰辛。父母有很长一段时间都无法完全理解女儿的选择，看到她整日整夜待在车间，常常把自己搞得灰头土脸，忍不住为她受过的高等教育感到惋惜，但虞丽琦本人却乐在其中。如今她还在考虑新的发展计划，想要开拓国外市场，把中国文化的传统工艺推广出去。

感悟手札

我被男生当众表白了

李歆

时至今日，我偶尔还会想起，自己在兵荒马乱的高考前一天被一个男生当众表白，几乎惊动了整栋教学楼的事。每每和同学谈起这段经历，我都不禁感慨："很特别的回忆，也算终生难忘了。"

那天本来和高中三年来的每一天一样，似乎没什么差别。教室里的风扇呼啦呼啦地吹，却赶不走渗入空气里的炎热。大家紧皱着眉头，专注地盯着一沓又一沓的错题集，仿佛多看一道题，高考就能多得一分。

午休时，后排的同学给我传来一张皱巴巴的字条。我一脸狐疑地打开，上面潦草地写着："陈默说，他喜欢你。"停顿了好几秒钟后，我暗暗戳了一下旁边桌的好友，问道："陈默是哪个？我忘记了。"在好友的指点下，我才把人和名字对上号，不禁觉得有点尴尬。

我所在的是理科班，有45名同学，其中只有12名女生。升高三时，学校整体换班，使得我除了对自己座位周围的男生还算熟悉，后排的男生只能勉强记住名字。很多男生的名字，我临近毕业都没完全和人对上号。

高三注定不适合在学习之外的任何事上投入过多精力。"或许是玩'真心话大冒险'游戏受罚了吧。"我顾不上想太多，整理了一下被打乱的思路和情绪，把它当作玩笑抛到脑后。

但我还是低估了这个"玩笑"的后劲。高考前的最后一个晚自习，老师让大家出去休息，放松心情。不知何时，教室里只剩下几个人。我正和好友聊着天，门口传来声音："李歆，有人找。"我应声出门，看见班里的男生们群聚在教室外的走廊里。那个叫陈默的男生被他们推了出来，他一脸纠结，不停地挠着头，抬头看了我几眼，想转身回去，却被男生们再次推出来。忽然间，我脑子里有一根弦开始晃动，拼命地提醒我接下来可能要发生的事情。我有点慌了。

还没等我做出反应，陈默像做了一个重大决定，面对着我，闭着眼睛大吼了一声："李歆，我喜欢你！"说完转身就跑，留我一人目瞪口呆地站在走廊里。因为动静太大，隔壁几个班的同学都奔出教室，询问发生了什么事。

好友看见我蒙圈的样子，拽着我想把这件事问清楚。陈默再一次被男生们推了出来，我拉拉好友："算了，别问了，就当是开玩笑，不会有啥影响的。"陈默听到后突然激动地喊起来："李歆，我再说一遍，我喜欢你。这是第三遍！我是认真的，没开玩笑。"

陈默的话让我当场愣住，内心五味杂陈：开什么玩笑？我的天！都不认识怎么就喜欢了？明天就要上考场，为什么现在说？

正当我愣神的时候，楼梯口的男生大喊："老师来了！"大家瞬间奔回教室。这场告白事件，因为老师的到来，停在了告白未果的阶段。

接下来的晚自习，我都心不在焉，甚至没有在意老师说的注意事项和鼓励。晚自习下课后，陈默追上了还没缓过神的我，喘着气道歉："对不起，李歆！今天不应该跟你说这些，要是影响到你考试，我罪过就大了。"见我不说话，他便解释，自己是因为"真心话大冒险"游戏被推出去表白，但害怕高考后见不到我，脑袋一热便说出了"喜欢"。

"但我说的话都是真的！不管你对我有什么样的看法，也不管你会不会给我一个答复，我都无所谓，我喜欢你就好了。总之，李歆，高考加油！你在我心中是最厉害、最好看的！"说完，他一溜烟跑了。

我突然有些释怀，发现自己根本生不起气来，一种奇怪的情绪在心底蔓延开来，冲淡了高考的紧张感。我那除了复习就是补课的中学生活，在临近结束时，因为他，突然增添了一抹意外却又绚烂的色彩。

最终的高考我还是没有发挥出正常水平，但并不是因为陈默，而是因为避免不了的紧张。陈默却和我截然相反，超常发挥，去了一所不错的大学。在接下来的几年里，陈默只给我发过屈指可数的几次节日和生日祝福，我们俩心照不宣地没有更进一步，止步于某种不尴尬的平淡，并在这种平淡中渐渐失去联络。

我从没有责怪过陈默当年的举动，年少冲动的荷尔蒙总是无法抑制。相反，我有点感谢那份无所畏惧、脱口而出的"喜欢"，没有他的表白，我可能永远也不会知道那个人，也不会知道自己被默默地喜欢着。

在高考的重重硝烟里，它成了我独一无二的明亮记忆。

感悟手札 • • • • • • • • • • • • • • •

_____

_____

卸窗帘的同学们

夏眠

校园的中心是一汪安静的喷泉，水里游弋着各色金鱼。以喷泉为圆心，往外延伸的是小花园，石廊上挂着紫藤，石桌旁立着红枫，石凳后长着银杏。若是沿着鹅卵石小径往前走，路过一片香樟树，便能到达我们的教学楼。

枫叶一红，学校的英语周活动就近了。英语周是为了鼓励同学们学习英语而举办的活动，压台的节目必然是周五上午的文艺会演。为了这次文艺会演，各个班的同学都会早早地开始准备。也许是初生牛犊不怕虎，我们班长选择的表演内容是莎士比亚的经典戏剧《裘力斯·恺撒》，其他同学知道后发出一阵欢呼，仿佛自己下一秒就会站在百老汇的舞台上。

没想到，我们迈出的第一步就直接踩进了坑。几乎没人愿意演，面对沉默地低着头的同学，班长一怒之下，一拍桌子祭出了祖传绝学——抽签！

我的同桌很幸运地抽到了安东尼这一角色，从那天起，他的早读课就变成了莎士比亚戏剧的台词课。每次忘词，他总会习惯性地挠挠头发，没多久，鬓发处被他挠出了一个浅色的坑。我实在看不下去，只要他一抬手，我就会拽住他的胳膊，说："你还没成年就要秃了！"

在我的监督下，同桌挠头的习惯改掉了，换成了挠墙。上自习课时，一听到身边有疯狂的挠墙声，我就知道他又卡壳了。

午休时，几个演员会跑到楼下的小花园里，反复排演。一日，偶然经过的校长从树叶的间隙里看到学生举起的道具刀，吓得一个箭步冲上前去："你们干什么？"班长脱口而出："商量刺杀！"幸好同桌机智地补了一句"排练刺杀恺撒的节目"，不然他们就得在校长办公室里写着检查度过下午的时光。

那时没有平板电脑，排练全靠录音带和CD。录过对白的录音带，到了后期，卡得连录音机都播不动。于是，同学搬来厚重的笔记本电脑，午休时挪开课桌椅，让几个演员模仿舞台剧里的动作和走位。

就在我们踌躇满志地准备两天后登台演出时，负责联系道具的英语课代表带来噩耗：全城的影楼都没有可以租借托加长袍的，需要去外省租。可是这样，费用就远远超出了我们班级的活动经费预算了，即便立刻找裁缝现做，也没有办法在短时间内赶制这么多件托加长袍。

一时之间，大家没了主意，纷纷讨论起变通的办法：要不就穿校服？可是这样舞台效果就会大打折扣。要不换成洋装？可是租借洋装的价格也不是我们能负担得起的。同桌下意识地伸出手挠了挠墙，忽然抓起了白窗帘的一角，问："你们看，这个行吗？"

我站在窗台上，踮起脚，卸下一个个夹子。灰白色的窗帘垂到地面，扮演恺撒的班长不顾窗帘上落的灰，拿起来在身上绑了几圈，还挺像那么回事。于是，同学们纷纷爬上窗台，开始卸窗帘。

那天下午，每个来授课的老师，都会不自觉地看看格外敞亮的教室，还有堆在教室后墙黑板报下的那一大坨白窗帘。参加演出的人有六个，教室的窗帘只有两片，于是我们气势汹汹地拥入隔壁两个班，在隔壁班同学的注目礼中，一脚踩上窗台，"洗劫"了他们的窗帘。

"喂！隔壁的！你们拿走窗帘，要负责洗，还要负责再挂回去啊！"

材料有了，如何把它变成罗马托加长袍成了问题。窗帘很滑，很难固定，哪怕打了结也会因为演员的一抬手而松开。

我们只有采用人形固定的办法，让演员站在中间，用回形针、发卡把窗帘固定在演员的衣服上。几个演员一字排开，张开双臂。

"你夹到我的肉了！"同桌的声音从头顶传来。

"别喊，不然还会夹到！"我头也不抬地说。

"你别动啊！这边我刚固定好又滑下来了！"

"停停停！"班长突然喊道，狠狠地砸了一下自己的头，"完了，我是蠢货，我忘记了托加是按照等级分颜色的，我们需要紫色和红色的托加！"

一瞬间，万籁俱寂，叮当一声，似乎是谁手里的回形针掉到了地上。

白色窗帘多见，红色的却不多，但凭借着我们出色的记忆力，很快便找到了学校有着最多红窗帘的地方——小礼堂。小礼堂的窗户较高，我们借来了梯子，规规矩矩地站在一边，偷偷打量着默不作声的校长。他背着手，回头面无表情地看了看我们，朝着一旁的保安大叔挥了挥手。两个大叔爬上了梯子，替我们卸下了火红的窗帘。

我抱着窗帘，小心翼翼地往回走，背后校长的目光和手里的窗帘莫名地生出了温度，而且越来越烫。等英语周结束了，我一定要把班长当窗帘一样挂起来！

现在唯一剩下的，便是象征着皇权的紫色托加了，也是关键人物恺撒的着装。我第一次感到紫色是如此让人头疼的颜色，也第一次埋怨为什么每家每户都千篇一律地喜欢用白色的窗帘！

明天就是周五了，一筹莫展的我们决定妥协，还是用红窗帘吧。就在此时，班长惊叫一声："我知道哪里有紫色的托加了！"

"哪里？！"

"校长办公室的沙发巾就是紫色的！"

班长的表情犹如剧中遇刺时的恺撒，他咬了咬嘴唇，说："可是校长已经忍我们很久了啊……"说完，他环视了一圈，仿佛在期待哪个勇士能自告奋勇地站出来。

我们几个忧心忡忡地站在走廊的这头，目送着班长远去的背影。窗外起了风，徒然生出一种"风萧萧兮易水寒"的悲壮。

在被校长训话一小时之后，班长抱着一卷紫色的沙发巾，在我们的掌声中，昂首挺胸地回到教室，还真有几分恺撒的无畏和无惧。

周五，我们班的节目一登台，场下便响起了轻轻的赞叹声，金色的探灯为托加长袍镀上了一层薄薄的光，庄重而严肃。我知道，我们赢了。

"恺撒班长"和其他得奖人一起，站在舞台上。校长面对观众发表活动致辞："这次活动，大家都很努力地准备，尤其是一些班级，充分发挥了主观能动性，动用了一切可以利用的资源，也让我看到了年轻人无限的可能性。"

末了，校长看了"恺撒班长"一眼，指了指他身上的衣服，说："我办公室的沙发巾，你穿着还挺合适的。"

台下哄堂大笑。以后，提及高一（3）班也许有人不知道，但提及那个为了表演节目，卸掉学校窗帘的班级，就无人不知了。直到我们毕业，校园里还流传着那个"所到之处，窗帘全卸"的班级的传说。

感·悟·手·札

物理第二，化学第三

权蓉

一

看了题目，你肯定要问，第一是谁？当之无愧——实验。

你想啊，一直拿着瓶瓶罐罐、木块、纸飞机、轱辘车……满以为窥见了世界一角，有重要的东西被自己发现了。跌跌撞撞地跑去汇报，但是在司空见惯的大人那里，只得到轻飘飘的三个字——过家家。有的更惨，碰着个脾气暴躁的大人，直接就把这一摊给毁了。

而现在不会有嘲笑、白眼，正大光明，支持你的不止有物理老师，还有一大批"大神"——牛顿、胡克、开普勒、法拉第、阿基米德……跨时空和你一起"过家家"。

二

那化学为什么第三呢？能自己动手做实验的，太少。

物理实验有的能就地取材，就算老师提供的器材有限，也可以和同桌一组，我有小钩码，你拿弹簧计，你有线圈，我拿磁铁；器材需求最多的电学实验，电流表、电源表、电阻、灯泡、导线……几个人分，怎么也能人手一份。

而化学实验分组，至少六个人一组，10个人一组也不是没有过。一上实验课，"危险""有毒""耗材多"……这些就已经先印在了脑子里。人一多，操作就只让好学生上，或者老师自己在讲台上操作让我们看两眼，连进实验室都免了。

三

上第一堂物理课，老师进来做完自我介绍后，让每个人撕一张纸折一架纸飞机。

折完后，他说，你们在纸飞机上写上自己的名字，折好后站在教室后面往讲台上飞，谁的纸飞机落到讲桌正中间，谁就是课代表。有个调皮的男生甩出去一个，飞机只往前飞了一截，都没到讲台上，落了。

有人开了头，便有好多飞机跟着争先恐后地往前飞，有撞到的，有飞不起来的，有眼看着就要到讲桌上又拐弯掉下去的。都忘了后来是谁当了课代表，但那个热热闹闹的场景，我一直记得。

四

还没有上化学课，大家就得到了化学老师的风评，说教我们班的那个老师是最凶的。第一堂化学课，化学老师这倒一点，那倒一下，摆了几杯液体出来，拿了花名册点名让人上去喝。然后问喝的什么，是什么味道。

两个说喝的是水，两个说喝的是可乐。化学老师让喝可乐的同学下去，继续问喝水的是什么味道，一个说甜的，一个说不是甜的，有点漂白粉的味儿。化学老师脸都绿了，最后还是一位留级生有眼力见儿，说水是无色无味的。我们这才知道，敢情化学老师是要讲这个。

五

大约是老师的缘故，当时我们班同学大都喜欢物理。

连语文老师都去找物理老师，让他指挥我们写作文悠着点儿。因为物理老师说，物理是最接地气的，写作文时把物理上的这些词往句子里一用，既有群众基础又有格调。一时间，分贝、参照物、万有引力、直线运动、加速度……铺天盖地被我们用在作文里。

于是，物理老师只得拿着一沓写着"走在10分贝的小路上""操场上直线运动的同学们""他听完这个消息就凝固了"等句子的作文来给我们纠错、纠偏。

六

化学老师厉害，他的名言是：你不会做，我原谅你；但你明明会做、能写对却写错，那就对不起了。

语文老师也去找化学老师，对他惩治错别字的措施十分乐见——把烧杯写成烧鸡的、静电写成净电的、胆矾写成胆巩的、锥形瓶写成堆形瓶的、蒸发皿写成蒸发血的……有人错过一次后，没人敢错第二次。化学老师调教出来的学生，大概此生都会认真书写。

不过他也有不那么严厉的时候，会说"你们不要一看点火就高兴，还要想着危险性"；把要用嘴吹灭酒精灯的人叫到讲台上罚吹气球；让我们不要学了碳元素就回去显摆，反对别人买钻戒。

七

物理中我最喜欢做电路图的题，越复杂越有挑战性。迷宫一样的线缠绕在一起，又遵循着一定的法则，点亮几个小灯泡时，简直可以睥睨天下！

大家都背元素周期表，后桌的男生却用它算命，问最喜欢啥元素，然后就子丑寅卯地说一通。这位"半仙"甚至还在年级里小小风靡了一番，当然，最终被化学老师擒获。我最喜欢的元素是镁和锰，Mg、Mn，看着就莫名亲切，学得也扎实，直到现在，好多知识点我都还记得。

八

中考前复习物理，老师制作了体系图表，一眼扫过去：拉力、重力，凸透镜、凹透镜，定滑轮、动滑轮，串联、并联……突然间，又觉得窥见了世界一角，只是这次，没再跌跌撞撞地跑去给谁汇报。

而化学让我有一种感觉，知识点是五颜六色的：高锰酸钾是黑紫色，氢氧化铁是红褐色，二氧化氮是红棕色，硝酸亚铁溶液是浅绿色……这种感觉不是小时候剪一枝芍药回来插在瓶子里，滴进纯蓝墨水看粉色的花瓣上慢慢抽出一<u>丝丝天蓝色</u>，而是牧羊少年觉得自己要成为炼金术士。

不过到了高中，分科时我仍选择了学文科。

九

某日上课，走进教室，只有我一个人，隔壁教室传来值日生"起立""老师好"的问候声，然后是讲课的声音。我坐在座位上，盯着映在黑板上的阳光发呆。

过了很久，有同学陆续走进教室，原来那节课是去隔壁楼的实验教室上课。我没有接到这个通知，也没有人注意到我没去上课。

我缺席的那场实验到底做了什么？

也许，这只是梦境，没有真实地发生过。

感悟手札

她把喜欢偷偷藏进风扇里

孙晓蕙

一

你记不清这是自己第几次迟到了，你只知道每次遇见的校纪都是同一个人。

你盯着她挂在校徽旁边的名字卡，上面赫然写着三个大字——李樱桃。你想她的爸妈一定很喜欢吃樱桃吧？还没等你回过神来，她便把你扯过去，拿着你的校卡在登记本上一遍遍校对。

你看着她汗津津皱巴着的小脸，欲言又止。

她忍不住教训道："哎，我说你能不能早点到？班级因为你都扣多少分了，这次的优秀班级又该评不上了。"

你凑上前趁机求情："你不记我名字不就得了吗？"

李樱桃笑嘻嘻地说了个"好"，然后一秒变成严肃脸，把"难"字拉了个长音。

二

冤家路窄，老师竟然把李樱桃的座位换到了你后面，每天感受到校纪恶狠狠的眼神，能舒心才怪哩。

为了"私报公仇"，你每次都趁她去厕所或者值日时，偷偷把她的黑色水瓶盖拧紧，看到她想喝水却拧不开水杯，一脸束手无策的样子，你几乎憋笑出内伤了。

可能是太渴了，这次她难得开了金口，小心翼翼拍了拍你后背，问你能不能帮她拧一下。

你有点接不住这个反转，转瞬间收起表情，假装冷淡地点点头，水瓶一下就拧开了。

李樱桃弯着眉眼，感激之情溢于言表。你看着她真诚的样子，心里有一点愧疚，李樱桃也太好骗了吧？

跟她平时凶巴巴的样子一点也不一样，有一点善良，甚至有那么一点可爱。

三

你像往常一样又迟到了，可李樱桃无暇管你，她遇上了点小麻烦。

有一个男生迟到，就是不肯把校卡交出来登记，李樱桃也倔，拦住他的去路不让他走。僵持了一会儿，那个男生一把把李樱桃推倒在地。

你心里莫名腾起一股怒气，三两步冲上前，拉住那个男生要他道歉。

李樱桃"骨碌"一下爬起来，拉住你的手一直喊你松手。她执意说自己没事，怕你不信还特意在你面前转了一个圈，露出大大的笑脸。

你知道她是怕你惹祸上身，你悄然松开了手，循例掏出校卡递给她。李樱桃写了你的姓，犹豫了很久又画掉了。

她小脸绯红，把登记本抱在怀里，轻轻地在你跟前说："仅此一次，下不为例。"

你受宠若惊，走到教室都不敢相信这是真的。

一路上，那些腾然而起的怒气困扰着你，你不能理解自己刚刚的行为，莫名的情愫在你心里打滚，后来你才知道，原来那叫喜欢。

四

自从明确了对李樱桃的心意，你再也不偷偷拧她的水瓶盖了，可是她却习惯了似的，每次喝水前都自然地把水瓶递给你。

你当然乐意效劳，这让你觉得，你在她心里占据着特殊地位。

傍晚最后一节课，夕阳透过窗户，把斑斓的余光投射在李樱桃脸上，你看入了神。你盯着她，整整三秒，用唇语说了句："我喜欢你。"

李樱桃疑惑地摘下耳机，问你说了什么。

你却再没有勇气说第二遍，咽咽口水违心地说："说你变丑了。"

李樱桃慌忙在抽屉翻出小镜子，对着镜子挤眉弄眼。她自言自语道："眼睛好像有点肿了，唉，都是昨晚熬夜熬的。"

你看着她一本正经的样子，"扑哧"一下就笑出了声。

五

周末，你约了李樱桃去郊游，她在你自行车后欢呼雀跃。

你载着她驶入一片森林，浆果迸裂的香味弥漫进鼻息，阳光透过重重树影投下来，像进入了爱丽丝仙境。

一定是景色太美了，你迷途也不自知，等你意识到时已经晚了。

森林的信号并不好，你们走了两遍也没绕出去。眼看着暮色沉沉暗下来，李樱桃害怕了，她抓住你的手，慌得语无伦次。

你说："别怕别怕，大不了就困在这一辈子吧。"

你不知道她有没有听懂，只知道她挽住你臂膀的双手一直让你留恋。

六

时间一晃而过，你和她都毕业了。

毕业宴会上，你看着她，心里有不甘，只可惜很快就各奔东西，借着离别情绪说出来的告白，又矫情又小家子气，还是不说了。更何况大大咧咧的李樱桃，也没有丝毫表现出对你的不舍。

你按部就班上了大学，躺在床上玩微信，刷到了高中同学感怀往昔的朋友圈。他很怀念高中的生活和朋友，还配了之前在课室随手抓拍的照片。

虽然照片像素不高，但你还是一眼认出那是李樱桃。透过重重人影和书，她斜靠在座位上，脸上的表情看不清楚。

她左手举着一个小风扇，右手握住笔在写题册，而风扇正对着的方向，是趴在桌子上呼呼大睡的你。

你的眼泪突然落了下来，记忆回到了 17 岁那年，你在森林里问李樱桃："如果你喜欢一个人，你会为他做什么？"

李樱桃歪着头说："我会给他吹风扇。"

你皱了皱眉头说："这算哪门子事啊？"然后你们笑闹着跑开了。

你想，如果当初你认真问下去，如果当初你脸皮厚一点，再如果，当初你坚持一下，那么结局会不会不一样呢？

只是，那个 17 岁的少年和 17 岁的李樱桃，以及 17 岁的炎热，却是怎么都回不来了。

感悟手札

313 的不眠时光

崔俊源

313 宿舍是我中学时代记忆的终点，也是陪我度过许多个漫漫长夜的地方。它位于三楼走廊的尽头，内部空间极大。男生宿舍的规格是四人间，唯独在尽头的那间比较特殊——由两个四人间连通，所夹墙壁的一部分做了通道，两侧各有三个床位，组成一个六人间，而我就睡在夹墙的一侧。

开明的班主任让我们自己挑选舍友，却又隐隐流露出"你们最好有自知之明，不要选在一起"的暗示。虽然如此，最后却放任大家住在了一起，甚至连最后那个转班换宿舍而来的兄弟，都是我的初中同学，这样的开端似乎已然可以预知结局。

六个人里有四个是晚间常住户，和我睡在同一间的两个人是老王和老陈，隔壁有老崔、老韩和老蒋，每天午休时必然全员到齐。等到晚上，隔壁就要空出两张床，不过这并不会让老韩感到孤独，因为隔墙就有耳，以及三张叽叽呱呱的嘴。

最初那几天堪称复习史上的灾难。我们都是第一次感受宿舍生活，远离家和睡了不知多少年的床，却让人一点也难过不起来——11点回到宿舍，经过一个小时不到的温习功课和整理东西的时间，就再也没停止过聊天，内容天南地北，从发现今天抄的作业上面错题错得离谱，到台海紧张的局势，最后说些独属年轻人的酸甜苦辣和暧昧情事。

熬夜聊天其实并不稀罕，属于每个宿舍都曾做过的事之一，不同的是313的热情好客。我们"接待"了许多同学朋友，六个人、六张床，还有六张不小的桌子、两个足够大的房间，这里承担起了午休时间和晚自习前的放松娱乐。我和斜对面宿舍的兄弟在这里合奏过吉他；许多人在这里看老王书架上的一堆课外书；一群人在窗前边吃饭边指指点点，讨论下面哪个女孩长得漂亮、是哪个班的，大有选妃之势，却明明没有胆量去要电话。

老崔属于"交际草"的类型，他偶尔晚间留宿别处，不时就会有人来串门找他聊天，我们索性门都不关，人气十足。所以哪怕是在"尽头"这样"阴森"的位置，也丝毫不见一丝冷清的气息，还在同学间流传开"313夜店"的称号。

这个称号的由来就有些意思了。每经历一次让人身心俱疲的月考之后，宿舍里的床位就会被全部占满，除了我们六个人外还会再来十几个兄弟。大家或坐或蹲在地上，扮演上帝的人坐在床上主持"狼人杀"的游戏。

等到余下一同参加活动的人完成了他们的作业和学习任务，就到了真正的"蹦迪"时间——在宿管强制断电和窗帘笼罩的黑暗里，一个并未上交的手机的后置摄像头闪光灯营造出了频闪效果，配合一旁MP3连接的蓝牙音箱中传来的最能让人产生抖动欲望的电子音乐，让拥在一起的十多个人摸黑瞎晃个不停，又不时摸索出一瓶不知谁喝过的鸡尾酒和黑啤嘬上一口，尽情舞动，直至累了、喘了或是楼下同学带着宿管杀上门来。

那样不添加世俗诱惑的"夜店"，至今我也只找到过313这一家，大家各自在黑暗里漫无目的地摇头，只为甩掉考试的疲惫和对成绩的忧虑，却往往又要在音箱、手机没电后掏出书和笔记来，把刚刚似乎甩到脑袋外侧的知识一个个塞回去。

舍友们还总是冒出一些奇怪的想法，在那个封闭却相对自由的学校里，我们学习之余总试图找些洋相出。有同学借着我们宿舍的"斑斑劣迹"，到我们的窗子边玩激光笔，闹得周围男寝连同对面女生寝室骂声不断，我们干脆一不做二不休，借着平日里回宿舍断电前的最后30分钟点起了一盏亮度较高的夜灯，吊在窗边，吸引着大家的目光："喏，就是这里，就是这里住着一群'妖魔鬼怪'！"

更可怕的一次是众人终于下定决心，在高考的英语听力考试结束后，把那本困扰我们整整六个月的书点成了一团明亮的橘黄，最后在手忙脚乱扑灭时，宿管循着味道追上门，带着一丝绝望和无奈："怎么又是你们？"灰烬连同烧香一般的味道残存了整整一周，串门的人都问我们："你们这儿上坟呢？"我们不屑地一笑："哥们儿祭奠的是青春。"

出了宿舍门才发现，整层楼都弥漫着这种气味。让大家在这样的环境中睡了整整一个星期，我们实在不好意思，收敛了一些，直到发现这种气味正好有效地盖住了不知从哪间宿舍传出的脚臭味。嘀咕"下一次能烧啥"时却发现我们已不属于这里。

313看起来放荡不羁，摆了整整一柜子啤酒罐以及几个红酒瓶，却更是一个温暖贴心的地方。我在这里度过了我的成人礼，亲手把一个16寸的慕斯蛋糕分给20多个人，在微弱的烛光下接受叽叽喳喳的祝福和调侃，那是我唯一一次开那样简朴而又热闹的生日会。

可别看了这些就以为313窝着的尽是些混混，班级成绩前五名里有三人居于此，我也勉力能做其中之一。白日里我在数理化的战场上挥戈斩棘，等到星辰在夜空中闪耀时，一切硝烟退却，我便同一群人吹着口哨，晃晃荡荡回到313战壕里，就着酸奶、泡面这等奢华夜宵细数余下的日子，一同幻想未来的潇洒。其实我们心知肚明现在的日子已经足够完美了。

我的预言成真了，那样快乐的日子后来再也没有了。那时我的心事少得可怜，只需要单纯地朝着一个方向去努力，再把313那些剩下的时间拿来犯蠢和逗自己开心。

我们也再没有在313里烧余下的书，而是将一部分笔记留在柜子里等后来人发掘。临走时我摩挲着自己在桌子上用力写下的"学"字，它已然成为313的一部分。后来人不知道这里曾发生过什么，甚至会把这个字抹掉，也许他们将要度过比我们还要精彩得多的日子，也许他们也会在这里睡不着或是不想睡着。

记得离开前的那一晚，我们豪情万丈地说"今夜不眠"，却依然沉沉地睡去了，倒是第二天离开时的阳光，格外绚烂。

感悟手札

考上清华：越努力，越幸运

刘一帆

一

2013 年 8 月，我以全县中考第 150 名的成绩被县一高录取。

初入一高，发现这里与初中大不相同。哪怕高一刚开始，每一位同学都在很努力地学习。很多同学甚至早上四点半就起床了，看得我胆战心惊。

我无法四点半起床，天天咬碎了牙也只能做到六点起。带着早饭去教室吃，一边吃一边看昨天做错的题。

那时候我并没有什么宏大的高考目标，除了有点怕，有点自卑，剩下的就是把自己没懂的题目想明白，跟着 MP3 背英语课文，努力体会文言文和诗词的含义，仅此而已。

第一次期中考试，成绩发下来的时候我简直不敢相信——全班第三名，年级第 78 名。晚上我给父母打电话，故作冷静地说："我考了班里第三名"，其实内心有一种巨大的欢喜炸裂开来。

有的时候，你不需要表现出战斗力爆表的样子给任何人看，只是每一分每一秒都在学习、在努力、在提高自己，这就是真真正正的努力了。

不久之后文理分科，我选择了理科。我是个军迷，将来想成为一名国防科技工程师。

期末的时候，我考了班里第 10 名，班级排名看起来有些退步，但我并不难过。因为我确定，上一次的成功并不全是运气。我的付出，的确是有回报的。

说来奇怪，努力也可以上瘾，就是那种"思考—学习—掌握技能—做题更快、正确率更高—成就感爆棚—继续学习"的美妙循环。寒假我根本不想玩，依然沉浸在努力的快乐里，无法自拔。

高一下学期，我的成绩一直稳定上升，到高二开学已经排在年级二十名左右了。此时，我还没有想过考清华，因为我们县每三四年才会出一个考上清华或北大的学生。

高二时，我遇到了高中阶段最大的瓶颈：物理电学部分学得一塌糊涂。怎么判断电流的方向，电场线、磁感线到底怎么分布……我能怎么办？我只是一个普通的男孩，家在六线县城，我无处逃避，无法放弃，只能向前，只能做题，只能努力。

那会儿我睡觉的时候脑子里都是电磁场。上课听不懂就记下来，就连走路、吃饭、洗衣服时，也都在想。死活想不通就去问老师。我从来都不是一个聪明人。有的人用我一半的努力就可以考第一、去清华北大，我不能。我只是一个努力的人。我的努力没有别人的回报那么高，但依然会带给我巨大的改变。

大概过了一个月，有天晚饭时间，我在教室一边啃饼干一边翻看错题的时候，忽然有一种异样的感觉。好像有层窗户纸突然被捅破了，之前模糊不懂的地方一个接一个地敞亮起来。不知过了多久，我把一摞物理错题集翻完了，而我咬了一半的饼干，还拿在手里。

二

高二暑假，我申请了在学校自习。每天还是按照平日里的作息时间，自己去教室做题、背书，累了就看会儿小说散文，揣摩大作家的笔力。

暑假过了一半，年级主任找到我，说有一个清华大学夏令营的名额，问我愿不愿意去。当时我很惊讶，当时我的成绩不算最拔尖的。

后来我才知道，成绩比我靠前的同学，不是跟爸妈出去旅游了，就是在家歇着。所以他们找到了最放心、最方便的我——也许是因为我每天在学校进出吧。

怎么来形容在清华园的七天呢？每一分每一秒都沉醉，都被震撼。高高的穹顶，翠绿的爬山虎，安静学习的年轻人。

有一天深夜，我不想睡觉，一个人在校园里转到电子系的系馆，抬头一看，整座楼灯火通明。那一刻，一种难以名状的情绪抓住了我，我不知不觉就泪流满面。我想在这里继续努力，跟这些深夜依然在学习的家伙一起。

高三一开始，在我心里，已经没有300多天，永远都只剩三天了。我要再多学一点，多练两道题。

整个高三上学期，我有几次考试成绩特别差。到现在我都记得，高三上学期期中，我考了619分，至历史新低——离清华分数线有70分的距离。

理想之所以是理想，不是因为我们踮一踮脚尖就能触碰，而是哪怕最后无法到达彼岸，也会为了它奋力向前。清华于我而言，正是如此。我始终相信，越努力，越幸运，不必焦头烂额，不必心急如焚。

我列了一个适合自己的复习计划，有的地方跟老师的计划重合，有的地方完全针对自身情况。比如数学的排列组合较弱，需要大幅度提高，化学成绩很好，但还可以进一步掌握顶尖题。其他科目，我也逐一分析，弥补短板，强化优势。毕业之后，我发现，许多同学对自己的学习情况根本没有总体的把握，只知道跟着老师的计划一轮二轮三轮复习，跟同学比是个什么位置。其实更重要的是你自己应该清楚有没有掌握某类题目——这才是高中正确的度过方式！

高三寒假里，我报了清华大学自主招生考试。我一定要抓住每一个机会。

三

6月8日下午，高考结束。我走出考场，还没来得及放松，就找出学校发的自主招生资料，坐车前往郑州。10日上午参加考试，题目并没有想象中的难。

13日上午，接到年级主任的电话，他告诉我自主招生笔试通过了，校长将带我前往北京面试。在去北京的火车上，校长告诉我，我的卷子答得最好的是物理，接近满分。不知道为什么，我想起了很多过往。那天晚上吃了一半的饼干、清华园里灯火通明的大楼、刚上高中时紧张自卑的心情……千难万险，我走过来了。

6月24日得知我的高考成绩比清华分数线低13分。一天后接到自主招生面试成绩，通过了清华最低的一档，降10分。如果以国防生的身份进入清华，根据政策可以再降5分。我等于一路踩在悬崖边上，进了清华园。

我是一个普通人，不是从年级倒数逆袭清华的热血少年，不是始终第一的高中传奇。我从中等成绩起步，在学习的道路上品尝过成功的喜悦，也遭遇过数不清的挫折。

唯一让我自豪的是，无论面对多少次失败、多少不可能，我始终没有放弃，一直相信努力。就是这样的努力，让我踩准了每一级跳板，最后以不可思议的成绩和运气，走进了我梦想中的殿堂。

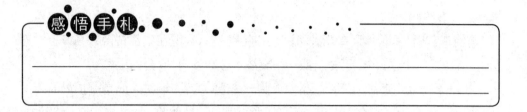

谁的青春不哭泣

骆可

时光仿佛回到第一次见到陈祖宁的那天，清晨的阳光温暖地洒下来，他夸张地站在教室桌子上，做一个飞天的动作，说："这世上任何事都有是非对错标准，唯有喜欢一个人例外。"

——

陈祖宁退学了。这消息像颗原子弹般在高二（3）班炸了，夏晓用失望的眼神望了一眼宋凯后，快步追了出去。

夕阳下，陈祖宁的背影像部老式失真的电影，在镜头前渐行渐远，模糊到只能在记忆中找寻。

其实像陈祖宁这种人，退学可能是人生必经之路，让人意外的是他的退学原因。

虽说现在档案不像老一辈那么重要，可也会影响深远，谁愿意自己的档案里有污点，况且还是那样一种情况。

"好可惜哦，你说陈祖宁真的会做那种事吗？"

"我到现在都不相信呢！"

……

陈祖宁大概除了长得帅，身上再没有任何值得炫耀的优点。可光这一点，就让他在女生心里足够闪耀。除了夏晓。

开学第二天，夏晓就将陈祖宁的作文本从二楼直接扔了下去。原因是语文老师让写一篇"我最怀念的人"，结果陈祖宁写的居然是夏晓！

语文老师气到七窍生烟，让他在课堂上念念自己的作文，陈祖宁嬉皮笑脸地站起来，大声念道："她就像我那长了翅膀飞到天堂里的姐姐，可她还欠我一根棒棒糖！"

全班哄笑成一团，陈祖宁望着眼泪快要溢出眼眶的夏晓，手足无措地说："你不要哭好不好？"

二

宋凯和陈祖宁是截然不同的两种人。

宋凯沉稳、内敛，是学校红榜上永远让人敬仰的人物，连好看的相貌里都带着超然的气质，完全没有陈祖宁那种昭然若揭的张狂。

有女生写了字条夹在作业本里，陈祖宁随手一扬，大声朗诵起来，让写字条的女生哭了半堂课。后来有女生恨恨地议论："有什么了不起！不就是靠一张脸！"

陈祖宁听了也不恼，反而乐颠颠地跑去夏晓那儿。"你说我是长得像黄晓明多一点，还是像彭于晏多一点？"夏晓拿本书糊到他脸上，陈祖宁自讨了没趣，干脆去梦里会起了周公。

对于陈祖宁这种差生，各科老师宁愿他睡到海枯石烂，也省得他在课堂上影响其他同学。可睡着睡着，这家伙竟然变成了"葫芦娃"，那鼾声简直到了"叔可以忍婶不可忍"的地步！

英语老师忍无可忍，用粉笔将陈祖宁扔醒，他从座位上猛地站起来，叫了声"夏晓"后又趴下接着睡了过去。

拜他所赐，从那以后夏晓的车胎隔三岔五地就会没气，然后陈同学就会出现在护送她的小路上。夏晓甚至怀疑车胎气到底是那些因为误会而嫉妒她的女生放的，还是陈祖宁干的？

陈祖宁推着自行车，在后面踩着夏晓的影子说："我是那种低级趣味的人吗？你以为谁都是宋凯啊！"

"宋凯？宋凯怎么了？"一整个晚上，夏晓终于认真和他说了句话。

"没，没什么。"陈祖宁嘿嘿干笑两声，"我就随便打个比方。"

随便？一个学渣，一个学霸，两者之间有可比性吗？

三

一个星期车胎被放气后，夏晓为了不让整辆车离奇失踪，主动请求班主任将陈祖宁从旁边调走。

陈祖宁一面收拾着那些基本没翻过的书，一面唱着不知从哪儿学来的歌："为什么一阵恼人的秋风，它把你的人我的情，吹得一去无踪……"

夏晓用一种"劈你的雷已经在路上"的眼神目送他安营扎寨到宋凯身旁，而前一秒，陈祖宁轻声附在她耳边说："你还不知道吧，我和你一样，喜欢的其实是宋凯！"

夏晓气结。就像是球场上，你站在自己的禁区内防守，却突然一脚踢了个乌龙……明明憋了一肚子气，却又无从发作！

她也不知道自己到底是不是像陈祖宁那浑蛋说的那样，可她确实每次月考后第一个找寻的不是自己的名次，而是宋凯是否还能稳居全校前十；也确实在他经过自己身边时，心跳不受控制地加快；更是在做心理测试时，第一个想到的异性名字便是宋凯……

而宋凯呢，会在发卷子时在她身边多停留两秒，会在体育测验时提醒她跑完800米不要马上喝水，会在大雨天将大半边伞倾过来。

她躲在伞下，宋凯问："夏晓，你将来想考哪所大学？"不等她回答，宋凯接着说，"我们一起努力去清华吧！"虽然只有这看似无关紧要的两句话，在夏晓听来却是最动听的声音。

第二天，陈祖宁却意外感冒了。课间休息，有男生问他昨天不是带伞了吗，怎么却淋感冒了？陈祖宁哈欠连天地趴在桌子上说："借宋凯了。"

原来伞是陈祖宁的。难道他是看见自己没带伞吗？知道自己宁愿被淋也要和他划清界线？夏晓用力摇掉脑子里奇怪的想法，像他那种人怎么可能会这么做？

四

那一天，在教导主任收到匿名信，带人去抓学校小树林里幽会的学生时，女生厕所里发出超过200分贝以上的尖叫声。幽会的学生没抓着，却抓着了让人百思不得其解的陈祖宁。

陈祖宁态度很诚恳，说愿意接受学校处罚，为了不请家长到学校"做客"，还自愿退学。

所有女生唏嘘不已，陈祖宁众目睽睽下走到夏晓身边，依旧是吊儿郎当的表情，问她："你要不要说几句好听的话安慰一下我？"

夏晓很想像以往那样，翻个白眼给他，然后再送一个"滚"字。可这一次，她却怎么也控制不住那要冲出眼眶的眼泪。

陈祖宁探出手，伸到一半又收了回来，转身快步走出教室，留下一句"夏晓，求你不要哭好不好"。

夏晓用力将眼泪憋回去，看一眼埋头不语的宋凯，那个说和她一起努力考进清华的男生。

没错，他已经将一只脚迈进了清华的大门，却不是和她一起。

当陈祖宁在离小树林一步之遥的女厕所外一副英勇就义的表情时，宋凯那句苍白无力的"对不起"一下子变成一个笑话！一个能保住清华保送名额的笑话！

夏晓没想到陈祖宁一早就知道，宋凯约她去小树林见面并没有要紧的事，而是因为和别人打赌输了，骗她去的。但是那个赌并不单纯，是嫉妒她的人故意在陷害她。于是陈祖宁想要提醒她，可不巧学校领导先他一步去了小树林……

只是，陈祖宁你这样做真的值得吗？

时光仿佛回到第一次见到陈祖宁的那天，清晨的阳光温暖地洒下来，他夸张地站在教室桌子上，做一个飞天的动作，说："这世上任何事都有是非对错标准，唯有喜欢一个人例外。"

如今，夏晓看着陈祖宁最终消失的背影，轻轻说道："谢谢你，再见。"

感悟手札

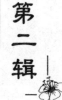

第二辑

那些年，我们走过的成长之路

虽然成长的道路上总是荆棘丛生，但正如蝴蝶破茧而出一样，只要我们勇敢去面对成长路上的风风雨雨，未来迎接我们的终将是灿烂的阳光和美丽的彩虹。

徒步世界2.1万英里，我学到了什么

保罗·萨洛佩科

我的这个名曰"走出伊甸园"的洲际漫步，是一个讲故事的项目，目的在于重寻石器时代解剖学意义上，现代人类中那些最早迁出非洲者的足迹。一路上我写故事，记录我所遇到的人。

这场2.1万英里（约3.38万千米）晃晃悠悠旅途中的一个小插曲，是我在中亚时随口对一个咖啡馆的老板说，我刚从埃塞俄比亚溜达过来。

无法相信、震惊以及大笑之后，是那个不变的疑问：你疯了吗？

绝对不是。众所周知，特别是今天——全国步行日——坐着才是有毛病的。我们坐得太多了，这使我们变得病态且不快乐。科学家把GPS绑在世界上最后的狩猎——采集者——比如坦桑尼亚的哈扎人身上，结果发现，一个典型的男性采集者，每天要走约7英里（约11.3千米）——如今一个美国人每天只走这个距离的大约1/3。

哈扎人每天的行程是一个生物学基准：我们从远古时代而来、经过完美进化的身体，正是为此设计的。计算一下，一年要走至少2500英里（约4023千米）。或者说，就好比每年要从纽约走到洛杉矶。这也差不多正是我这几年所走过的路程，正是一段"正常的"距离。

自2013年从非洲之角出发以来，很自然地，步行使我的腿和心脏变得更强壮了。更重要的是，我的心灵也变得更加柔软。日复一日、月复一月地徒步跨越国家、大陆和时区，已经改变了我体验地球生活的方式。

比如，我了解到，全球最贫穷的地方，其实最适宜徒步旅行。在埃塞俄比亚，很少有人拥有汽车，人人都步行。即使幼小的孩子，也能指引我走过地形复杂的地方，人类的足迹在那里交织穿梭。相反，在富裕的、汽车普及的国家，人们不仅失去了与周围环境的联系，而且失去了与世界形态本身的连接。汽车抹杀了时间与距离。闭锁在金属与玻璃的泡泡里，束缚于狭窄的沥青道路上，我们患上了速度与空间的毒瘾。在迷恋汽车的沙特阿拉伯步行时，我发现询问方向已毫无意义。

徒步在地球上，我重新学习了出发与抵达的往昔的礼仪（扎营与拔营、装载与卸载，一种古老且熨帖的仪式）。我通过自己的味蕾，通过捡拾农夫的丰收，理解了山山水水。我重新与人类同胞建立了连接，以一种我过去作为乘坐飞机、汽车纵横于地图上的记者，所从未设想过的方式。

步行在外，我总是遇到人。我不能无视他们，也不能从他们身边飞车离去。我跟他们打招呼。我每天与陌生人交谈 5 次、10 次、20 次。我在从事一种每小时 3 英里（约 4.8 千米）、穿越两个半球的漫步式谈话。这样的行走，让我在任何地方都能建造起家园。

三年多前，在为这个悠长缓慢的旅程做研究时，我拜访了著名的古人类学家梅芙·里基。记得有一天早上，我们打算出发去附近的某个村庄，我傻傻地问里基："是在步行距离以内吗？"她盯着我，很吃惊，回答道："一切都在步行距离以内。"

我笑了，举步走进沙漠。

行走，已开始呈现给我一个新的世界。

感悟手札

只需要打个电话

艾米·埃弗雷特

我是一名极地探险家。在很多人看来，这是一份很酷的职业，尤其对女性来说。在冰天雪地的北极与北极熊做伴，确实是人生中难得的体验。我现在每天会为科学家收集样本，把跟踪器放在冰上，记录冰的位置以及它移动的速度。这项工作听起来很简单，其实非常重要，它能帮助减缓北极在人们眼前消失的速度。

　　这么多年来，我曾遇到过很多危险的事情。有一次，我们沿着薄冰的边缘行进时，冰破裂了，但是没有人看到我跌入水中，也没有人听到我的喊叫。我知道，在 −22 ℉（−30℃）的温度下被淋湿时，会在几分钟内形成冻伤，所以我不能拖延哪怕一秒钟，我必须尽快从水中爬出来。

　　我抓住了最近的一块冰块，但它碎了两次。我知道自己剩下的机会不多了，幸运的是，第三次我终于爬了上去。我在雪地里打滚，让粉末吸收我身上的水分，不然会体温过低。这时我的队友已经回来了，在他们的帮助下，我脱离了危险。

　　每次听我讲述如此惊险刺激的故事，朋友们都非常吃惊和羡慕。更让大家吃惊的是，在 25 年前，我只是一名普通的银行职员，和极地探险家没有丝毫关系。

　　"你是怎么做到的？"几乎所有的人都会这样问。在大家看来，从一名银行职员到极地探险家，二者之间隔着遥远的距离。

　　每次我的回答都是："只需要打个电话。"

　　我笑着告诉大家，25 年前，我在一张报纸上看到一个寻求普通女性加入第一支全女性队员的探险队到北极探险的招募启事。这个启事突然激发了我内心深处关于探索的梦想，我几乎是毫不犹豫地拨打了报纸上的报名电话。而在此之前，我连雪都没有滑过。但最后我被选中了，然后经过一年多的训练，我开始了自己热爱一生的探险生涯。

　　是的，实现梦想需要经过很漫长的道路，但在一开始，也许你只需要打个电话。可能只是一个电话，你就能从一名普通的银行职员变成一名极地探险家。可是，如果你没有勇气拿起电话，再过 25 年，你也依然没有任何改变。

感悟手札

我在浙大学中文

戴玥

"你在哪里读书？"

"浙大。"

"读什么专业？"

"中文。"

对方的表情一下子变得有些怪异，并且接下来往往会跟随一句追问："为什么会去浙大读中文？"

我也常常这样问自己，却只是加深了心中的茫然。在以理工科著称的学校，人文学科似乎处于尴尬的地位。我的大一即在这样的惶惑中开始的。

诗歌的美竟来自实验

浙大要求所有的大一新生接受通识教育，每个学生都需要跨学科选修一定学分的通识课程。其实我对理工科并不感兴趣，但为了拿到学分，只得不情愿地修了几门理科通识课程。而在实验课上能感受到诗歌的美，是我万万没有想到的。

这一门课是"生活中的微生物发酵实验"，课程开在生物实验中心，授课的老师是生命科学学院的教授。我印象最深的，是一次酿酒的专题课。

酿酒是微生物发酵中的一个典型案例，同时"酒"也是一个古老的文化符号。谈及酿酒方法时，老师说，酿酒方式分为西式与中式两种，西式多采用麦芽等谷物自然发酵，先将淀粉糖化后再进行发酵；而中式酿酒法则利用酒曲发酵，是一边糖化一边发酵。因而中国酒与西方酒的口感不同，中国的酒有一种独特的厚重与香醇。

说到酒，我便想起了白居易的"绿蚁新醅酒，红泥小火炉"，新酿的米酒尚未过滤，酒面上的浮沫宛如绿蚁。"绿蚁"是一个极富创意的比喻，我从未见过酒是如何酿成的，也仅仅将其当作诗人的想象，但之后的实验却让我有了一番全新的认知。

按照实验流程，我们需要将普通麦芽与烘烤过的麦芽混合，加入水，经过数道反复的蒸煮、搅拌、过滤，最后将得到的半成品放入发酵缸发酵。在蒸煮与搅拌的过程中，麦芽的香气经加热后释放出来，麦芽中较轻的杂质慢慢上浮，在浆液的表面形成一层浮沫，我仔细一看，这层泡沫与寻常所见的肥皂泡沫不同，能看见杂质聚成小而细长的形状，恰如"蚁"一般。白居易所写的米酒已经过一段时间的发酵，因而浮沫呈现出偏绿的颜色，可不就像"绿蚁"？如若不是亲眼所见，我想必还会将它归于诗人随性的想象，着实惭愧。

这一堂课让我感触颇多。传统诗学中朦胧的美感，在精细的实验里被一一厘清。诗歌并不是文人骚客们毫无根据的空想，而是现实生活的艺术升华。

数学也能写成诗歌

"数学与人类文明"——乍一看课程名字，我便想到了各种数学理论的发展过程，机械、严谨，同时也有些无聊。

但授课老师一出场就将我之前的想法通通推翻——他是一位数学系的教授，同时也是一位诗人，出版过多本与数学相关的诗集。

数学也能诞生诗歌吗？

我不禁对这个问题产生了巨大的好奇。课堂上老师提到了古希腊数学家丢番图的墓志铭，那是一首藏着数学题的诗："坟墓里边安葬着丢番图 / 多么让人惊讶 / 他所经历的道路忠实地记录如下 / 上帝给予的童年占六分之一 / 又过了十二分之一，两颊长须 / 再过七分之一，点燃起婚礼的蜡烛 / 五年之后天赐贵子 / 可怜迟到的宁馨儿 / 享年仅及父亲的一半，便进入冰冷的墓 / 悲伤只有用整数的研究去弥补 / 又过了四年，他也走完了人生的旅途。"解出方程，人们可以得知丢番图活了 84 岁。

查了更多的资料后，我了解到，古希腊时期采用诗歌记录数学的并不止这一例，哲人毕达哥拉斯发明了一种特殊格式的诗（又称毕达哥拉斯诗歌），他曾用诗歌描述了他所发现的第一个定理："斜边的平方 / 如果我没有弄错 / 等于其他两边的 / 平方之和。"这一定理就是我们耳熟能详的勾股定理。

后来我发现，这样的例子在中国的诗歌中也有很多，譬如我们耳熟能详的一首小诗："一去二三里，烟村四五家，亭台六七座，八九十枝花。"便是北宋理学家邵雍所作的计数启蒙诗。

我逐渐看到了数学与诗歌的共通之处——它们有着相似的美学：数学是严谨

而规整的，近体诗的韵律也遵循着同样的严整风格；数学所显示的对称美学，在回文诗、回文词中亦有所展现。

进一步了解之后，我发现原来有一些诗歌，全诗并没有什么数学之感，但深入品味，便能发现其中的数学之美。比如唐代杜甫写的《绝句》："两个黄鹂鸣翠柳，一行白鹭上青天。窗含西岭千秋雪，门泊东吴万里船。"乍一看全诗只有几个数字，仿佛和数学关系不大。其实全诗一句一景，是四幅独立的图景，诗人从数学的点、线、面、体等不同角度对草堂周围明媚秀丽的春天景色进行了细微的刻画。第一句中的"两个黄鹂"，描写的是两个点；第二句中的"一行白鹭"，描写的是一条线；第三句"窗含西岭千秋雪"，描写的是一个面；第四句"门泊东吴万里船"，描写的是一个空间体。

数学将理性的美感赋予诗歌，使之在天马行空的想象之余，始终维系着理性与逻辑。譬如古时文人们爱玩的文字游戏"一字诗"，其中著名的有陈沆的作品："一帆一桨一渔舟，一个渔翁一钓钩。一俯一仰一场笑，一江明月一江秋。"作者一一列举所见之景，除了修辞上的白描手法，其实也暗含了数学中的枚举法。并且"一"作为一个数词，是正整数的起点，也有"独"与"全"之意，以之勾勒的图景极富诗情画意，同时又带有数学所赋予的理性逻辑的铺陈，成为这个文字游戏的支撑。

我意识到，此前我觉得数学面目可憎，或许只是因为自己的思维无法摆脱刻板印象的桎梏，事实上数学一直以一种高度理性美的姿态存在，数学的土壤中也会结出诗歌的累累硕果。

感悟手札

抱抱年少时那个无能的自己

闫晗

初中一年级是我学生时代最为黑暗的一年，以至于回想起来，脑海里最先浮现出的就是一条阴暗的走廊，模模糊糊的，仿佛暗处藏着什么可怕的东西。走廊的尽头，是初一（8）班的教室，正对着教室门的是洗手用的水泥池子，老旧的水龙头锈迹斑斑，充满恶意的粗糙。

不喜欢那年的一个原因是遇到了坐在我身后的男生小J。小J个子不高，长着尖尖的窄脸，脸色常常是一种醉酒式的酡红，眼睛眯缝着，时常发出一种不怀好意的光。不知是他长相如此，还是在我的回忆中变丑了，他是我中学时代最讨厌的人。

学生时代总会遇到一些不喜欢的人，他们被老师安排在你周围，想躲也躲不掉。小J在班里属于并不起眼的那种人，相貌平平也并没有丑得惊人，成绩平平却也谈不上倒数，捣蛋也排不进前五名，属于谁也不太关注的那种学生。

可他偏偏是我的地狱。自习课他几次三番把笔扔在地上，然后戳我后背，让我帮他捡起来。如果不给他捡，他会一直踢我的凳子。若是捡了，他又会得意扬扬地辱骂我："看，她真是条听话的狗。"一次，我气愤地把他的笔踢回他凳子旁，让他自己捡。他立即涨红了脸，用力地在我背上连打了几拳，嘴里恶狠狠地嘟囔着："你凭什么踢我的笔？！"他打得很用力，有些疼，但更主要的是一种屈辱感。很多时候我不知道该怎么面对，也羞于哭泣，只是背过身去，像鸵鸟似的一言不发，挨过那些自习课。

听英语听力的时候，他常常会踢我的凳子。每当我有什么尴尬情形出现，无论是做错了一道题，还是穿了一件土气的衣服，他都会大声嘲笑，幸灾乐祸。那并不是一个淘气的男生为了引起一个女生的注意做出的可笑举动，而是真的恶意。他扬扬得意地说很多难听的话，比如"你怎么不去做妓女"，话语里的恶毒完全没有来由。他也不过十二三岁，身形还没发育成熟，不知他在生活里经历了什么，这样惯于攻击他人。

不过，小J也并不是对所有人都坏。他对我漂亮的同桌很谄媚，同桌家境较好，总穿着漂亮考究的衣服，有一阵还戴了一条金项链上学。他饶有兴趣地打听："是多少K的？18K的吗？"同桌敷衍地回答他，因为觉得那询问中带着点儿不怀好意，便不怎么理他，后来或许觉得招摇，也没再戴那条项链。

我那时穿着普通，或许还有点儿寒酸。我的小学是在村里上的，初中时才转到镇上这所中学，整个学校没有一个熟悉的老同学，班上的同学普遍来自双职工家庭，还有一部分是非常富裕的——那会儿刚入学，还没统一定制校服，他们的穿着打扮和说话做事中都带着一种很高调的张扬。

我比较软弱大概也是因为个子矮小，长相平平，家境普通，没有朋友，无所依傍也就充满了自卑感。那一阵，因为我妈调动工作的缘故，我家借住在一所小学院子里的两间平房里，家里来客人都是坐在卧室的炕沿上。我没有自己的房间，连个书桌也没有，每天都是盘腿垫着个硬纸板写作业。我倒是很习惯，但妈妈很担心老师来家访，因为没有地方给人家坐，太窘迫了。然而老师并没有来过，显然那所学校并不流行家访。

唯一支撑我的是，我成绩还不错，虽然升学成绩普通——那是村里小学的教学水平造成的。后来我的成绩很快赶上了，第一次期中考试就考了全班第二。在我爸参加家长会时，班主任似乎对我毫无印象，在发成绩单时，只提了一点：一个不讨厌的小姑娘。

班主任给我印象很深，在我眼里她是一个可怕的年轻女人。她对学生的主要教育方式是恐吓，屡次说，你们如果表现不好我就写进档案里，谁要是给我留下坏印象就完蛋了。我很意外一个不到30岁的年轻女人为何散发着灭绝师太的气息。有一次她的裙子钩在了课桌上，扯了好大的口子，站在讲台上不敢走动怕走光。同桌觉得很好笑，我依然保持严肃，觉得不应该笑，主要是怕给她留下坏印象。她的教学能力还是不错的，据说同桌家里还是托了教导主任的关系才分到这个班上，她对同桌也和颜悦色得多。我很难去信任她，更不可能向她求助。

我也不知道小J和班主任谁对我的伤害更大些。那一年最糟的一件事发生在一次自习课上。小J揪着我的马尾辫用力拉扯，我捂住绷紧的头皮又气又恼，转过头说了句："你真讨厌！"我用尽全身力气也只不过说了那么一句话。小J刚要发作，牙缝里挤出一句"你说什么？"却突然扶起了课本，装作用心看书的样子。我这才察觉，班主任从教室后窗走过，她戴着茶色的眼镜，脸贴在窗玻璃上，在昏暗的光线下那画面显得很诡异。

那天，班主任听见教室里吵吵嚷嚷的，就让同学们写纸条，互相检举谁说话了。我放学后也被留了下来，我鼓起勇气，想要告诉她，是后桌的那谁谁一直给我带来很多困扰……那天天色已晚，班主任的脸色也不太好看，她用一种抽拉式的钢制教鞭敲着我的脑袋，不耐烦地打断我说："别说别人，我就问你，说话了没？"我似乎无法否认，默默杵在那里，全身的血液都凝固了，像一个木桩一样被她一下一下敲打着。直到她觉得这惩罚可以了，足够让我长记性了，才厌恶地说："行了，你走吧。"

我的脸很烫，走到水池那里洗了把脸，水很凉，走廊很黑，让我感到灰心丧气，似乎未来也黯淡无光。回家的路上，天已经黑透了，大地模模糊糊的，我将自行车蹬得飞快，路两边影影绰绰的树丛向后退去，眼泪不断滑下面庞，我用手背抹上一把，继续蹬车。我不知回家怎么跟我爸妈说这些，我一直是让大人很省心的孩子，到这所中学念书也是件不容易的事。我也并不觉得他们能解决我的困境——在成人的世界里，他们并不属于占尽优势的人，所以又能怎么样呢？

那天小姨也在我家吃饭，我试图调侃着说出被老师打了头的事情。小姨哈哈笑了起来，然后怪我太傻，她说调皮捣蛋的表哥经常被老师打，就要活络许多，知道护着脑袋跟老师讨价还价——老师，换个地方打吧，别打头。因为我从未挨过打，妈妈听了则有些气愤，一向乖巧的孩子居然也会被打？但我极力表现得情绪稳定，跟她说，如果我考第一她就不会打我了吧。

期末考试我真的考了第一名，后来一直保持稳定，果然班主任再没有打过我。那个时候，成绩是一种护身符。不过我们的关系依然冷淡，我除了担任过无足轻重的历史课代表，并未担任任何班干部职务。后座的男生依然继续着他的无聊举动，如果我大胆一些，或许会跟班主任要求调位置。然而并没有，内向的我也没有把这件事跟其他人讲过，假装已经忘记，成长里的很多事情大都是自己默默承担过去的吧。

幸好班里隔一段时间就要换一次座位，忘了多久之后，小J不再坐在我周围，他也并不会主动来挑衅。在班里，他也并没有什么朋友。初中之后的几年，我没再见过这个男生，只是有一段时间里想起他的脸，我都会不寒而栗，感到厌恶、恐惧以及对自己无能的愤怒。我当时并不知道该怎样面对这样的人，只是为不必再跟他同一班级感到幸运。那时我想，只要往前走，总会甩掉一些讨厌的人。

自那以后我也遇到过无端的恶意，也明白这个世界上不可能所有人都喜欢你，只是大多数时候你可以转身走开或者寻求帮助，而不是像在学校里那样，因为不能离开而不得不继续忍耐。

读大学的时候，寒假曾经在一家超市瞥见当年的班主任，我默默避开了她，虽然她也并不见得能认出我来。那会儿，我还恨着她，至少无法装作若无其事地和她笑着寒暄。

很久很久之后，当我成为一个大人时，再回想当年的事情，心想，那个讨人厌的男生，应该也为人父了吧。不知道他怎么看待当年发生的一切。他的中学时代，想必也过得不好。因为自己弱，也不想让他人过得好的人，他的世界总不会太光明。

这几年，到一些中学做校园活动时，我有时会讲这段经历。台下的同学起初是笑着的，听着听着，渐渐沉寂下来。这是一件别人眼中很小的事情，可我花了很长时间消化它，直到可以笑着说出来。在一次又一次讲出后，我开始变得坦然，似乎穿越回了过去，抱了抱当年无助的小女孩。

感悟手札

最不重要的素质就是智商

施一公

兴趣是可以培养的

在座的有些同学可能会因为还没有想明白以后要做什么，而感到焦虑：如果对科研不感兴趣、没想好未来发展该怎么办？当我在你们这个年龄的时候，也就是二十几年前，我也没有想好，也非常迷茫。一直到 1995 年，博士后完成之后才隐约知道自己要做什么，才下定了决心。

我从清华提前一年毕业，当时我对学术没有兴趣，而对从政感兴趣。而从政又没有门路，觉得要先去经商。所以当时和清华大学科技开发总公司签订了一个代表公司去香港经商的合同，做公关。结果就业合同因故被撕毁。纠结一晚后，我决定出国。

在霍普金斯的五年读博生活很辛苦。有一门生物学课程前后三次考试，我分别考了 52、32、22，只有第一次及格。我去求老师放我一马，他最后给了我一个 B-，我对他真的非常感激。我直到博士三年级才有了一点儿感觉，到了博士五年级，我感到，原来我好像也可以在学术界"混"个工作。但在 1995 年 4 月 12 日博士学位答辩以后，我还是不清楚自己该做什么。

1995 年 11 月，我下定决心还是走学术这条路。此后，所有精力都放在学术上，我也告诉自己这种兴趣一定可以培养起来。现在我的兴趣极其浓厚，可以废寝忘食、没日没夜地干。

所以，不要给自己理由，不论家庭、个人生活、兴趣爱好等方面出现什么状况，你都应该全力以赴。

认识你自己

在我求学的过程中，我一直是一个非常自卑的人。举个例子，上高中的时候化学老师解释"勒夏特列原理"，我那时候开小差，没听懂。后来反复看书也看不懂，我觉得崩溃了。我总觉得班上其他同学都比我聪明，真的特别自卑。

放眼望向你周围，当别人和你差不多聪明的时候，你会觉得别人比你聪明。所以，当你觉得别人比你聪明的时候，他并不一定比你聪明，不要太自卑。

同时，我还有一个性格特点是好胜。上初三的时候，班主任老师鼓励我报1500 米长跑比赛。当时我写了入团申请书，老师说，表现的时候到了，组织在考验你。我就报了 1500 米长跑。运动会前四天报名，报名的当天晚上一激动大腿抽筋了，腿都动不了，比赛的那天才恢复正常。发令枪一响我领先了其他选手整整100 米，可最后被倒数第二名落了 300 米。我的自尊心受到了打击。但我那时候很争强好胜，运动会第二天我就开始练跑步。后来上了大学，教练选我加入校队，代表清华参加比赛。很多情况下，你的个性决定了你的将来。我很自卑，但我又很好胜。

时间的付出

无论学什么学科，物理、工程、生物、文科，我认为最不重要的是智商。我不信有任何一个成功的科学家没有极大的付出。清华1984—1986年生物系主任老蒲，在美国已是赫赫有名的终身讲席教授。他在美国开组会时教导学生："在我的学术生涯中，我最大的诀窍是工作刻苦，每周工作时间超过60小时。我知道你们不能像我一样刻苦，但我要求你们每周工作50小时以上，这意味着如果一天工作八小时的话，你要每周工作至少六天以上。"

你不要以为你早上八点去，晃晃悠悠做一点儿实验，晚上八点离开就可以了。他只计算你具体做实验的时间，以及你真正去查阅相关文献的时间。

哪怕是你吃饭的时间和查阅文献之后放松的一小时，也都要被去除。一周工作50小时是非常大的工作量。如果你能做到，你满足了我的要求，你可以在实验室待下去；如果你不能，就离开实验室。任何人不付出时间，就一定不会成功。

建立批判性思维

我的博士生导师在33岁时已是正教授、系主任。有一天我们开组会，他看起来特别激动，说："今天我给大家演示我的一个想法，希望大家帮我看看，有什么问题提出来。"他开始写公式，满满一黑板的推演。我哆哆嗦嗦地举起手，我想说第一处有错误。我说完，所有同学都说我错了。其实，我发现导师在我说出第一句话时，他的脸就红了。导师说今天的组会到此为止。大家觉得我顶撞了老师，没人理我。

下午一点，导师找到我，问我学士是在哪所大学念的，我说清华大学。他说我不关心你来自哪所大学，我关心的是你学得非常好，你那时的老师一定是一位大家。

这次公然的质疑，用自己所学纠正系主任兼实验室导师的学术错误的经历，在我的科研路上给予我无限自信，至今对我仍有很大影响。

感悟手札

穷人家的孩子到底可以走多远

岳夫永

一

我是在村里上的小学。村小很破旧，需要自己带着桌子和凳子去上课。学校唯一的时钟，挂在校长办公室门口。那时我总感觉课间休息的时间很短，玩不够，也常因无法按时完成作业而被老师罚站。

父母都是朴实的农民，我的成绩也一直是中等，我从来就不是老师眼中的好学生。等到中考时，我自然没能考上教学质量比较好的县一中。我心里很失落，骑着自行车去田里转，觉得自己很没用。

这种失落感并没有持续太久。几天后，我和一个初中同学打算一起出去闯荡。我们去县里找了一个中介，他说介绍我们去北京工作，给人装空调。能去北京，我们很兴奋，对从未出过县城的我们来说，北京一直就是一个梦。

到北京的第一晚，我们住在一个 30 多人的集体宿舍里。第二天早上六点，我跟着师傅出发，骑了近两小时的自行车到了装空调的地点，晚上十点回到住的地方。半夜十二点，又被拉起来开会。

开完会之后，我睡不着，躺在床上思考自己该往何处去。

比我年纪稍长的一位老乡搭话，问我为什么这么小就出来打工，我说不想上学了。他说，对农村孩子来说，上学是唯一的出路，如果就这么放弃了，那就只能像他一样，一辈子打工。

第二天，我就辞职回家了。

回老家后，按照故事套路我应该开启开挂模式，挑灯夜读，刻苦奋斗，最后考上名牌大学。可事实不是这样，我只是在县城职业教育中心读高中，依旧不是好学生。

职教中心的管理模式和教育水平很一般，我很不满，也经常捣乱。结果可想而知，高考我并没考上名牌大学，甚至连专科都没考上。

这一次，我没有骑着自行车去田里转圈，而是去舅舅家住了几天。舅舅当过兵，见过世面，他对我说："回去复读再考一次吧，如果再考不上就认命，踏踏实实去打工。"

第二年的高考分数下来，过了二本线，我考上了天津的一所大学。

虽然不是什么名校，但好歹是所正经大学，我在村子里也很有面子。入学前，为了赚取一部分学杂费，同时锻炼自己，我去了县里的建筑工地，搬砖、筛沙子、抹灰，什么都干。

进入大学，虽然拿过奖学金，但我也随大溜，逃过课，挂过科。大学四年我内心很迷茫，不知道自己的未来在哪里，想要改变现状，但又找不到突破口。我喜欢看杂志上的人物传记，看别人努力比自己努力轻松多了。可越是看到成功的人，我心里越难受，气恼于自己的不争气，对无法憧憬的未来越发感到绝望。

有一天周五，下午睡完午觉，我躺在床上盯着天花板发呆，想到大学时代，大好青春，这样的自己简直是在浪费生命，我想干点儿不一样的事。

骑自行车去北京是个不错的想法。当天下午我买了地图，第二天早上五点，我背上地图骑着自行车穿过市中心，路过武清区，穿过廊坊市，过了通州，最后在下午五点骑车路过了天安门。

大学四年浑浑噩噩，我就干过这么一件能溅起点儿水花的事。

二

接近大学生涯尾声时，处在迷茫中的我决心考研。

复习那段时间我很颓废，静不下心来。到考研的最后关头，舍友每天早出晚归，我天天在宿舍打牌。表面看我要放浪人生了，其实我内心憋着一口气，心想，等毕业了我要去干一番大事业，将来让大家刮目相看。我还在 QQ 空间上发了一条"说说"：别看我一时，且看我一世。

报名那天，我却放弃了，我清楚自己的水平，根本没信心走进考场。

大四寒假回家过年，我去了姑姑家。姑姑问我考研考得怎么样，我说自己没有报名。姑姑听完很失望。

毕业季如期而至，我的想法是找到一个能解决城市户口的工作。这意味着我从农村熬出来，可以在城里生活了。可自己的大学不是"211""985"，只是一所师范类院校，专业也不热门，高不成低不就。

那时，有个大学生直接入伍的政策，我准备去当兵。可告诉姑姑后，她狠狠地说了我一顿："当兵这条路对你来说不合适，你再考一次研究生吧。"这一次，我听了姑姑的话。毕业离校的第二天，我收拾行李坐火车去北京，去我准备报考的大学。

到北京后，我换了手机号码，删掉QQ，想找一个没有人认识我的地方，静心备考。二度考研的半年里，我几乎没说过话，我不属于这所学校，身边也没有一个认识的人。每天早上，出租屋里其他人还在睡觉，我起床洗漱，然后去教室上自习；晚上我回来，他们已经睡了。学倦了，就去一个小树林看老人下棋，这是我全部的业余生活。整整六个月，我就像当初复读考大学时那样，全心全力地准备。

考研第一天是数学和政治，自我感觉考得还不错。第二天上午考英语，这是我最自信的科目，但那次做题，却毫无手感，最后写作文时，我几乎写不出一个完整的单词。

考完英语，我的心态崩了，出了考场就觉得自己完蛋了。我像僵尸一样走到食堂简单吃了点儿东西，来到操场，仿佛电影情节一般，天空下起了小雨。

我在操场上一圈一圈地走，觉得自己没有工作，考研"二战"再次失败，也没有一技之长，前途一片渺茫。我心里很慌乱，就像从悬崖上坠落，一直往下落，不知道自己会落在哪儿。

中午的两小时，我一直在挣扎下午的科目还要不要去考。最后我还是决定去，即使我失败了，也得留个全尸。最后这一科，我想开了，既然自己已经输了，就什么都不用怕，答不上来就答不上来，会做几道就做几道。

考完试，我不敢给姑姑打电话，姑姑却给我打过来，问我考得怎么样。我说："估计考砸了，感觉非常差。"

考试结束后，我去天津的一个好朋友那里一直住到快过年。我给自己想好了退路，我要查完分数，看看自己是怎么死的，之后就去深圳，虽然也不知道在那里能干些什么。

查完分，我的分数高出往年分数线30多分。那一刻，我感觉一股血冲向大脑，几乎要把天灵盖冲破，赶紧打电话告诉姑姑这个好消息。考研复试也很顺利，最终，我以第七名的成绩被录取。

我终于可以拿着饭卡堂堂正正去学校食堂吃饭了。以前，每次都是找别人借卡帮忙打饭，再给人家钱。

三

像我这样一个来自农村，并且家庭困难的孩子，从来没有幻想过出国。但在北京读研，在这座儿时向往的城市学习和生活，这些建立起来的信心让我觉得自己可以尝试继续往上走。我也渐渐意识到，出国并不是遥不可及，我努力一番没准也能成功。

我想，人要一直给自己设立目标，这样才有动力。人这一生还是要趁年轻没什么负担的时候，折腾一下，才对得起自己。

我开始在网上慢慢留意一些与留学相关的信息。

准备出国第一件事就是考英语，我选择考雅思，去欧洲。

我开始一遍一遍地做雅思真题，练习听力。我选择听自己一直很喜欢的《老友记》，无论是走路、坐车、午休还是夜眠，我必须听着入睡。我不知道这种做法对提高我的听力水平作用有多大，但是有总比没有好。

最后的雅思成绩，我考了三个 6 分，阅读 8.5 分，总分 6.5 分。虽然除了阅读，其他成绩都很一般，但达到了一般学校的要求。这时，英国的一个导师准备招一个博士生，想让国内的一位老师推荐，恰好这位老师和我的导师认识，我的导师就推荐了我。

和我竞争的是一个国内顶尖学校的学生，但是他的雅思还没有考下来，机会降临在我身上。最后，我通过了面试，拿到这个带全额奖学金的博士位置。

第一次出国，家里东拼西凑准备了一万元生活费，还向姑姑借了一万。我没让父母来北京送我，只让他们送我到县里的火车站。如果从家直奔北京机场，我怕他们太舍不得，我受不了那种场面。

出发那天早上，三个要好的研究生同学和一个博士师兄开车送我去机场。从学校到机场的路上，我看着外面一辆辆小汽车、公交车，一幢幢熟悉的高楼，突然意识到自己要去一个完全陌生的地方生活，不同的语言、不同的文化，就连饮食习惯也不一样。

我很期待接下来的生活和挑战，但想到这一走不知什么时候才能回来，突然有种想哭的冲动。我说："兄弟们，我要驾着七彩祥云去爱丁堡了。"同学说："你驾的不是七彩祥云，是七彩的'翔'吧。"我眼眶里的泪水硬生生被怼了回去，大家笑作一团。

出国之后，我尝试了很多新的东西，学了高尔夫，在学校做了一年学联主席，组织了一些活动，也参加了一些大使馆的活动。博士期间发表了几篇文章，最后的博士论文获得了系里的优秀博士论文奖。

三年博士生涯，我攒下了一些生活费，最后给了家里两万元，还了姑姑给我的一万，靠着自己的力量生活。我拿到了博士学位，最重要的是，我似乎终于知道自己想要什么，也知道如何去达成自己的目标。

博士是在英国读的，选择博士后学校时，我想换个国家。"读万卷书，行万里路"，初中班主任在我的同学录上写的话，我一直记得。

我不再是当初那个认为能解决城市户口的工作就是理想工作的农村孩子，人生还有不一样的活法，好像还能做点儿有意义的事。如果自己做的某项研究能创造一些价值，能被后来的人记住，那这一辈子就算没白活。

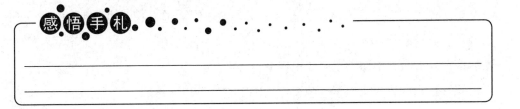

关于睡觉这件小事

杜笑颖

我是一名学生，我的睡眠不太好，属于两个"凡是"的典型代表：凡是到了晚上都睡不着，凡是到了早上都起不来。

平时我在学校住宿，我睡不着的主要原因是室友太吵。俗话说"三个女人一台戏"，我们宿舍常常两台大戏同时开锣，如果将一台唱念做打俱全的比作京剧，那另一台高亢嘹亮贯穿始终的好比秦腔。哪怕在熄灯之后，她们还在四海八荒地聊，不同的是音量压低了，低到宿管老师听不到，可我听得真真切切。套用一下雨果的名言："世界上最广阔的是大海，比大海更广阔的是天空，比天空更广阔的是她们的'脑洞'。"室友的话题从班主任的新套裙是哪个牌子的，到政治老师生完二胎三个月了怎么还没回来；从隔壁16班篮球队里谁最帅，到预测班级的期中测试能不能进年级前列；从肯德基新推出的草莓派没有菠萝派好吃，到二楼小饭堂的炸鸡翅今天不够脆……在这些八竿子打不着的事情上，她们的"脑洞"常常突破天际，我想一个人静悄悄地入睡绝无可能。

周末回到家，我妈坚定地认为使我睡不好的罪魁祸首是手机，手机如果会说话，应该会说"冤枉啊"！根据我家的家规第一章第二十二条：手机必须在夜里十一点前放回书架上。不是我房间的书架，而是妈妈房里一个秀气的楠竹书架。将厚厚的遮光窗帘拉上，熄了灯，戴上眼罩，裹紧被子，闭上眼睛，即使这样，我仍然睡不着，清醒得犹如一台只关掉显示器、CPU还在高速运转的台式机。那些刷过的微信、微博在我的脑海里犹如万马奔腾，我能清晰地听见嘚嘚的马蹄声，马鬃飞扬拂过眼前，还有一种怪怪的味道在空气中纷纷扬扬，不是脏，也不是臊，就是马身上那种特有的气息。我曾经将这个想法告诉过妈妈，她看我的眼神仿佛在说："你编瞎话能不能编个靠谱点的？"她不懂我，我不怪她，她不懂我睡不着的痛苦，就像我不懂她无厘头的想象。

妈妈特意在我床头放了一瓶香薰，佛手柑味的。

她让我闭上眼睛深呼吸，假装自己置身于一个果园中。

"我假装不了，谁家的果园里面到处都是书呢？"我搞不懂她是怎么想的。

"嗯，那你就假装自己在图书馆吧。"妈妈无奈地说。她拿我没办法的时候说话就喜欢带个"吧"，或者"好吧"，这是我跟她一起生活了十几年发现的一个规律。

"那我更假装不了，你上图书馆打瞌睡？"我反驳她。她进了图书馆就像我去了篮球场，两眼锃锃放光。

"你为什么睡不着？"这句话她已经问过我很多次了。

"我就是睡不着，可能是害怕，也不一定。"我觉得她像个爱提问的小孩子。

"你在怕什么？"她明明知道答案，还一直问，这让我很烦。

"我就是不知道怕什么才怕，要知道怕的是什么说不定我就不怕了。"这句话我自己说着都绕，不知道她能否理解，毕竟她平时做我的阅读理解都时常丢分。

具体是什么令我害怕的，大概只有天知道。

　　也许是窗外的未知。黑暗中，我总觉得有些东西藏在窗帘后，要不躲在窗户外，或者不远处的山里。我家窗外青山如黛，周末白天写作业的间隙抬起头，我们两两相望，很多次我想问青山何时老，而青山仿佛在嘲笑我："小样儿，你怎么总是睡不着？"到了夜里，好像只要我有丝毫松懈，未知的怪物就会成群结队地闯进来。我的作文写得不好，语文老师说我："缺乏想象力，过于平铺直叙，整体不够动人。"唉，老师不知道临睡前我的想象力有多丰富，一片落叶凋零在我脑海里会掀起一场惊涛骇浪，一点点风吹草动会被放大成极地风暴，远处传来的不知道谁家的狗吠被我"脑补"成恶龙咆哮。把这些放在白天，不是我吹牛，写一部《东莞折叠》根本不是问题。可惜白天的我，想象力贫瘠得像某些"流量小鲜肉"的演技，作文簿上充斥着"太阳像个火球""月亮像把镰刀""放学了我很开心"这一类干巴巴的句子。

　　白天我并不是一个胆小鬼，跟男生争篮板球的事我从小到大都没少干。

　　使我恐惧的或许就是恐惧本身。在夜里，这种恐惧呈几何倍数递增，我躺在我的卧室小床上睡不着，像个还没烙熟的鸡蛋饼翻来覆去。妈妈靠在床上看书，窸窸窣窣的翻书声在夜里犹如一只出洞觅食的小老鼠；妈妈起床去刷牙，我甚至能听到她拧开牙膏又放回盥洗杯的声音。

　　"要不你睡前喝一杯温牛奶试试？"妈妈吐掉嘴里的泡沫，小心翼翼地提议。

　　"试过了，没用。"我试过，凉的、温的、热的牛奶都喝过，早餐奶、果粒奶、加钙奶通通不管用。

　　妈妈来我房间看着我，摸摸我的头，张了张嘴没再说什么。

　　她还教过我数羊法，有一天晚上我数了整整500只羊，将它们剪毛、处理、烘干、打包，找了一个货柜车送到工厂，做成羊毛衫，平针桃心领口，袖子上的花我都想好了，四叶草状的，然而这并没有什么用，我该睡不着还是睡不着。

　　睡眠是个好东西，要不老天爷怎么给每个人都分配一些，时间还不短。我想会不会分到我面前的时候，老天爷的手像食堂大妈掌勺一样，一不小心抖了一下。

　　世界上的人分为两种，一种失眠，另一种不失眠，后者真幸福。我属于前者，晚上失眠直接导致我白天精神萎靡不振，上午第二节课铃声一响就想打瞌睡，哪怕那堂课是班主任的。不得已我带了一大包速溶咖啡去学校喝，开始还行，一杯热气腾腾的咖啡入肚能把要合上的眼皮强行撑开，喝了半个月后，咖啡灌下去，睡意马上到。有一句著名的"鸡汤文"是这么说的："凡是打不死你的，必使你强大。"我的经验是：凡是能提高你成绩的书，必使你打瞌睡。巧妙运用物理、数学、生物等课本，我偶尔能睡一个好觉。

从前，一天能睡两次觉，睡一次是一次，结结实实，规规矩矩，一挨着枕头我就立刻进入梦乡。

10岁那年，一个春意盎然的下午，爸妈在家里大吵一架，砸了花瓶和碗碟，客厅里陶瓷、玻璃碎片满地都是，连扫三天。爸爸搬出去之后，就再也没有回来。我从那个时候开始失眠，时断时续，时好时坏，转眼我就16岁了。

感悟手札

体　操　队

闫红

前几天在娃的桌子上，我看到一个红包，打开来，里面不是钱，而是一张小字条，写着他的小愿望：希望这次"华杯赛"（华罗庚金杯少年数学邀请赛——编者注）能取得好成绩。

我看了不禁失笑，这个"华杯赛"，原本应该在3月10日举行，但在减负的大形势下，比赛已经被叫停。娃的努力虽不能说是白费，但遗憾总是有一点儿的。我小时候曾有相似的经历，让我初尝人世间的翻云覆雨，知道这世上的事，大多不可期。

在我读三四年级的时候，我所在的小城，要举行一场全市小学生体操比赛，体育老师到各个班级选人。她站在高高的讲台上，手指朝下指指戳戳，她指到谁，就好像有追光灯打到谁身上，那个被选中的人，瞬间就脱颖而出了。

这位老师以前没有教过我们，不然她不会忽然指向我，说："就第二排那个穿红衣服的，叫啥名？"被她询问的班主任有点儿不知所措，说："她不行。"体育老师说："她身体不好？"班主任说："那倒不是……"体育老师说："那还能有什么问题，我看她可以。"

我现在很厚颜地想，一定是因为我小时候浓眉大眼、长相喜人，再者我当时在班里的女生中算是比较高的，才使得体育老师对我高看一眼。她所不知道的是，我是一个十分笨拙而且协调性很差的人。打小儿我只要一跑动，我爸就要笑，说我的两条腿甩动得别具一格。

这样一个女孩，居然入选了体操队，确实可笑，但体育老师被我的外表蒙蔽了，热情洋溢地要接收我，班主任也不好再说什么。就这样，我终于获得了一个为校争光的机会。

但体育老师很快就为她的感性付出了代价，几乎没有一个动作我能做到位，我甚至都听不懂她在说什么。她说的那些动作，我总是很难想象。当我比着她的样子去做时，经常让大家笑成一片。

体育老师倒是没说什么。但是有一天上自习课时，班主任一时心情好，问体育委员大家练得怎么样，体育委员说还不错，但有一个女生大声地说："除了闫红。"

我现在都还记得，这个女生姓舒，一个不常见的姓。她皮肤很白，个子很高，长得挺漂亮，家境似乎也不错，因此优越感十足。在班里，她总是高昂着头，也会很突然地，将目光落到某个她觉得可以欺负的人身上，这个人，常常是我。

这个女生一直把欺负我当成业余爱好，不过，那天她之所以特地提出我不行，还有点儿势利的缘故。班主任被体育老师驳回，总是有些不愉快的。舒姓同学站出来"检举"我，既满足了她欺负人的爱好，又讨好了老师，何乐而不为？

如今想来，这个舒同学很有表演天赋，她说完我"不行"后，还当众示范我是怎么"不行"的，班主任和同学们都哈哈大笑起来。然后，班主任说："闫红明天别去了，某某去。"

那个某某就取代了我的位置。每天放学，路过操场上正在做操的队伍，我心里都有种虫噬般的惆怅；如果听到体育老师大声呵斥谁，那种感觉就更加钻心了，以前，被呵斥的那个人总是我。但这惆怅也还是随着时间的流逝渐渐地淡了，直到有一天，在放学路上，我又被体育老师喊住。

她说，三班的某某最近摔伤了，还是你来吧。我心里一下子冒出了小火花，但又不敢急着表达高兴之情，我说："吴老师可能会叫别人来。"体育老师洞察一切地笑起来，她说："没关系，你虽然练得不好，但毕竟练了那么长时间，临时换个新的，还不如你呢。我去跟吴老师说。"

就这样，我重新回到学校的体操队里。进入5月，天气渐渐热起来，训练越发紧张。

比赛定在6月1日，那天是星期五。星期四放学前，班主任说："天气预报说明天会下雨，要是下雨的话，比赛就延期，改到7月3日，大家还得带着书包来上学，作业也要交；如果不下雨，大家就不用带书包了，排队去大广场看比赛。"

那天晚上我没有写作业，一方面是拖拉的积习使然；另一方面，也出于一点儿小小的迷信——下雨就要写作业，那么写作业，会不会就意味着更有可能下雨？我不敢睡觉，在黑暗中睁大双眼，竖起耳朵听外面的动静，不敢有丝毫懈怠，怕一个不留神，雨就落下来了。

但最后我还是睡着了，醒来就听到窗外雨篷上吧嗒吧嗒的声音，绝望瞬间把心洇湿了一大片。我起床洗漱，然后背着我试图掩耳盗铃未果的空白作业本走在上学路上，迎接比天气更加恐怖的暴风骤雨。

不说当天我怎么跟检查作业的小组长斗智斗勇的了，反正体操比赛改到7月3日了。我跟旁边的小伙伴说，没准7月3日还会下雨。也许，可能，但训练还要继续下去。6月底，期末考试结束了，体操队队员每天去学校，全天候训练。

体育老师把我们带到大广场上，6月底的骄阳打在脖颈上、小腿上和不断伸出去的胳膊上，打到哪里，就把哪里的水分吸了去。我的腿上汗腺比较少，皮肤干燥紧绷，一刮就是一条白印子。这倒给了我灵感，我当时极为羡慕成年女性穿的渔网袜，就用指甲在腿上划出纵横的斜线，直到被体育老师一声断喝："那个谁，你在干吗呢？"

如此艰苦卓绝地训练了许多天，终于到了7月2日，我们穿着学校特别定制的白衬衫和蓝裙子在大广场上进行最后的排练。天热得出奇，衣服一直湿漉漉地贴在身上，汗水还在不断地冒出来，那是我第一次知道，我身上原来可以流那么多的汗。

体育老师皱着眉，看看天，说："搞不好明天又要下雨。"队伍不约而同地"啊"了一声，我心中倒是很平静，也许是上一次的推迟把我的期待与失望都耗尽了，无论明天怎样都可以坦然面对了。

第二天果然又淅淅沥沥下起了雨，伸手推窗，与昨天不同的清凉之气迎面而来。我回到床上，昨天体育老师说了，今天要是下雨就不用去了。

整个小学期间，我再也没有被"挑出来"的机会，我灰扑扑地混在人堆里，怀疑自己天生平庸，同时又不敢置信。直到读初中时，有一天，班主任对我说："听说你作文写得不错，你写首诗在迎新大会上朗诵一下吧。"我在数学课上写了那首诗，后来得以发表，人生的道路在不知不觉间被改变了。

几年前，在朋友圈里看到一篇文章，是说小城里的老景物，其中有一张当年那个大广场的黑白照片。那操场远不似我记忆中的恢宏，除了一对可怜的单双杠，就是中间那座小戏楼一样的两层建筑，十分简陋。

记得当时，体育老师就站在那二楼上，声音洪亮地发号施令。她告诉我们，评委们也会那样居高临下，审阅全市所有小学的体操队，我们的每一个动作，都会被看在眼里，所以，我们必须努力将每个动作做到位。

这使我们紧张，使我们力求每个动作都达到完美，而我知道自己的笨拙，一招一式里，都有着讨好者的用力过猛。我的内心时刻都处于备战状态，但这一切，都被两场不期而至的雨消解掉了。后来的人生里，我又将这感觉体验过许多回。

感 悟 手 札

找　肉

申赋渔

　　刚上小学的那段时间，村子里的孩子们特别痴迷收集火柴盒。农村火柴盒的品种比较单一，所以收集起来比较困难。有一次，我家西边的三碗叔不知从哪里买了一打罕见的火柴。图案是一个古代美女，印在薄薄的纸上，贴在火柴盒上。因为难得，大家都虎视眈眈地守着，等火柴用光，盒子空了，立即抢走。

　　那天放学回来，我扔下书包，拔脚就朝三碗叔家跑。进他家门的时候，一头撞在三碗婶的怀里。"莽张飞。"三碗婶边说边走出门去。我顾不得理她，一头钻进厨房，在她家的灶台上下到处摸索。摸了半天，只有一盒刚用了一半的火柴，不好拿，满心失望，空手而归。

　　晚上，我盛了一碗大麦稀饭，因为嫌烫，正低着头吹气，忽然三碗婶哭哭啼啼地闯了进来。

　　"大鱼儿，可曾望见我放在釜冠（锅盖）上的肉？"

　　我茫然地摇摇头。

　　三碗婶哭起来："讨债鬼今朝生日，我让三碗头去称了点儿肉。讨债鬼今年一年还不曾尝过肉星子，哪晓得，肉放在釜冠上，我到园田里去挑了两根菜，回来，肉就没得了。我出门的时候，撞到大鱼儿往锅上跑，就来问问。"

　　"我没看到。我找火柴盒的，没找到……"我话没说完，父亲劈头就是一巴掌。我的头撞在碗上，一碗稀饭泼翻在桌上。

　　"我没看到肉。"我哭喊着，眼泪掉下来。父亲扬手又要打我，被奶奶拦住了。

　　"你什么时候看到我家伢儿拿人家一个针线的？你不要听到风就是雨。"奶奶一把抱我过去，护在怀里。父亲从抽屉里拿了手电筒，对三碗婶说："不要急，你不要在这里哭，我跟你找去。找不到，我称肉还你。"

　　奶奶一听父亲要称肉还她家，急得匆忙牵上我，跟在后面，一起去三碗叔家。

　　三碗叔蹲在门槛外面的屋檐下，抱着手臂，一声不吭，看我们过来，也不站起身来。他显然已经找了一阵子，找不到，在生闷气。三碗叔六岁的孩子，手里端着个用土霉素瓶子做的煤油灯，抽抽泣泣，还在床前桌脚找着。

父亲先在锅台上找，连放灶王爷像的木牌后面都找了。接着又打开碗橱找，在地上找。奶奶用一根木棍，反复地捅着他家的炉灶。三碗婶淌着眼泪跟在后面，既不帮忙，也不说话。小孩牵着她的衣角，亦步亦趋地跟着。

厨房里找完，父亲又到堂屋找，堂屋找了，又在卧房找。他是知道的，我不会偷肉。可是，如果找不到肉，那就是我偷的。

三碗叔还在门口蹲着。他是个老实人，平时看到我，从来都是笑眯眯的。他在家也一直是被三碗婶呼来喝去，整天只知道干活，很少说话。

该找的地方都找了，父亲、奶奶、三碗婶，都呆呆地站在堂屋的中央。我的心里惊恐万状。看我们不找了，三碗叔的儿子去拉他，说："爸爸，我要吃肉，我要吃肉。"三碗叔反手一巴掌，打在他的屁股上。他大哭起来。三碗婶冲过去，一把把三碗叔推坐到地上，哭着说："你还有脸打孩子。"

三碗叔站起身来，重重地给了三碗婶一巴掌。这是我们第一次看到三碗叔打三碗婶，三碗婶呆住了。三碗叔走到我父亲身边，对父亲说："哥，你回去，没你们的事。大鱼儿是不会拿我们家的肉的，这个孩子我知道。不要难为孩子，只怕是被猫狗拖走了。"

父亲无言以对，什么也没说，扯着我的手就往家走，我不肯跟他走。我知道，他拖我回家，是要打我。我死命地拉着奶奶的衣服，奶奶用双臂护着我，骂着父亲，让他走，让他不要回家。

父亲走了，奶奶牵着我，慢慢往家走。回家要从三碗叔家左前面的养猪棚门口经过。里面的猪发出一阵阵哄闹声——一家人忙着找肉，连猪都忘了喂。

已经走过棚子门口了，奶奶突然回过头，朝里面走去。三碗婶立即跟了过来。奶奶端了挂在猪栏上的煤油灯，低下身子，朝猪食槽望去。两头猪正用嘴拱着什么。

奶奶把猪赶开，用手从猪食槽里拎起一块东西，凑近灯一看，是肉。

三碗婶一把抢过去，脸上还满是泪呢，立即就笑了。她顾不得粘在肉上的糠和猪食，拎了就往厨房里跑。奶奶说："恐怕是被猫叼到猪圈里的。还好，肉好好的，一点儿没被吃掉。"

回家之后，我没有吃饭，洗洗就上床睡了。睡梦中，我忽然被奶奶摇醒。奶奶端了一碗米饭，米饭的最上面，摆放着两块大大的肉。

我们这里有个风俗，如果哪家有客人来，或是为什么事烧肉了，一定会给左邻右舍送一碗饭，饭上放一块肉，浇些肉汤。

今天，三碗叔家特意多给了一块肉。我知道，那是给我的。我跟奶奶说："奶奶，我不吃，我要睡。"

我翻过身，用被子蒙着头。奶奶走了，我在被子里默默地流着眼泪。

感·悟·手·札

花裙子和塑料凉鞋

邱立新

小时候，我最羡慕邻居女孩小芳，因为她在夏天有花裙子和塑料凉鞋穿。

那时的我，抻抻自己打补丁的蓝裤子，把大脚指头在旧布鞋里屈伸两下，常觉着自己矮她一头。去河滩打猪草时，小芳拖着一筐青草，气喘吁吁地在后边喊："那个，丽姐呀，我真拖不动了，你帮帮我吧。"这时，我会放下自己的筐，小跑着回去，把小芳的筐接过来，顶着毒日头，淌着热辣汗，提到坡岗上。有时小芳穿凉鞋蹚水，双脚陷进淤泥里，向我高声求救时，我会三下五除二脱掉自己的旧布鞋，光着脚丫，去帮她把陷进泥里的凉鞋拔出来，再拎到河里反复洗干净，送到她的脚边。

有一天，她被男孩子欺负，蹭破了膝盖，险些掉到壕沟里，我像女侠一样及时赶到，替她解了围。从此以后，小芳成了我的"花"，而我成了"护花使者"。

一次，学校文艺会演，小芳感念我待她的好，慷慨地答应让我穿她的裙子和凉鞋去跳舞。那天的舞台上，我的裙子最好看，我的凉鞋最凉爽！在颜色朴素单一的年代，那一天，我终于找到了属于女孩子的色彩！因为美得忘形，我穿着小芳的花裙子和凉鞋走到家门口时，还没想到要脱下来。小芳穿着我的蓝裤子，用双手提着松松的裤腰，趿拉着我那双快要露脚趾的布鞋，绕到我跟前说"换回来吧，我们换回来吧"时，我才如梦初醒，自己不是白雪公主，是彻头彻尾的灰姑娘。

那晚，我坐在炕桌旁，边写作业，边跟母亲和哥哥炫耀我的舞蹈。可随着院门声响，我的麻烦从天而降。小芳的妈妈拎着塑料凉鞋，领着光脚的小芳到我家来了。原来，塑料凉鞋裂了个大口子，小芳的妈妈说是我穿坏的，因为我的脚大，加上跳舞蹦得欢，所以肯定是我的责任。刚刚还有说有笑的一家人，听了小芳妈妈的"控诉"，迎客的笑脸都变成了僵硬的苦瓜脸。哥难过地望向母亲，我则乖乖下地，等着挨母亲的笤帚疙瘩。母亲把塑料凉鞋拿在手里，赔着笑脸说能修补好，可小芳的妈妈坚持说不可能修补到原来的模样了，然后就一直坐在我家不走。她的意思我们最终都明白了，她是想让我们家赔小芳一双新凉鞋！可是在那个年代，一双凉鞋要三四元钱，每到夏天我都央求母亲给我买凉鞋，可她总把旧布鞋找出来给我穿，还说："夏天穿布鞋凉快。"如今，反倒要赔给小芳新凉鞋！我终于忍不住了，鼓足勇气大声说："小芳的凉鞋都穿了两年多了，旧了，掉色了，凭啥让我家赔新的！"哥抄起炕上的笤帚对我喊道："都是你惹的祸！"母亲按下哥的笤帚，说："赔，咱赔，咱弄坏了人家的东西，就得赔！"

于是，母亲花了四元钱，给小芳买了一双红色的新凉鞋。而我，也终于有了第一双凉鞋，就是小芳的那双旧凉鞋。母亲不知从哪儿捡来一块黑色旧凉鞋废料，她把一根铁锯条烧红，从黑塑料上剪下一小块，放到凉鞋的裂口上摆好、按严实，再把烧红的铁锯条伸进它们的缝隙中，又迅速抽出去，屋里立刻弥漫起塑料烧焦的味道，她则用手紧紧按住黑塑料，这样就粘好了我的"新"凉鞋——带着一块黑疤的"新"凉鞋。

那件事之后，我幼小的心里便生了黄瓜皮样的褶，每当看见小芳穿红凉鞋，就生出一种晕血的感觉，也一直不喜欢穿红鞋子。而且，我的性格也改变了，不再出去当"女侠"、当淘丫头了，开始喜欢在家看哥哥的语文课本，喜欢背家里那本残破不全的《唐诗三百首》，喜欢看父亲书箱里的书。

这些改变，也渐渐改变了我的人生，我由学校的中等生成为班里的学习尖子。

再后来，我考上了师范学校。开学前，母亲把我领到镇上，给我买了一件当时流行的碎花布连衣裙，她说："按说姑娘大了，想穿件花裙子，穿双塑料凉鞋，那是应该的，可要是想一辈子都有花裙子、塑料凉鞋穿，那可要靠自己。"

当时，母亲好像把这句话说得很随意，可我一直都记在心里。

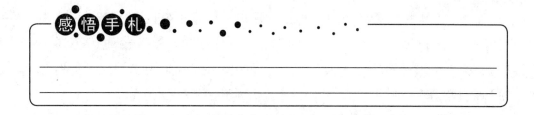

碧 云 天

丁之境

"碧云天，黄叶地，秋色连波，波上寒烟翠……"

儿子窝在沙发上读背范仲淹的《苏幕遮·怀旧》，正在写稿子的我被这熟悉的句子吸引，脑海里浮现出我和这阕宋词的初相遇，时隔多年，那些细节依然清晰如昨。

那是 24 年前五月一个很重要的日子，我和我的同学要去县二高参加掐尖选拔考试，考试通过的话，不仅可以提前拿到重点高中的录取通知书，还可以分进学校的重点班。

县二高离我的初中有几十公里的路程，没有直达车，中间要转三次车才能到。让几十个孩子这样转车去考试，显然是不现实的，所以学校给我们租了一辆专车。所谓的专车，其实就是一辆拉石子的大卡车。我们这些取得考试资格的尖子生在年级其他同学艳羡、嫉妒的目光中一个个攀上了大卡车高高的车斗，在初夏的晨光里一路颠簸向梦想驶去。

乡道坑坑洼洼，我们在车斗里摇摇晃晃，遇到急刹车，我们就像离散的泥巴又重新揉捏到了一起，女生和男生碰撞到一起的尖叫和兴奋让这辆专车充满了青春荷尔蒙的气息。初夏早晨的风是清爽的，路边的麦田绿油油的，路旁的白杨树的叶子就像举起来的肥硕的手掌，我们不像是去赶考的考生，而像去踏春的少男少女。

一路摇晃，接近中午，我们终于到了县二高。和全校只有六个班的初中校园相比，二高校园大得让我无法想象，我就像一条水沟里的鱼游进了浩瀚无边的大海，既兴奋又害怕，既期待又担心，校园里到处都是和我一样有点意气风发，但又带点拘谨的来自各乡镇的考生。

考试安排在第二天进行，高中的学生为了给我们腾地方已经放假回家。我们被安排住在学生宿舍，一排排大瓦房，里面密密麻麻地排满了高低床，一个人一个床位，印象中床上只有一张光秃秃的草席。和同学一起吃完饭，我爬上属于我的临时床位，和衣躺下，却毫无睡意。这时，我在床头的席子下面发现了一本书，抽出来一看，深蓝色水墨封面，白色题框中赫然印着"宋词三百首"五个黑色大字。随手翻开，映入眼帘的便是："碧云天，黄叶地，秋色连波，波上寒烟翠……"这是一个乡村男孩从未见过的句子，那样的清丽，那样的惊艳，我迫不及待往下读，"芳草无情，更在斜阳外……夜夜除非，好梦留人睡……酒入愁肠，化作相思泪。"有些不太懂但又觉得懂，多愁善感的年纪让我从这些句子里读出了思念的黯然神伤和难以排遣的忧愁。进入这偌大的校园，陌生环境带来的不安与紧张，被抛在空空如也草席上的寂寞，还有对明天迷茫的惶惑，以及内心无以言说的孤独……复杂的情感堆积一下子遇到了最美最恰当的表达，就像高山流水的相逢，激起了闪耀的水花，我的内心明亮又自失起来。我拿出笔趴在床上，把这首《苏幕遮·怀旧》一笔一画抄在了笔记本上，并记在了脑子里。继续往下读，我又抄写了柳永的《雨霖铃·寒蝉凄切》、蒋捷的《虞美人·听雨》。

那个黄昏，其他同学都去校园里闲逛了，唯独我一人忘记了第二天紧张的考试，沉浸在那些古典又清新的句子里不能自拔，那一天决定了我一生的方向，我从此爱上了语文。

这个寒假，我和儿子约定每天读背一首古诗词，希望他也能拥有和美好的文字相遇并怦然心动的美妙时刻，因为我知道语言的质量其实是我们思想和情感的质量，最终也决定了我们生命的质量。

感·悟·手·札

每一颗星星都应该感谢黑夜

韩青

一

一天中午，有个学生找我请假，他说他想利用中午时间在教室里做一会儿题。按理说，午休时间就得休息，谁也不例外。可是，他是名副其实的学霸，肯定有他没有解决的问题。于是，我就同意了。

午休快要结束时，我先去了一趟教室。我想知道，一个中午，他究竟在教室里做了些什么。我一进门，他就兴奋地朝我炫耀："我终于解出了这道数学题。"那兴奋劲儿不亚于当年哥伦布发现新大陆。

我走到他桌边，发现他的桌子上放着几张草稿纸，应该有四五张吧，上面密密麻麻的都是数字。

我惊讶地说："用了这么多草稿纸吗？"他说："不多呀，不就这四五张吗？当年，莫泊桑发表第一篇小说，不是有几麻袋废稿吗？"

是啊，那些草稿纸才是真正的养料啊，没有它们，那正确答案的秧苗就不会长出来。

感谢那些草稿纸。对，它们才是学习的功臣。

二

喜欢上读书、写作，那是在我十三四岁的时候。

从那时起，我就开始大量地读书、抄书、背书。当年正流行汪国真的诗，他的诗集《年轻的思绪》，我能从头背到尾。还有席慕蓉的书，我也能背一大半。甚至连女生喜欢读的琼瑶的小说，我也一口气读了几十本。

后来就开始给一些报刊投稿。我把认真抄写好的稿子，装进信封，再骑上自行车，走八九里路，到镇上的邮政局，然后再偷偷地把稿子投进那绿色邮筒。总是感觉在干一件见不得人的事情一样，每次都是这样。可是，那绿色的邮筒就像绿色的春天一样，看到它心里总会绽放出希望来。

可是，每一次投稿都是没有期限的等待，而事实上，那等待已经把结果告诉了我。一次次地投，一次次地失望。而失望多了，就会变成绝望；绝望深了，就会有泪水偷偷躲在无人的角落流啊流……但是，我并没有死心。我又开始读书、抄书、背书，厚积薄发嘛。我信这个理。读得多了，积累得多了，自然一切就会水到渠成。

就这样，读、抄、背、投，中间也有断流的时候，可是，那颗爱文字的心一直都在。一直到我35岁的时候，我才收到用稿通知：一篇散文的、两首诗歌的。

一个朋友曾对我说："你看你做了那么多年的无用功。"而我却不这样认为，要是没有这其中层层叠叠的波折，我哪能拥有这样一个让我期待已久的结果？那些波折送给了我一双翅膀，它们让我飞起来了。感谢它们。

三

多年前的一个晚上，我和妈妈坐在庭院里纳凉。繁星满天。那光亮，洗净了所有的尘埃，连空气都被洗得干干净净。

我曾问妈妈："星星到了晚上都出来了，那么，白天它们都去了哪里？"

妈妈告诉我："白天它们也在那里啊。"

我不解，又惊奇地问妈妈："那我们为什么看不见它们呢？"

妈妈又告诉我："因为，它们没有黑夜的映衬，就显不出光来呀。"当时，因为自己年龄尚小，所以，对妈妈的这个回答，似懂非懂。直到后来，长大了，才真正明白妈妈的意思，尤其才明白那映衬的含义。

每每看到星星的时候，我就想起了妈妈的回答，并且认为，每一颗星星都应该感谢黑夜，没有黑夜，谁来证明它们的存在呢？对，每一颗星星，都应该感谢黑夜，正如，世上的成功者，都应该感谢途中所有的波折和失败。可是，很多人不但不明白这个道理，而且还仇恨它们所带来的痛苦。

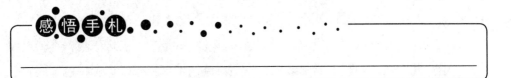

表情包让她走出收费亭

李志飞

陶莹喜爱绘画，在大学选择了动画设计专业。毕业后，她开始信心满满地找工作，但没想到，激烈的竞争让她几番求职都铩羽而归。父亲看着因工作无着落而成天苦闷的女儿，出于疼爱，便托亲戚为她找了一份高速公路收费员的工作。

收费员的工作非常枯燥，每天面对来车，必须要以绝对标准的手势——左手贴靠窗沿，手心向前、五指并拢，立臂成90度示意司机驾车入位，然后微笑，礼貌地说一声："您好！"这看起来似乎并不难，但是一天做个上万次，就没人觉得这是一件轻松事了。一想到自己以后的每一天都将在这里度过，陶莹的心里就不是滋味。

自从做了高速公路收费员后，陶莹变得沉默寡言，很少和闺密聚会。好不容易有次机会和大家聚在一起，面对公司高管或者是已经成为店老板的姐妹们，她总觉得矮人一截。席间，当她们得知陶莹的工作是公路收费员时，惊讶不已，有个嘴快的同学更是忍不住接上话茬："公路收费员这种活我是不会做，不是'吃灰尘'，就是'喝汽车尾气'。"话音刚落，大家就哄笑了起来……陶莹越听越气愤，越想心里越憋屈。

那天聚会回到家，陶莹鼓起勇气和家人说想辞职，却遭到家人的强烈反对。父亲态度很强硬，因为他为这份工作花了太多心思。"多好的一个工作，许多人想做还没处做呢。退一步说，就算你找到了一个自己喜欢的工作，每天都遭人算计，又能开心吗？"父亲说的这些话都在理上，毕竟这份工作简单又直接，只是这些年压抑的苦闷情绪，陶莹实在是无处排解。

直到有一天下班，心情苦闷的陶莹刚到家，母亲就送上了一份礼物——画笔。陶莹的母亲说："有太多人都做着不是自己喜欢的工作，这些人都要辞职不干吗？你可以不喜欢这份工作，但不能让这份工作影响你的生活，尤其是可以随心所欲做自己喜欢的事的生活。"这样的生活在什么时候？就是下班后，陶莹可以写写画画，随心所欲地做自己。

在单位宿舍里，同事们追剧、打游戏，陶莹就捣鼓自己的画。动画专业出身的她，能够操作各种绘图软件，天马行空的想法来了，她竟把自己没事涂鸦的画，做成了一款表情包"小袋鼠"，初次上线，就意外收到 2500 多元打赏。

这可把陶莹乐坏了，设计表情包的热情更是一发而不可收。白天上班，面对来来往往的车辆，陶莹竟不觉得枯燥乏味，反而觉得很有趣，因为每一个车窗背后都藏着一个不可捉摸的表情。短短三个月时间，陶莹就利用下班时间，把白天捕捉到的表情相继制作成"短鼻象""薰衣草丫头""小懒""小淘"等几套表情包。"小淘"一上线，立刻受到网友追捧，短短几个月，下载量就高达 1 亿多，发送量接近 50 亿。仅仅收到的打赏金额，就有 50 万元。

2017 年，陶莹再次向家人提出辞职，她坚定的眼神，得到了全家人的支持。辞职后的陶莹邀请了几位志同道合的校友成立了动漫 IP 公司，接连又做了三套"小淘"表情包，都异常火爆。她还尝试找厂家做了 500 个"小淘"玩偶，没想到不到一个月，所有玩偶都在淘宝店卖空，甚至有粉丝在陶莹的微博下评论："跪求玩偶。"

2018 年 12 月，陶莹看到一则新闻，自己所在的河南某高速公路收费站已采用 ETC 缴费取代人工，意味着收费员这份工作彻底没有了。此时的她忍不住暗自庆幸："终于在风雨来临前，找到了生命的那束光。"

感悟手札

17岁，你慢点走

鹅毛毛毛

时间从指缝中偷偷溜走，转眼间，一年一度的艺考季再一次拉开序幕。身为已毕业的艺考学姐，看着将要参加新一年艺考的考生们，在倍感亲切之余，也情不自禁地想感慨当年赶考的自己。

记得我看过的一份宣传艺考的报纸上有这样一句话：不妨试着为一个疯狂的想法去闯一次。

那是在高一的时候，我幻想着自己的未来，听到讲台上的老师给我们讲"编导"是什么时，就好像冥冥之中有一根绳子在牵引着我一样，听着听着我就心动了。

我的头脑在疯狂地运转，我从小便喜欢看电视剧、电影、小说，我觉得"编导"两个字就好像是为我量身定制的一般。我的身体像被激活了一样，脑海里只有一个念头：是时候鼓起勇气去追求未来了！可这种热情来得快去得也快，现实的因素是不可忽视的，理性始终站在我的思维前线。

高一浑浑噩噩地过去了，而后，某一天的某个时候，我重拾了这一念头，自此，高二成了我艺考生涯的起点。

刚进入艺考培训班的我学了两个项目：播音和编导。事实上，从一开始我就对学习播音没有太多的憧憬和希望，可能这与我刻进骨子里的内敛和腼腆有关。可是当我站在模拟主持的镜头前时，一种不可言喻的感觉在心头油然而生，让我真的想要改变自己。

练声、背稿件、朗读、练习模拟主持，我把自己锁在卧室，大声地朗诵，好像是在发泄，又好像是找到了真正的自己。因为这种自信解放的状态，是我一直以来想要去做却没有勇气去做的。我想象着自己站在主持台上的样子，微笑、自信，对着镜子，我模仿着心目中自己最好的样子。就像老师和我们讲的"天性正圆说"一样，我好像解放了天性，实现了美梦。

但面对幻想，面对憧憬，残酷的是现实。

当一次次的失败袭来时，老师的目光、同学们的眼神以及面前的镜头，让我无处可躲，无处藏身。

习惯是深入骨髓的，"我能再自信点，我有足够的资本。可我真的可以吗？我想退缩，行吗？"心里仿佛有着两个声音，大山一样压得我喘不过气来。

最终，我还是在升高三的那个暑假放弃了播音学习，告别了那个让人终生难忘的、我所憧憬的自己。

"放弃"两个字很残忍，但是我不得不面对，不得不用到它。

后来的我，只集中学习编导，别人问起来，我都会回答时间紧，学两个压力太大。但是也许只有我自己才知道，我一直试图埋没心中那个在聚光灯下，别人目光聚焦点里的想要向着黎明却只能散发出微弱光芒，又自惭形秽地急着退缩的自己。

但不管我怎么退缩，高三已经如期而至。

高三时，我好像突然开了窍，从高三分班到高考前，大大小小的考试我几乎从未跌出过前五名。所有同学都在说，"哟，你一个艺考生，文化课成绩还这么好，到时候轻轻松松就能上一本大学呀"！连老师都这么想，上课时调侃我，"只要成绩一直保持下去，到时候轻轻松松考中国传媒大学"。

我脸上笑着说努力，心里却很不平衡。潜意识里，他们都会觉得艺考不过是个花钱买学上的过程，十分轻松。可真的轻松吗？

想来也是，我的压力和努力很少有人理解，就连我的父母也不了解。

集训被同学们看作是放假，校考被同学们认为是旅游。只有我自己知道，正晌午顶着快要40度的大太阳骑车穿梭在学校和艺术班到底有多热。看着十字路口冒起肉眼可见的热浪，有时我自己都怀疑是不是老天爷给我的生活里加了特效。只有我才知道，因参加校考离家住在宾馆，面对着不确定的未来和不断消耗的父母的期望时，有多令人崩溃。

我曾经听过一个考上北京电影学院的学姐说，在她考"北影"一路杀到四试时，她觉得，考不考得上、输和赢，这些东西在她心里早就没那么重要了，因为在考试的过程中，心路已经发生了变化。

她告诉我，当你真正达到一个高度，当你经历过心理上的起伏之后，你会释怀，以前的那种执着会变得不怎么重要了，结果相比过程来说，变成了一个黯淡的附加品。

我17岁的青春在艺考和高考中画上了一个浓墨重彩的句号。

此时此刻读英语专业大一的我，感慨之余，除了为体育考试及格而开心，仍在担忧着明天晚上的英语语法考试，在想着明天学姐给我派发的任务，想着明天中午要吃的水煮肉片，想着即将到来的假期……不管失败还是成功，生活仍在继续。

现在我很庆幸，庆幸我的校考每个都差了三四分，庆幸我的编导统考离 A 段差了两分。一定有些人会说这是我在安慰自己，但是当你真正经历过，你就会理解我，生活就应该像那三四分一样充满戏剧性才会更精彩。一览无余的坦途，在电影中是演不下去的。

我是艺考不理想，但是我的 17 岁不失败，而是更加绚烂多彩。

说到这儿，我想起了曾经。那时我替我的母亲感到悲伤，她的中年生活几乎都是丈夫、女儿、儿子和工作，我向她抱怨自己以后一定晚婚，我为母亲感到可惜，可是母亲却不觉得，她觉得很幸福……也许这就是一种心境、一种境界，旁人不懂。

经历不同，收获不同。

我的播音和编导学习生涯圆了我从童年开始的一个梦，为了我所喜欢的东西去疯狂一次，不计结果，享受过程，最终收获的远远比结果更加丰厚，它们是我17 岁最珍贵的记忆。

最后，我想对所有的艺考生们说，你们慢慢来，没事儿，心会带着你们去未来，每当你们驻足往后看时，都会发现：之前的那个自己原来已经走远了。

我目送着那个 17 岁的自己，你们也目送着过去的你。然后，跌跌撞撞的我们都想对我们的过去说：孩子啊，你慢慢走……

最后的最后，我想对正在准备艺考、即将参加艺考的所有艺考生们说一句：加油！

感悟手札

黑暗是一枚硕大的果实

张小七

我是在小县城长大的孩子，每每让我上台谈及梦想，我总会认真地说："我梦想当一名教师。"

我整天摘抄小说里的那些酸话，一个人慢慢咀嚼。我的作文写得越来越好，数学却越来越差。一天，我被老师喊上讲台做一道数学题，却没有思路，被老师说了一顿。我向来追求完美又脸皮薄，表面上风平浪静，内心却早已翻江倒海。

这件事导致我看见数学题就想吐，干脆自暴自弃，逃课去书店看课外书。高考越来越近，所有人都焦头烂额、熬夜苦读，只有我带着淡淡的忧伤闲云漫步，有一种鹤立鸡群的感觉。

高考给了我当头一棒，我落榜了，整日沉默，面无表情，拒绝见任何人。我妈实在看不下去，气得打了我一巴掌，不是因为考差了，而是因为我变成这么一副鬼样子。

我进了复读班，看见几张熟悉的面孔，他们似乎都在嘲笑我："她成绩好不也复读了吗？平时成绩都是抄的吧？"我看见数学，仍然想吐。麻木自己或许是最好的办法，晚自习做数学题，中午看数学书，星期天总结数学。再一次高考结束，我面临志愿的选择。在家人看来，去医科大、读师范、读经济学才是最好的出路，而我却义无反顾地选择了与文字相关的专业。

考上大学后，没有任何人和事再阻止我看书、写文，这反而让我有点不知所措。我在眼花缭乱的社团里选择了一个文学社，激情与梦想让我睡不着，我满腔热血，雄心壮志，准备大干一场。事实证明，文学是经不起热闹的。一个学期后，我毫不犹豫地退了社。我把零食、杯子、坐垫全部搬到自习室，天天泡图书馆，发疯似的读书、写字、投稿。后来，一摞一摞的样刊寄来，极大地满足了我的虚荣心。

一个偶然的机会，我了解到武汉大学是出版专业的"黄埔军校"，但招生名额是个位数。正式加入千万考研大军的那天，我在本子上写下一句话："我不怕千万人阻挡，只怕自己投降。即便武大只招一个人，那个人也会是我。"

那是我精力最为旺盛的一年，雷打不动地早出晚归，第一个出寝室，最后一个回来。我断绝了与外界的一切联系。

初试的日子终于来了。那两天，我一直失眠，两天睡了五个小时。当我走出考场时特别难过，我知道有一科发挥得不够理想。我不想走出考场，只想蹲下来哭泣。

太想得到的东西，终究是得不到的。初试结果出来，总分没问题，但还是卡在了那一科，我悲恸欲绝、肝肠寸断。

我的激情和乐观却换来了人生的低谷期，我整个人都耗在一种迷茫的情绪中，固守的希望与梦想瞬间崩塌。我很偏执，得不到想要的，那么也不要别的，于是我选择了考研"二战"。

考研"二战"的日子，没有固定的自习室，我依旧晚上十点多睡，早上五点多起床，跑五公里再去复习。这次考试，我的心情平静到像是去看一场无名电影。初试结果出来，第一名。我安静地准备复试。复试结果出来，也是第一。录取结果出来的那天，我一个人在街上走了很久很久，想笑又想哭。

这大概是我的青春里最浓墨重彩的一笔，也是代价最高的一笔。我终于踏进了武汉大学，带着激情和梦想。十年后，当我回望时，恨不得穿越时光去拥抱那个苍白消瘦、多愁善感、惊慌失措、迷茫困惑、极度缺乏安全感的姑娘。一路走来，我单枪匹马，没有人为我出谋划策，没有人为我开辟绿色通道，我一条道走到黑的心情却越来越明朗。

潮水退去的时候，搁浅的永远是那些看不清楚方向的人。

感悟手札

胎记女孩成长史

汤圆甜酒

初一上学期期末考试，我被语文老师大大地表扬了一番，因为在考试作文里我引用了《简·爱》里的那句名言："你以为，因为我穷、低微、矮小、不美，我就没有灵魂，没有心吗……当我们两人已经穿越了坟墓，站在上帝的脚下，我们是平等的。"而其他同学的写作风格大概还是："在记忆的海洋中，有无数颗美丽的小贝壳，而我最难忘的一颗是……"

从出生那天，我的左额头和左脸上就有一大块灰黑色的胎记。

十三四岁正是性别觉醒的年纪，渴望美丽。但我恐惧裙子，恐惧蕾丝边，恐惧照镜子，恐惧拍照片。明明不是假小子性格，我却留着板寸，去商店买衣服径直奔向男装区挑选最普通低调的 T 恤、长裤。我总觉得，美丽的饰品和裙子是留给美丽的女孩子的，我穿戴上，会显得更加丑陋。

我每天都告诉自己要强大，不要在乎别人的眼光。但有时同学间并无恶意的说笑还是让我非常难过。我后桌是两个男生，男生 A 问男生 B 喜欢班里哪个女生。B 说："姓张。"A 就把班里所有姓张的女生的名字写在纸上，除了我。我的朋友看到了，问他为什么。他说："她还算啊？"我听到了却没有说话，甚至也没有哭，只是把指甲掐进肉里，一动不动地坐了很久。

我逃避痛苦的办法是拼命学习。何况从小我就被我妈耳提面命，说我长相有缺陷，就要比别人更努力。

白天课间，只要不去厕所，我都在做题，甚至上下学的路上，都要求自己必须去想和学习有关的事情：下一步的学习计划、白天学习的内容回顾、某一道解不出的物理题的思路……晚上过了十一二点，家里人会催我睡觉，我就攒下零用钱，偷偷到五金店买了一个宝蓝色的袖珍手电筒，这样关灯装睡后，还能开着手电在被窝儿里偷偷再学很久。

初一下学期期末，一直被老师认为不聪明的我考了年级第一。

但这好不容易得来的一点自信，又很快被自己击溃。原因如很多俗套的青春剧一样：我喜欢上了一个人。可我有自知之明，我在日记里对自己说："你是个怪物，你没有喜欢一个人的资格，快忘记吧！守口如瓶，这将是一个永不会说出口的秘密。"

他是我的同学，也是学霸，还是个很温和的人，并没有因为我的丑陋而另眼相待我。这大概是我人生中第一次感受到来自男生的鼓舞和友情。他会拿着自己觉得很有用的题目给我看，会帮我解答不会的习题，甚至有一次考试后几个人收拾教室，在走廊里，他突然和我说："我觉得你笑起来很美。"当时班里最漂亮的女生就站在旁边，我简直不敢相信自己的耳朵，甚至怀疑他是在嘲讽我。

但我还是说服了自己，相信我也是有被欣赏和被赞许的优点的，也许人生没有那么糟，我该乐观一些。我决定，除了学习，也要多交些朋友，多和同学交流，有一些新的爱好。

后来有一天，家人和我说，这个胎记是可以医治的。之所以还没治，是因为要等我长大。胎记在青春期会随着生长而扩散，到一定年份才会停下来，到时候就可以去彻底治好它了。

我有一点期待，也有一点害怕。不过我想，当这个小缺陷消失，我会更自信，也会更像一个女孩子吧？

我想起在幼儿园的时候，我一个小伙伴都没有，大家像躲着怪物一样躲着我；我也不合群，每天蹲在角落里自己抠土玩儿，跟蚯蚓比跟人还亲。我很羡慕班里一个叫西西的小女孩，她长相清秀可爱，总是被一群伙伴围绕，老师宠爱，同学喜欢。

我想，有一天，我也会成为那样的女孩吧？

加油吧，少女！

感悟手札

13岁，世界告诉我们什么

刘丽丽

13岁，揭衣初涉水的年纪，春林初盛，幽谷有清澈的鸟语。世界是身畔活泼的溪流，远远地发源，又热情地奔向远方。

然而，当我迈进13岁的门槛，等待我的既没有露珠，更没有鲜花，我等来的是人生中第一个跟头！小升初考试，毕业生们首先在各自的管区参加第一轮预选，优秀者到镇上参加复选，争夺50个入场券。平时稳居班级第一的我，竟然初选就名落孙山。那夜，父亲的烟头在暗影里一闪一闪，亮了很久。半夜醒来，还听见他和母亲小声商量着什么。窗外，隐约有夏虫的鸣叫，声音时断时续，仿佛深海游鱼的叹息。

村庄向东南十几里，就是镇上的重点初中。一条东西走向的柏油路横贯学校门前。八月底，我站在了这所学校的牌匾下。两百多名初一新生中，我的入学成绩排在前十，数学进了前三。这些，都是后来知道的。第一次预选发通知的第二天，父亲托人帮忙要了一张准考证，让我参加了复选。发榜那天，第一次落选的原因查清了：因为某老师的疏忽，给我漏算了一门学科分。命运之神在小学毕业时，跟我开了个不大不小的玩笑。

因为行动早，所以当同学陆续赶到的时候，父亲已经帮我安顿好一切。床位选好了，蚊帐架好了，凉席铺好了。

我说："爸，你回吧！""不急，我带你到几户人家走走。"他抬头看看灰蒙蒙的天说。那些人，都是不太走动的亲戚朋友。关系算不上近，所以每去一户人家，父亲都要先买礼品、水果。

最后一户人家很难找。可父亲执意走完。依然是相似的模式：和主人一起回忆陈年旧事；吃父亲带去的水果，喝茶；请人家在他女儿求助时能施以援手。主人家的托盘里，盛放着当日的午餐。

最正中的一个，上面是几块精致的金黄色糕饼，糕饼下铺了一张雪白的餐巾纸，镂空的花边，在风扇扑来的风里，扑棱棱地拍打。女主人客气地推让，我局促地坐着，看男主人一会儿打哈欠，一会儿看窗外，听墙上的时钟嘀嘀嗒嗒，漫无目的地走着。

终于回到了学校门前，那时的心里已经有了怪怨。说不清到底是怪怨谁。别人的怠慢、我的不耐烦，父亲似乎都没有察觉。他把身上剩下的钱交给我，做第一周的生活费。我说："爸，你快回吧！"他答应着，却不动。看看我，再看看我，把车子打好，走到我身边，取下一样东西，交到我眼前——一片柳叶不知何时飘到我的头发上。我就笑了。泛黄的柳叶，轻飘飘地旋转着，落到地上去。父亲忽然想起什么似的，示意我等他一下。他走进学校旁边的门市部，不久就出来，手上多了一把红色的木梳。交给我，他如释重负地说："你看，我总觉得忘了拿什么东西。这才想起来，没给你带梳子。"

离家的第一夜，落了一场急雨。一个女孩子悄悄告诉我，她已经开始想家，我呢，隐藏在心底的什么东西突然被勾起，继而一发不可收拾。母亲肯定在灶间忙碌，父亲呢，给牛喂草了吧？黄牛睁着大大的眼睛，一脸纯真。哥哥正在教室学习吧？亲爱的弟弟呢，有没有到池塘去捉鱼？如果弄脏了衣服，又该挨骂了吧？那一夜，我和其他很多人一样辗转难眠。

所以，进入 13 岁，人生的第一课应该是"告别"。

与旧日的学校告别，和童年的老师、同伴告别，和父母亲人告别。在被迫拉开的时空里，你第一次发觉，那个旧的院落里，有那么多牵扯你心脉的事物。你会经历人生无数次的离别；与此同时，有个概念慢慢地、悄无声息地进入你的生活，它叫作"归属感"。从此，无论你浪迹天涯海角，在外遭受创伤打击，你都心灵笃定，你知道有个地方，有个安静的院子，有两个含温带热的人等你回来。

世界告诉我们什么？在 13 岁，答案无须问，少年只管大步前行。

感悟手札

人间有味是清欢

蔡要要

这个炎夏，注定过得让人难受。夏琳总是在冷气刚好调到 26 摄氏度的房间里失眠，翻了一个又一个的身，也还是睡不着。

这是一张双人大床，两米宽，铺着夏琳在春天买的那套蓝格子的床单，她低头看自己蜷缩在被子里的身体，瘦小又干瘪，不是她想象的样子。她好几天没有吃饭了，不是不饿，而是不想吃，食物变得丝毫没有诱惑力。好像，食物就变得只是食物而已了。

昨天夏琳的妈妈来看她，专门烧了红烧肉带来，肉过了糖色，赤红发亮，妈妈还专门加了她平时最喜欢的小芋头仔，看起来煨了很久，软烂可口。可是夏琳没有胃口，她应付着把那盒红烧肉放进冰箱里，说晚上再热来吃，其实呢，就再也没去看过哪怕一眼。夏琳像是停滞了，不需要进食了，什么吃的都唤不回她本来的好胃口。

她以前不是这样的，有次秦泽带她去吃自助餐，光是生鱼夏琳就一口气吃了十来片，骇得秦泽大呼她是大胃王。对了，秦泽是夏琳的男朋友，不，应该是前男友，在这个夏天刚来的时候，已经迫不及待地离开了她。好像就是从那天开始，夏琳不再对食物有任何兴趣了，吃什么都味同嚼蜡。

她和同事去吃鸭血粉丝汤，会想到那时候秦泽也带她去吃过一家。

破旧的小店，汤色奶白，鸭血又嫩又滑，再吃自己面前那一碗，就又了无生趣了。下班回家的路上想去吃一份牛肉饭，也会想起秦泽，他自己在家买了一块牛腰眼肉，切成小块，用黑胡椒、红酒腌了，拿平底锅慢慢地煎熟，夏琳会忍不住去偷吃一块，满嘴都是油。可现在呢，什么牛肉都不好吃了，没有滋味。

而且实在是热啊，声音软软的天气预报小姐在电视上有气无力地宣布，明天气温或许会达到 40 摄氏度。中午在办公室，盒饭打开来，京酱肉丝和番茄鸡蛋。以前夏琳也爱吃，和秦泽一起的时候，他会帮她用豆腐皮把肉丝裹好，会自己把番茄吃掉留下黄澄澄的鸡蛋。夏琳强迫自己拿起筷子翻了几下饭盒，一阵恶心冲上心头。她跑进厕所，吐得稀里哗啦。似乎是她的胃在抗议，说我需要的不是这些，它会疼会饿，但要的不仅仅是普通的食物，它想要安全温暖，想要被爱。

夏琳翻了个身，轻轻地抚摩着自己的肚子，她知道她的胃在哭泣，因为得不到满足。自己冷落了它，这段时间，她只在乎自己的感受，却忘了照顾同样需要被关爱的肠胃。它们一直处在等待被抚慰的状态，这是自己的不对。

夏琳忽然坐了起来，她不想再这样了，秦泽已经走了，不会回来了。再浓郁的爱以及那些和秦泽一起吃过的再美味的东西，都是过去式了。这个酷暑，只有她对自己好一点儿，也许才能熬过去。她知道很难，可是，再难，时钟的走针也不会停止，还是会嘀嗒作响地继续向前。夏琳走进厨房，拿出很久没有用过的小砂锅，淘了一些香粳米，又放了几颗妈妈送来的红枣。当米粥在炉灶上开始发出动人的咕噜声时，她忽然觉得离开她已久的胃口又复苏了。

只是一碗什么也没放的白粥，熬煮得软而不烂，夏琳坐下来，轻轻地喝了一口，温热的白粥在嘴里荡开来，有着粳米本身的清甜，夹杂了一点点红枣的香气，味道那么简单，却那么诱人。夏琳在这个夏天，第一次不会反胃，而是慢悠悠地喝完了整碗白粥。她需要的不是什么刺激的滋味，而是这种清淡又温柔的，属于自己的味道。

人间有味是清欢，夏琳找到了度过这个夏天的办法，不再害怕，也不再彷徨。

感 悟 手 札

害怕唱歌这件事，差点毁了我一生

看风景的蜗牛君

在知乎上看到一个问题："中学时代有什么事情毁了你的一生？"我立刻就想起了这个故事。

初一的时候，县电视台要办场晚会，我们学校要组织学生搞一场合唱。音乐课上，老师教了我们一段，然后每个人挨着唱给老师听音准。老师觉得我唱得蛮好，于是我作为第一批成员入选了。

之后就是日复一日地纠音、排练、筛选，我很少遇到问题，于是一直待到了最后，演出的那一天。

我当时读的是寄宿学校，原本每个周末都要回家的。由于这次演出是在周末，于是我骄傲地给家里打电话，告诉他们我不回家了，要参加演出，晚上记得看电视直播。我至今还记得，老师给我们每个人发了一件崭新的白衬衫，用车把我们送到了电视台，那种兴奋和要上电视的激动溢于言表。

正式演出在晚上，下午我们提前到了之后，换了一个陌生的老师，据说是更专业的指挥，来给我们重新排队形，做最后一次彩排。

然后悲剧就上演了，我被排到了最后一排的边缘位置。唱着唱着她突然停下来，用手指着我说，不会唱也要装装样子，在那里戳着像什么？我很紧张，因为我一直唱得蛮好的，这次也是像往常一样唱的，怎么就不会唱呢？

当时我猜想，可能是因为我站得离她比较远，声音不够大吧。于是第二次我用力唱，希望被她听到。可惜并没什么用，她突然停下来，指着我，呵斥我不要滥竽充数，并怒气冲冲地把我从队伍中拽出来，然后赶下台。我在台下站着一动不动，仿佛我就是那颗坏了一锅粥的老鼠屎。

直到很多年后，我读到大三，又一次参加合唱，排练老师和颜悦色地告诉我，合唱的时候一个人的音准不是最重要的，但是口型一定要对准，这样队形才好看。那一刻我才恍然大悟，为什么许多年前那个指挥会认为我滥竽充数，不是因为我唱得不准，而是因为我没有像其他人一样把嘴巴张大。

但是时光不能倒流，知道了真相又能如何？当时受过的伤再也无法愈合，那次事件之后，我不再唱歌，甚至不再听歌，以至于青春期，别人都在听周杰伦、S.H.E，而我除了英语听力就是鬼故事和相声。再到后来，我发现自己已经过了变声期，许多歌想唱也唱不出来了。小时候学校文艺会演我总要去凑个热闹，之后我不再参加任何演出，甚至不敢参加任何需要登台面向观众的比赛。

大学之后，慢慢回溯自己成长经历的时候，才意识到错过了许多东西。于是我开始有意识地克服一些障碍，小组作业时从准备文献的人逐渐变成走到台前做展示的那个人，甚至在 60 周年系庆的时候咬牙参加了一次合唱。

那天系庆演出的时候，舞台灯光华丽而炫目，我站在台上看着下面黑压压的观众，突然很想回到九年前，把那个指挥拖上台，让她站在一侧听我唱完，然后告诉她，不是我不会唱歌，而是她不懂。

这个故事以前我很少对人提起。所以这件事对我影响有多深其实我一直没有直观的感受。直到有一次出游，路上和团支书一起坐公共汽车，本想把这个故事当笑话讲给他听，结果讲着讲着我竟然情不自禁地流下泪来。那时才知道，十几年前的那种委屈和恐惧感我从未真正宣泄过，现在把它平心静气地写出来，内心反而舒坦多了。

感·悟·手·札

如果很苦，说明还来得及

胡姚雨

一

高三刚开始的时候，我生过一场意义特殊的病。

那时，老师说得最多的一句话是："之前没学好的，现在跟上，就还来得及。"话虽如此，但当无数复习资料扑面而来，我再怎么赶，也总是慢拍。一次次月考过后，排名也不见回升多少，我的心里越来越没底：这样下去，会不会来不及啊？

焦虑之下，我跟风加入了开夜车的队伍。

相信"假装"努力过的人都知道，开夜车是件多么吃力不讨好的事。效率低不说，还把自己弄得格外疲惫。明知不对，又很难说服自己。特别是我这种基础不扎实的，无非是通过这种"刻苦"实践，来给自己一些虚幻的安慰：至少我也为高考拼命过了。

就在这个节骨眼上，身体突然开始不配合了。

一天夜晚，我的腿上莫名多了一块褐斑。先是蜕皮，掉下许多花白的皮屑。抹了几天药，一直不见好，我也没往心里去。直到有天开始发痒，我随手抓了几下，醒来发现，整个小腿都红了。大片皮肤呈现烫伤般的暗紫，异常恐怖。

我连忙请假去医院，医生说是过敏反应，建议不要乱涂药膏，只吃抗过敏药。可药吃了一周，红斑仍不见消退。换家医院再看，也是同样的结论，真不知道该如何是好。这时妈妈提议，去乡下看。她知道一个开诊所的土大夫，一家世代专治皮肤病，特别灵。

我心里不情愿。一方面是不愿相信，自己会得上这么难治的病；另一方面，复习都来不及，还得花时间去乡野求医问药。可谁让身体这么不争气呢？只好死马当活马医吧。

二

土大夫是个中医。

在那间小小的诊所里，他为我把了脉，看了舌苔，问了一系列关于睡眠、做梦、出汗的问题。最后得出结论，我没有过敏，而是因为作息不规律，免疫力降低，在皮肤上表现出了肝脾失调的早期症状。最终，他给我开了够喝九天的中药。

听说要喝中药，我整颗心都悬了起来。我还记得，小时候有段时间妈妈身体不好，也经常在家熬中药。那时候，她把黑漆漆的中药倒进碗里，先不喝，而是剥一颗大白兔奶糖，放在旁边，再仪式般地端起碗，一饮而尽。一时间五官扭曲，像受了大刑，饿鬼似的把糖塞进嘴里，然后愁眉苦脸地去洗碗……这世上，没有比中药更苦的药了吧！

可是，怎么就轮到我了呢？我不太能接受，甚至开始怀疑医生的专业性。赖在座位上，挣扎着说："别的医院都没说我的肝脾不好……"

"西医是这样的，"医生脸上露出一个中医特有的骄傲，"等西医检查出问题，代表你的身体已经发生器质性损坏了，那时候再治就晚了。你现在是早期症状，靠中药调理，就还来得及。"

这句话，让我悬着的心顷刻落了地。我才知道，这么多年，我都误解了中药的意义。中药很苦，却不意味着绝境，甚至恰恰相反。

后来，在妈妈的监督下喝第一包中药，我坚持不吃糖，好像吃了，就对不起医生的用心良"苦"。

"你不苦吗？"妈妈惊异于我能忍受那么重的味道。

"苦啊，当然苦。"我心里喊。也不知道说的是药，还是高三。

三

回到学校后，我不敢再随心所欲了。每天按时打水、热药，熄灯后也绝不开夜车，想把亏损的身体慢慢补回来。心里很是无奈，无穷无尽的题海摆在眼前，以前来不及，以后更来不及。

所以，就算上床时间变早了，脑子里有事，入睡依然艰难。

就在这个当口，学校里发生了一件不大不小的新闻。

隔壁实验班的一个同学，很突然地，在高三开始的第二个月，决定从理转文。整个早自习，大家都在窃窃私语。这个男生虽然不拔尖，但在实验班里也处于中上游，绝不是因为学不好才走的。有人说，他从一开始就对文科感兴趣，不过是迫于压力才选了理科。老师们都反对他的决定，但他铁了心要走，谁也拦不住。

其实，我也不止一次有过学文的念头，只是为了方便大学选专业，不得不硬着头皮和物理、化学死磕。这也才有了今天，无论怎么复习都捉襟见肘的尴尬。走廊上，我曾和他打过无数次照面，却从没有过交集。如今，真想找机会跟他说几句话。

那天，他一个人坐在角落吃饭，我想都没想，就坐到了他对面。几句寒暄后，我问他："你高三了再放弃理科，不会觉得很亏吗？"

"哪里亏了？我去学自己喜欢的课程，明明是赚了。而且三年下来，把文理都学了一遍，我还赚大了呢。"

我对他的乐观感到不可思议，只好说："这样一定很辛苦吧。"

"辛苦是辛苦，但不算太晚，还来得及。"

这句话，让我的心又跳了一下。原来，青春一场，有时候就跟看病一样，苦是很苦的，但也意味着我们的人生还有的是治愈的希望。

别人高三从头开始，都不怕来不及。我又为什么要一个劲地担忧，还把身体弄得狼狈不堪呢？

四

这件事以后，我再也不给自己找借口了。我试着用积极、批判的态度和自己对话，发现所有的问题都有根源，所有的来不及其实都来得及。

只要讲究方式方法，很多事情白天就能做好，根本不需要开夜车。只要心中有清晰的目标和规划，夜里也根本不必胡思乱想，那些不成问题的问题，每天都有的是办法去解决。

转变了学习生活的节奏后，我的成绩渐渐有了不错的起色，发挥越来越稳定，信心也越来越足。一个不经意的低头，我发现，腿上的斑痕，已经淡了许多。

后来，我又和妈妈去了一趟医生那儿，医生看着我的腿，说："再吃一阵巩固一下，但可以给你减少药量了。"

这一次，我再也不怀疑医生的判断，甚至觉得他真的挺厉害，躲在这个小地方给人看病，有点屈才了。但回过头想，也只有像他这样小隐隐于野的人，才能给那些迷失于日常，不知道怎么办的人做出准确的诊断。

高考结束，我考到了一所"211"院校。对于在理科班里一直磕磕碰碰的我而言，已经是皆大欢喜的结局。小腿皮肤早已痊愈，但仔细观察，还是能瞧见腿上残留的印子。我不觉得这个印子有多不好，反而很高兴它能伴随我一生，因为它，我会永远记住：人这一生，总会有日子像喝中药那样，苦到一丁点儿回味的余地都没有。但事实证明，如果很苦，正说明一切都还来得及。

感悟手札 • • • • • • • • • • •

水缸里的文学

苏童

我始终认为，我的文学梦，最初是从一口水缸里萌芽的。

在我幼年时期，自来水还没有普及，一条街道上的居民共用一个水龙头，因此家家户户都有一口储水的水缸。我们家的水缸雄踞厨房一角，像一个冰凉的大肚子巨人，也像一个傲慢的家庭成员。记得去水站挑水的大多是我的两个姐姐，她们用两只白铁皮水桶接满水，歪着肩膀把水挑回家，带着一种非主动性劳动常有的怒气，把水"哗哗"地倒入缸中。我自然是袖手旁观，看见水缸里的水转眼之间涨起来，清水吞没了褐色的缸壁，便有一种莫名的亢奋。现在回忆起来，亢奋是因为我有秘密，秘密的核心事关水缸深处的一只河蚌。

请原谅我重复一遍这个过于天真的故事。故事说一个贫穷而善良的青年在河边捡到一只被人丢弃的河蚌，他怜惜地把它带回家，养在唯一的水缸里。按照童话的讲述规则，那河蚌自然不是一只普通的河蚌，蚌里住着人，一个仙女！不知是为报救命之恩，还是因为坠入了情网，仙女每天在青年外出劳作的时候从水缸里跳出来，给青年做好饭菜放在桌上，然后钻回蚌里去。而那贫穷的、吃了上顿没下顿的青年，从此丰衣足食，在莫名其妙中摆脱了贫困。

我现在还羞于分析，小时候听大人们说了那么多妙趣横生的童话故事，为什么独独对这个河蚌里的仙女的故事那么钟情？如果不是天性中有好逸恶劳的基因，就可能有等待天上掉馅饼的庸众心理。我至今还在怀念打开水缸盖的那些瞬间——揭开缸盖的时候，一个虚妄而热烈的梦也展开了。

凝视水缸是我最早的阅读方式，也是我至今最怀念的阅读方式。这样的阅读一方面充满诗意，另一方面充满空虚。无论是诗意还是空虚，都要用时间去体会。我从来没有在我家的水缸里看见童话的出现，去别人家揭别人家的水缸盖也一样。只有水，没有河蚌，更不见仙女。偶尔我母亲从市场上买回河蚌，准备烧豆腐，我却对河蚌的归宿另有想法，我总觉得应该把河蚌放到水缸里试验一下。我试过一次，由于河蚌在水里散发的腥味影响了水质，试验很快被发现。家里人把河蚌从缸底捞出来扔了，说："水缸里怎么能养河蚌？你看看，辛辛苦苦挑来的水，不能喝了。你这孩子，聪明面孔笨肚肠！"

我一直相信，所有成人一本正经的艺术创作与童年时的好奇心是互动的。而所谓的作家，他们的好奇心都化为有用或无用的文字，被淘汰，或者被挽留。在好奇心方面，他们扮演的角色最幸运也最蹊跷，似乎同时拥有幸运和不幸。他们的好奇心包罗万象，因为没有实用价值和具体方向而略显模糊。仅凭一颗模糊的好奇心，却要对现实世界做出最锋利的解剖和说明，因此这职业有时让我觉得是宿命，是挑战，更是一个奇迹。

一个奇迹般的职业是需要奇迹支撑的。我童年时期对奇迹的向往都维系在一口水缸上。时光流逝，带走了水缸，也带走了一部分奇迹。我从不喜欢过度美化童年的生活，也不愿意坐在回忆的大树上卖弄泛滥的情感，但我绝不忍心抛弃童年时代关于水缸的记忆。这么多年来，我其实一直在写那个不断揭开水缸盖的动作——谁知道这是等待的动作，还是追求的动作呢？从一口水缸中看不见人生，却可以看见那只河蚌；从河蚌里看不见仙女，却可以看见奇迹的光芒。

感·悟·手·札

今天也要摘星去

Sido

一

我是长春人，1985 年出生。我妈妈是长春电影制片厂的编剧，舅舅是长影的制片。我在长影院里长大。

我妈妈写的第一个剧本，叫《外滩龙蛇》。电影上映的那天她带我去看，坐在黑暗里，我问她："妈妈，他们知道这个剧本是你写的吗？"妈妈就哭了。很久之后，我才知道为什么。

一开始，我的梦想是成为一个文学家，除了学校组织看的《黄飞鸿》和《小兵张嘎》，也没特别看过什么片子。直到初中的某一天，舅舅放了一张碟给我看，叫《碧海蓝天》。画面粗糙，字幕好像也不太对得上。但是看完之后，我突然觉得心里空了一块。大概就从那个时候起，我慢慢决定要做一个导演。

我是一个偏科非常严重的学生，高二选了文科之后，数学和地理常年徘徊在及格边缘。那一年北大开设影视编导专业，我报名参加艺术加试，如果考上了，有 50 分加分，就能走上电影之路。

加试在一个好像是水房改造的教室里进行，有大镜子，也有水龙头。北京的冬天很冷，我和另一个一起考试的同学兜了一圈北大校园。在湖边看到两只喜鹊，同学说："一只是你的，一只是我的，我们都能考上。"

加试的分数拿到了，班主任看了我的成绩，说："你考北大，有了加分也够呛。"

果然没有考上。

哭了一个暑假之后，我下定决心：电影什么的，放弃不就好了。

二

研二那年，我出于无聊，报名成为上海电影节志愿者，被分配到"电影人接待"小组。

那天，我坐在车里，陪法国导演吕克·贝松去机场接他太太。我终于有机会对他说："我非常喜欢您的《碧海蓝天》。我看的时候年纪很小，但是我看懂了。看完之后，我感觉很寂寞。"

他说："那也是我最喜欢的电影，我剪辑的时候哭了。"

他还说："那部电影里有我的回忆。每个人都应该讲他们自己的故事。"

2010 年 9 月，我坐在复旦北区宿舍里，在搜索引擎里敲下"美国电影留学"。我也有想讲的故事。

天气开始变冷，我缩在被子里，第一次开始写剧本。我上网查了英文剧本格式。原来"INT. LIVINGROOM.DAY"，就是我从小就知道的"日 / 内 / 村长家"。时间已经过去二十几年了。

给哥伦比亚大学的个人陈述里，我写道："我想做一个讲故事的人。我妈妈是长影的编剧。她带我去看她写的第一个剧本拍成的电影，坐在黑暗里，我问她：妈妈，他们知道这个剧本是你写的吗？妈妈哭了。"

大家都在忙着找工作、考博、考公务员。我什么都没有准备，孤注一掷，一心要去美国学电影。"如果你没被录取怎么办？你连一条后路都没有。"爸爸妈妈很担心我。我说："我也不知道，但是不试一次，我肯定会后悔的。"

哥大的面试是在深夜，室友去外地实习，我一个人坐在宿舍，听着耳机里毕毕剥剥的电流声。

"你觉得你可以适应纽约的生活吗？"远在美国的老师问我。

"我觉得我可以。我看过好几遍《欲望都市》。"我说。

老师笑了："生活和电视剧不一样呀。"

那个时候我什么也不懂。

4 月的一个晚上，我和朋友在外面吃饭。突然一个奇怪的号码打来电话，"祝贺你，你被哥大录取了！"电话那头说。

我对着话筒尖叫了半分钟。那一年我 26 岁。26 岁，完全的重新开始。我很紧张，但是我要先高兴一会儿。我给妈妈发了短信：妈妈，哥大要我了。

那条短信她一直留着。她说她还记得，得知高考成绩的那天，我哭着给她打电话说:"妈妈,我没考上。"

三

我一直知道我可以写东西,但是摄影机,我从来没见过真的。哥大的教育方式是,把你直接踢下水。我还记得第一次拍的导演课作业,惨不忍睹。其他同学拍得都很好,把我显得更傻了。下课后老师把我留在教室里,一个镜头一个镜头看我的作业,告诉我哪里出了问题。回到宿舍,我大哭一场。很快我就习惯了:每周导演课结束,我都要大哭一场。

在哥大修学分的两年,我过得比高三累 30 万倍左右。看片、写剧本、拍片、上课,除了学校、宿舍和片场,我几乎什么地方都没去过。

第一年结束,回国之前,朋友带我去时代广场吃川菜。在纽约一整年,那是我第一次去时代广场。原来时代广场是这个样子。

2015 年 5 月,我在布拉格电影学院做交换生,我的毕业作品在纽约林肯中心放映。放映结束,制片人打来越洋电话,告诉我,大家都很喜欢,我的片子被选入"Faculty Selection(学院甄选)"。

后来,我的片子被一些电影节拒绝,也被一些电影节青睐;我的长片项目被一些创投单元拒绝,也被一些单元接纳。在磕磕绊绊中,我毕业了,回到上海,一边写剧本,一边教学生。

做一个电影人,永远悲喜交加。简历上有多少好看的条目,就收过多少拒信;有多少志得意满,就同样有多少夜不能寐、自我怀疑。

可是,这不正是电影的魅力所在吗?做一个电影人,永远战战兢兢,永远眼含热泪,永远充满希望。就像《梦幻骑士》里说的,即使满身伤痕,也要踮起脚尖,去摘那摘不到的星星。

很多人一开始都问我,老师,我可以学电影吗?我有天赋吗?我是转专业的,什么都不会,怎么办?

我会说:"没关系,我最开始也是一样的。慢慢来,一点一点来。"要做一个讲故事的人,最宝贵的财富,就是你人生目前为止度过的每一秒,每一次感动,每一次流泪,路上遇到的每一个有趣的陌生人。你余生的每一天,都会经历悲喜,都会自我推翻，都会收获新的灵感。这是艺术的奇异恩典。准备好度过战战兢兢的人生了吗？准备好永远含着热泪，抱着希望追寻下去吗？

今天也要摘星去。

感悟手札

第三辑

他们是世界上

最爱我们的人

从咿呀学语到蹒跚学步，再到慢慢长大成人，一路走来，总有人在我们身后默默守护着我们，陪伴着我们。因为有他们，所以我们的成长之路变得不再孤单。

住进心底的人

三 三

夏天的晚上，我常常搬着小竹床在姥姥家门口的大树下乘凉，旁边是姥姥的大竹床，姥爷喜欢吸烟，所以坐在我脚丫的位置。姥姥在上床之前，总会先点两片蚊香，一片放在我的床头底下，一片放在我的床脚底下，之后就摇着蒲扇帮我扇风驱赶蚊子，渐渐地，我也迷上了那种味道。

那时候，姥姥和姥爷开了一间小小的杂货店，从杂货店步行到我们住的房子只要两分钟，姥爷却要走好几分钟。那会儿我不懂事，老嫌他走得慢，还常常学他拄着拐杖走路的样子。大多数时候他总会不在意地笑笑，然后停下来用拐杖指着我，说我不学好。

有一个亲戚家的女孩，见过我在路上学姥爷走路。结果她当着我的面，也在姥爷背后有模有样地拄着根棍子学姥爷走路。我二话没说，跑上去就冲那个女孩的背捶了一拳，警告她以后不准这样。此后，我再也没学过姥爷走路。

我和姥姥、姥爷一起生活了12年，小学四年级时回到父母身边。

其实一年级的时候，爸妈就想带我回去，他们找姥姥、姥爷商量的那天，姥爷冲着我爸发了很大的脾气，说我爸没良心，非要夺走他的宝贝。那天姥爷气得全身发抖，连晚饭都没吃，我也在姥姥的怀里哭得停不下来。之后，爸爸来一次我就躲一次，生怕他把我带走。

我心甘情愿并迫不及待地决定回父母身边读书，是在三年级的暑假。

假期里，我回到父母身边，和姐姐们一起玩耍，她们带我参观房间，告诉我她们平常在哪里写作业、洗澡、玩耍，告诉我爷爷奶奶会偷偷地给她们钱，爸爸妈妈经常带她们上街买衣服。她们还告诉我，如果我回来了该睡哪儿、去哪儿上学，哪里有很多新鲜的玩意儿。

暑假快结束了，到了该上四年级的时候。我跟妈妈说想回到他们身边上学，她兴奋得第二天就去跟姥爷说。这次姥爷没有阻拦。

晚上，姥爷坐在门口，喘着气跟妈妈说："三三这孩子特别聪明，很要强，写作业根本不用你操心。她不爱吃葱，炒菜、煮汤都别放。她玩热了就喜欢脱衣服，很容易感冒，一感冒就喉咙发炎，你得特别注意一下。我现在身体不行了，你妈要忙生意，你把孩子带回去也好。"我站在门后，泪水模糊了双眼。

姥爷是在我回父母家的一年后去世的，我没能见到最后一面。妈妈是在半夜接到电话的，她红着双眼叫醒我，告诉我姥爷走了。第二天爸爸的朋友开车载我们去姥爷家，车开了多久妈妈就哭了多久，下车的时候，妈妈的腿都软了，走路都需要人搀扶。

我一路小跑着到了姥爷家，看到姥爷躺在门口的棺材里，穿着黑色的寿衣。家里的亲戚把我拉到姥爷身边。姨妈让我去抱抱姥爷，把我的小手放在他的手上。姨妈在姥爷耳边轻声说着："你最疼爱的孩子回来了，你就安心走吧。"

姥姥有五个女儿，还有一个从远房亲戚那里过继来的儿子。

姥爷去世后的很长一段时间里，姥姥都是一个人生活。在我的印象里，她是一个要强、能干的老太太，一个人打理杂货店，一个人去城里进货，一个人种菜、做饭，一个人生活。小时候以为所有的大人都这样，懂事后才知道她有多了不起，承受着别人无法想象的孤独。

有一年中秋节，我买了一大盒月饼回去看姥姥。晚上吃饭，姥姥边吃月饼边小声说："你姥爷最喜欢吃月饼赏月了，现在日子好了，他却享不了福了。我叫他别抽烟、别喝酒，他不听啊。"

我转身望向墙上挂着的姥爷的遗像，黑白的，脸上没有笑，一如既往的严肃。我为姥爷的离去感到遗憾、难过和心痛，如果他还在，那该有多好。

小时候，我喜欢坐在姥姥的腿上，将头靠在她的肩膀上睡觉。慢慢地，从"姥姥腿疼"到"姥姥抱不动了"，再到"姥姥不能再抱了"。一晃，姥姥都80岁了，头发白了，走不动路了，耳朵也基本听不见了。

唯一不变的是，她依旧好强，走路不喜欢被我们搀扶。小姨笑着说："姥姥是不服老。"姥姥说："不服，我就不服！"

去年国庆节我回去看姥姥，姥姥却跟我说，希望等她离世之后，我能帮她写悼文，还说遗像在很多年前就拍好了，跟姥爷的不一样，是彩色的。她担心家里的小孩害怕，不敢来看她。我没当着她的面流眼泪，一个人偷偷跑到门口站了很久。

人们常常以为，人老了，就不会有什么事情能够使他们伤心、难过了；以为他们经历了大风大浪，心里就不会再有什么波澜；以为他们不会再害怕黑夜、孤独；以为他们无欲无求，理应为晚辈着想……所有的以为都只是我们的一厢情愿，其实他们畏惧的事情比我们的要多很多。他们过一天少一天，连睡觉都担心第二天不能睁开眼，还害怕死了之后被人遗忘。

这个属于姥姥、姥爷和我的房子越来越旧了，我童年最快乐的时光都在这个屋檐下度过，他们宠溺我，也教会我勇敢、独立和坚强。可是时光真的转瞬即逝，那些仿佛昨日才发生的事情，原来早已过去多年。

下雨了，姥姥喊我进屋睡觉，我紧紧地抱着她说，我不要她离开。姥姥说："傻孩子，生老病死，这是自然规律。将来我要是离开了，我会和姥爷一起在天上保佑你的。"

睡觉前，姥姥点了一片蚊香放在床底下。那晚我做了个梦，梦到我跟姥姥和姥爷一起赏月、吃月饼，我们三个没说话，但都笑着。

住在心底的人，我没打算随着时间忘掉。

身后有你，所以不畏前行

李冠颖

我求学的第一个记忆和我妈妈有关。

可能是三岁时，我在新买的弹簧床上睁开双眼，耳旁传来《少女的祈祷》的乐音。我还不知道声音从哪里来时，它就悄悄溜走了。

我起身往厕所走去，厕所木门很旧了，潮湿得像刚从海中打捞出来。我敲敲门，妈妈在里面，她走了出来，说今天要送我去上幼儿园了。

紧接着记忆的画面跳至一楼门口，我在大包的饲料上翻滚着玩。我家开了间动物医院，爸爸是兽医，印象中店内的狗都比我高一头，龇牙咧嘴的，好不吓人。趁我发呆时，家门口停下一辆娃娃车，我好奇地跑出门，里面走出一个很年轻的大姐姐，她搽着很鲜艳的红色口红。我躲到妈妈的后面，我说我不想上学。

妈妈和老师聊了一下，老师本来要过来劝我，但妈妈说没关系，于是老师挥了挥手就和一车子的小朋友走了。妈妈则进店里推出那台很老很旧，还会冒出黑烟的伟士牌摩托车。

妈妈发动后，我坐在她后面抱紧她的腰，她在一条大马路上缓缓行驶着，路上没有什么车和人，远方有一幅很大的彩虹看板。我抬头往前望，几乎以为自己要陪妈妈飞往彩虹的另一端。

而那竟已是 16 年前的事了。

19 岁的我在老旧的弹簧床上醒来，时间才是早上 5 点 13 分。昨夜梦到了儿时的往事，一时尚在恍惚岁月流逝之快，往窗口望，雨滴答着，楼下似乎还藏着那辆娃娃车。我怔忡了一会儿，才记起今天是回台北的日子，回一所我即将休学的大学。

我的智商 140 多，接近 150，但求学的过程始终称不上顺遂。从幼儿园到现在始终如是，要从法律系休学也是人际关系再一次出了问题。大概是礼拜五回来的时候，我对家里说，这所学校我读不下去了，我要转学再考，如果失败了就休学，去补习班准备考兽医。爸爸一听立刻破口大骂："别以为兽医很好考！我当兽医也很辛苦。为什么你总是做什么都不能坚持到底呢？如果你考上兽医后又想要放弃呢？"

我没有回答他。

爸爸的脸色铁青，他一定觉得自己很倒霉，生了一个动不动就转学、休学的儿子，从中学就要带他去看精神科，要将他送去精神病院，老婆又反对。真是难养死了！我一边将安眠药放进行李，一边这样想。安眠药还剩下五颗，但有时我一晚就必须吃五颗，当然知道这对身体不好。佛说：心无挂碍，无有恐怖。如果我可以做到心中没有烦恼的话，我自然就会停药，可是这对我来说太难了。

"准备好了吗？"妈妈轻轻敲了敲门，将我再次拉回现实，是该出发了。

这是我三个月来第一次回家，而我也仅在家里待了一天半，和妈妈没有说太多话。坐在一起看电视时，她将几件新买的衣服硬塞给我，说台北物价高，难买到好衣服。但妈妈买的样式都很土，像她上次买的毛衣，我从冬天放到夏天，又到冬天，仍是簇新地躺在衣柜里，像是未见过世面就寿终正寝了。

那几件 NET 的衬衫便随意放在客厅的沙发上，但妈妈锲而不舍地又将它们装进袋子叫我放进背包。我颇为不耐烦地对她说："就算我拿了，我也不一定会穿啊！放在家里就好了。"

"还是拿走吧，反正下次你回来我还是会再买，你就拿走吧。"

迫于无奈，我还是收下。只是感觉衣柜又添了不少废物。

汽车开至客运站时才 5 点 40 分，巴士 6 点出发。买票后，我和妈妈去吃早餐，我一直盯着天空发呆，雨是越下越大了，希望车程不会被延误才好。5 点 56 分，谢天谢地巴士终于来了，我跟妈妈迅速挥挥手，请她好好保重身体，便头也不回地上了车。

找到位置后，我开始打盹儿，坐隔壁的老头突然敲敲我的手："少年，不好意思，你可以和我女儿换个位置吗？她坐在后面那边……"于是我走到车后靠近洗手间的位置，这儿透过窗口可以瞧见客运站的景象。驾驶员火气十足地和柜台人员不知道在争论什么，我侧着身往下望，看见一把紫色小伞在大雨中兀自伫立着。

不会是妈妈吧？她应该已经回去了。我仔细看那人的穿着，妈妈竟然还站在原地眺望。巴士非常高，我站起身同她招手，想叫她快点儿回去，但她没有看到我。妈妈只是一直站着，凝视着尚未发动的巴士，她在目送我的离去。

我知道她是想要看见我，但是窗户的玻璃早被锁死了。我还在想要不要下车叫她快点回去，不要再傻傻地被雨淋了，驾驶员就冲上车，巴士便发动了。妈妈仍站在雨中，一动也不动地看着车子慢慢驶离她的视野，我望着车窗外的她逐渐缩小，慢慢成了车窗上一小滴紫色的雨点，等车拐了一个弯后，我就完全看不到妈妈了。

心中有种说不出的难过。我的妈妈在她的人生中总是扮演着不说话的配角，安安静静地陪着我，支持她孩子的决定。印象中她不曾骂我或者打我，当医生宣布我是个过动儿，是攻击性人格，是躁郁症患者，是……她所做的只有体谅。

在这 16 年间，她无论日夜都陪在我的身边，用加倍的爱与谅解呵护我，只有她会大声反驳别人，说她的孩子并不是坏孩子，他只是不懂得表达自己。妈妈选择相信我，相信那是她孩子自己选择的人生。她给了我别人不曾给我的爱，但随着年岁日长，我却渐渐忘了去珍惜这份难得的缘。

我想起昨夜的梦。在我小时候，妈妈可以载我。但现在我即将20岁了，妈妈也老了，当永远长不大的小男孩又逃避现实时，她再也没办法保护我，妈妈能陪我的路可能就剩下一小段了。妈妈也只能默默地看着我，希望那个从小就从老天爷手中偷跑的早产儿，能好好地走完全程，不要再半途而废了。她希望的也仅是这样，我却一再让她失望。车内喧闹非常，隔壁的少女把耳机开得像是音响。我想控制住情绪，于是我随手打开了妈妈硬塞给我的袋子，赫然发现了用小夹子固定在衣服上的2000块钱。

我感动得难以言语，感觉车内车外同时下起了倾盆大雨。旁边的少女一定觉得我很奇怪，怎么看着衣服就开始哭了？我想我那时的样子要多笨拙就有多笨拙。我猜想妈妈应该已经离开她站的地方了。但我一直有一种感觉，妈妈似乎还站在雨中，坚持要目送她日夜操心的孩子，依依不舍地看我远去。

那只深蓝色的鸟是我爸爸

魏捷

那只深蓝色的鸟是我爸爸。看见了吗？

他刚刚从那棵香樟树上飞了起来。

爸爸是这群鸟中最老的，因为其他的鸟会一边飞一边唱歌，而爸爸只是默默地向前飞，他全部的力气都用来飞翔了。

其他的鸟会来帮他，因为爸爸这只老鸟太胖了，飞起来有点儿吃力。可是，爸爸还是坚持要飞。

从前天傍晚开始，他每天都要飞好几遍。每次飞完，从香樟树上下来的时候，爸爸都笑眯眯地看着我。我却摇摇头。爸爸摸摸我的头说："哦，没关系，我再飞一遍。"

昨天飞最后一遍的时候，我没看清楚，居然把一片正在往下落的树叶也当成了鸟。于是，爸爸说："天太暗了，我们飞起来你也看不清楚，明天再飞吧。"

今天又要开始飞了。爸爸爬上树之前对我说："你一定要看清啊，我在第二批飞走的鸟中。"

爬上大树，爸爸变成了一只深蓝色的鸟。

爸爸一声招呼，树上就集合了 20 只鸟。那只头顶有点儿绿的鸟，我认识，它好像是我们家楼上爷爷养的那只鹦鹉。

爸爸这只深蓝色的鸟站在树枝上说："我说开始就开始。"

"第一次你们五只一起飞，接着我们四只一起飞。千万记住自己的编队，不要飞错队伍了。其他的鸟请待在树上不要动！树下的小男孩儿，要看我们的表演哟。大家飞完了，就到树下吃面包吧。"

爸爸这么说的时候，我把带来的面包朝鸟们挥了挥。

爸爸这只深蓝色的鸟跟着其他的鸟一起飞了三遍。最后一遍，爸爸明显有点儿喘，爸爸这只老鸟在空中呼出了一团团的白气……

爸爸从树上下来，笑眯眯地看着我，可是我仍然摇了摇头。

爸爸拍着我的肩说："没关系，明天我们再飞给你看。"我点点头，然后请鸟儿们到树下："下来吃点儿面包吧，你们飞来飞去真累哟。"

我和爸爸看着这群小鸟吃完了面包屑。那只绿鹦鹉离开的时候，还很有礼貌地和我们说了再见。

今天傍晚，我放学回到家，看见爸爸正在换羽绒服。

爸爸说这样比较轻松，飞起来不会太累。爸爸的羽绒服也是深蓝色的，所以等一会儿，飞起来的那只深蓝色的鸟还是我爸爸。

像昨天一样，爸爸带着我来到香樟树下，这次不用爸爸招呼了，鸟儿们早就等在那里了。

爸爸爬上树立刻变成了深蓝色的鸟。嘿嘿，看上去真的轻巧很多。

就在爸爸和那些鸟儿又准备起飞的时候，我朝香樟树上的爸爸大喊："爸爸，你不用再变成老鸟飞来飞去了，因为我会做那道数学题啦！"

树上一共有20只鸟，第一次飞走了五只，第二次飞走了四只，现在树上的鸟比原来少了几只？对，少了九只！

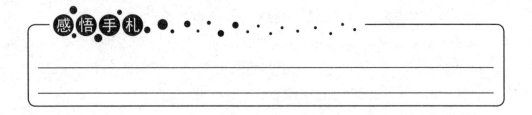

挨 打

朱欢尘

关于挨打，我最早的记忆可以追溯到五六岁时。

那时候我们家还住在乡下，我记得屋侧有一个大石磨，我那时大约跟它一样高。妈妈打了我，并且不许我哭，要我站好。我就站在石磨边。她忽然蹲下身子，抱着我失声痛哭。即使当时我还小，我也能感觉到她十分心痛后悔。于是我也立即抱紧了妈妈，大哭起来。

但是，这只是个开头。

我那时几乎每天都挨打，有亲戚戏称我是"一天三小打，三天一大打"。有一次，我妈拿着棍子满屋子找我，我则躲在一个倒扣着的背篓底下，与她近在咫尺。我心跳如雷，那种恐惧的感觉至今仍让我心有余悸。

在我八岁时，我们家搬到了镇上，我继续挨打。我曾被罚深夜跪在凳子上，不能完全跪上去，只能跪在凳子边缘。这是对我的额外惩罚。我还曾经在挨打后被罚跪在路边，没错，就在我的同学上学的必经之路上。那时我上四五年级，已经有了很强的自尊心。我还记得那种羞耻到精神恍惚的感觉。在《房思琪的初恋乐园》中，房思琪在受到凌辱的时候，因为不堪羞辱，有了灵魂出窍的能力。我也有类似的感觉，虽然我受到的耻辱不及她的万一。我感到灵魂逐渐上升，不再能感觉到正午的阳光，也看不到路过的行人。我好像到了另外一个世界。

为什么挨打呢？我可能有时候犯错，但似乎也没犯过很大的错误。我的学习成绩一直很好，虽然不是极度勤奋，但是也不贪玩，属于放学了就会主动把作业做完的类型。我不偷钱，不逃学，不早恋。在我很小的时候，把我带大的小姑姑说，我是她见过的最乖的孩子，从小就能听得进去道理。

我记得一些挨打的缘由。

有一次晚上妈妈带我回家，我忽然尿急，但周围没有厕所。妈妈就让我在路边尿了算了，我害羞不肯，因此被狠狠地打了一顿。还有一次在去拜年的路上，我的手有点脏，妈妈让我去河水里洗一下，我嫌水太冰不肯去洗，妈妈因此又要打我，吓得我漫山遍野地逃。还有一次外婆 50 大寿，我不小心把一块蛋糕弄掉到地上，和自己怄气不肯再吃，又被妈妈打了一顿。在所有人吃蛋糕的时候，我被罚跪在阁楼上，一只蜜蜂围着我一圈圈打转。

即使当时我还是个孩子，我也知道妈妈因为这些事情打我是极度不合理的。大概就是从那时候起，我的恨意开始萌生。

我渐渐变得异常倔强。妈妈要打我的时候，我从不躲闪，也不回话。别人拉我，我也不起来。到后来我还会冷笑，低声唱歌。我想让妈妈知道，她不能伤害我分毫。

看到这里，你也许会觉得，我简直就是故事里常见的那些被家长虐待的小孩。但其实不是的。

我是家里的独生女。一方面我几乎每天挨打，另一方面我其实很受宠爱，我大姨甚至认为我是在溺爱中长大的。在我的记忆里我没有做过家务活，连最简单的也没有。对我的吃穿用度的供给，父母也都尽了最大能力。

我的妈妈只是蛮横而暴虐。她是家里的小女儿，从小备受宠爱，19 岁嫁给我爸爸，20 岁生了我。从父母家到丈夫家，她一直被宠爱，自己根本还是个孩子，没有任何做母亲的样子，也不能接受任何违抗或忤逆。从一开始她就没想过，我不只是她身上掉下来的一块肉，我还是一个人。

这些是我很久之后才想明白的。

也正是因为这个，在挨打的事件中，从某种程度上，我更恨的是爸爸。从小我就记得，当我妈打我的时候，我爸总是在一旁唉声叹气，无力地劝说。但没有一次，他能果断地拉住他失控的妻子。他是那样懦弱，害怕我妈会更生气，害怕战火烧到自己身上。他牺牲了我。

我太小了，没有能力保护自己。发脾气时的妈妈就像个疯子。爸爸是唯一清醒且有能力保护我的人，但他没有。

我渐渐长大了，词锋犀利，学会了顶嘴。虽然手上无力，但言语上爸妈已不是我的对手。他们往往是被气得哆哆嗦嗦然后开始打我。此时，我已经不再是个乖孩子，而成了家族里有名的叛逆之女。

有一次，不记得出于什么缘由，爸爸和妈妈一起对我动手。我逃到自己的房间并把房门反锁。爸爸踹了几次门，没有踹开。当时已经是深夜，我坐在房间里，心里一片冰凉。我知道我这样只会让他们的怒火更甚。我躲得过今晚躲不过明早。

我坐到桌前写"遗书"。大约是："爸爸妈妈，当你们看到这封信的时候，我已经走了。可能冻死在了路上（当时是冬天）……"后面还有一些话，我不记得了。

我写完"遗书"，收拾了几件衣服，便准备离家出走。但就在这时，房门处传来声响，我立即躲回床上蒙上被子装睡。我没来得及收好"遗书"，也没来得及锁上房门。我听到爸爸打开门，脚步声在房间里响起。我听到他拿起了"遗书"，我吓得脑袋里一片空白，心想这下要被打得更厉害了。然后我感到他坐在了床沿，手放在我头顶的被子上。

我紧紧拽住被子，瑟瑟发抖，然后我听到爸爸哭了。他喃喃道："女儿……"
我松开了手。爸爸掀开被子，抱住了我，然后我号啕大哭起来。

但那也并不是我最后一次挨打。

大约是上初二之后，我很少挨打了。原因是我生了一场很严重的病，妈妈很内疚，觉得自己作为母亲太失职了，没有照顾好我。大概是从那之后，她完全变了。她对我拿出了十倍的疼爱甚至可以说是溺爱，对所有过往的内疚也一下子全涌上来了。我毫不怀疑，如果有必要的话，我的妈妈愿意为我付出生命。

但是有些事情已经没有办法改变了。

10岁时，我做了一个梦，梦里妈妈凶神恶煞地抢走我的橘子，然后自己全部吃掉了。醒来后我非常生气。从那之后，在我的梦里，爸妈都是穷凶极恶的角色，他们迫害我、追杀我。虽然年纪渐长之后，我和爸妈相处得日渐和睦，也知道他们其实很爱我，但是只要到了梦里，他们就总是那样可怕。每次醒来，我在梦中所受的伤害和过往的经历叠加，让我恨得咬牙切齿。我知道我灵魂的某一处已经受到了无法弥补的伤害。

为什么要在我那样弱小的时候欺凌我？明明你们是这个世界上最应该保护我的人啊。

我记得有很多次，我瞪视着我妈一字一句地说："我会记得的，我长大以后会报仇的。"但是这样的话，只会招致她更丧心病狂的追打。有一次她实在不知道怎么惩罚才能伤害到我了，就拿着剪刀要剪掉我的头发。我情急之下一脚蹬在她肚子上，她倒退几步摔到地上，我打开房门就跑了。

我一天一夜没敢回家，去了同学那里。回家之后，我满以为又会挨打，但是这次居然没有。只是我们俩冷战了很多天。

年纪越大，我越对小时候挨打的经历难以释怀。我见到很多女孩，从小被视为掌上明珠，父母从来舍不得碰她们一根手指头。而我不如砖土。

我曾经很喜欢一个男孩子。他听我说了很多我妈妈的事情——但不包括打我的事情——觉得我妈很有意思。我知道在他心里，这种欣赏其实是因为，他觉得那就是以后的我。他很尊重我，常说我一定是家里的千金小姐。有好几次我都想告诉他，其实不是这样的，我小时候常常挨打，我是在挨打中长大的。好几次在深夜的电话里，这些话已经到了我的嘴边。我想向他倾吐那些黑暗的记忆，想痛痛快快地在他面前流眼泪，但我说不出口。我知道我的自卑毫无缘由，但我无法克服。

我爱不爱我的爸妈？当然爱。事实上在豆瓣网历次对父母的声讨中，我都因为站在"尽量与父母沟通"的那一方，而招致了很多人的反感。我原不原谅这些事情？我无法原谅。

没有时光机可以帮我们回到过去。那些年那个常常挨打的孩子啊，她当时的恐惧和绝望是那么真切，有很多次她甚至想到了死。我怎么能忘记？怎么能因为时过境迁就轻易地说"我原谅"？

我和爸妈曾多次聊过这些事情。每一次，我都越说越激动，甚至痛哭流涕、歇斯底里。爸妈痛心而无奈地看着我，他们不明白，他们固然错了，但是为我做的那么多事情，这么多年的养育之恩，难道就不能弥补？我非要如此记仇吗？

我的爸妈，尤其是妈妈，也是在挨打中长大的。那时候每个家庭都子女众多，负担沉重，棍棒是养育孩子的好帮手。他们自己这般长大，觉得也没受什么影响，而且还很孝顺，就习以为常地继承了下来。爱是爱，打是打，甚至打就是爱。这是他们的观念，至少在我小时候他们是这么认为的。

我妈说，这些年她越来越后悔当初那样打我，这让我们之间有了太深的芥蒂，也许永远不能如她希望的那样，像别的母女一样亲密无间。可是她也没有办法。说这些话的时候，她的眼里有泪光。可我也没有办法。我们都有自己的河要渡。这件事我帮不了她，她也帮不了我。

感悟手札

父母带我逃离的黑暗青春

张欣悦

"嘿，你这篇日记是不是有点'负能量'呀？"闺密读完了交换日记本，对我说。

我重重地"哼"了一声。这篇日记的主题是关于室友的，内容是："我有一个很令人讨厌的室友。有一天，她因为某件事跟我争吵起来，明明是一件小事，而且确实是她的错，但她像是比我更理直气壮似的，说不过我就立刻找外援倾诉，甚至对她的好朋友说'我还没把她骂哭，我真是太弱了'，一边说一边悄悄地瞟了我几眼。"写完这段细节后，我又写了一大堆我认为她特别不好的地方。那一刻，我觉得自己永远不会原谅她了。

其实，千万种愤怒不过是缘于她在打电话时说的那句话，我由此联想到了我与她之间很多细小的摩擦。大概我比较记仇吧。

有一天，我接到爸妈打来的电话，他们提起了这件事，我瞥了闺密一眼，她耸耸肩对我说："我只是觉得你把这股怨气憋在心里也不是个办法，所以就想让你的爸妈来帮你。"

我本以为我需要声嘶力竭地大吼，才能让爸妈明白我的愤怒。他们却并未指责我心胸狭隘，反而和我约定：只要我每周写出那个室友让我不能忍受的地方，上传到家人群里，每周一篇，坚持一个学期，他们就给我买我最喜爱的黑岩（日本画师 Huke 原创的插画角色）手办。

倾诉愤怒还能得到奖励，这简直是天上掉馅饼！于是，我每天忙着具化我的愤怒。最开始，我能写出很多关于她的坏事，打字打得"噼里啪啦"响，别提有多来劲了。然而，过了几周，我发现我几乎找不到不重复的坏事了！她这个人是比较毒舌，但是故意气人的套路也就那些，都被我摸透了，于是我只能勉强写些自己看着都觉得不算什么事的事。又过了一个月，我突然觉得自己好无聊：惹我生气的小事永远都是那些，我都适应了，再写也是索然无味，不如把上次的内容复制、粘贴……再仔细一想，这些事情都是好小好小的事情啊，我甚至觉得自己很掉价，总写这些无聊的小事情，而且还要记恨一辈子，我是不是闲得慌？仔细想想，她身上也不是没有优点，我为什么就抓着她的缺点不放呢？

于是，我和她在不知不觉间冰释前嫌，重归于好。

令我没有想到的是，我没有践行跟父母的约定，妈妈在暑假时还是给我买了我最爱的黑岩手办。我觉得奇怪，却又隐约察觉到了什么——他们用"反其道而行之"的方法，带我逃离了青春期的黑暗。

感悟手札

我的"虎妈虎爸"

熊佳佳

在别人家里，父母不都是"虎妈猫爸"或"虎爸猫妈"这样的搭配吗？不是说只有刚柔并济才能更好地教导孩子吗？可为什么到了我这里就变成"虎妈虎爸"？这可着实令我苦不堪言。

自述篇

唉，我每次上街看着别人牵着爸爸妈妈的手蹦蹦跳跳，而自己却是一路小跑屁颠屁颠地跟在抱着弟弟的爸爸妈妈身后，顿时感觉心里拔凉拔凉的，而且越看越受伤，觉得自己的小心脏已支离破碎，碎成了一地的渣。

对于这些我早已不想说什么了，甚至连个安慰我的人都没有，只能默默心疼自己三分钟。最可怕的是如果两个人同时生气怎么办？虽然暂时没有这种情况，但是一想到同时接受两个人怒火的画面，我便两股战战。"虎妈虎爸"这样的组合太吓人了。

虎妈篇

"佳佳，今天不管你说什么都必须跟我出去！"客厅里，妈妈一边换鞋，一边冲着我的卧室大声叫嚷。

正在房间里写写画画的我被妈妈突如其来的吼声吓得一哆嗦，手中的笔在纸上留下一道不和谐的印记。

我下意识地去堵住门，怯怯地说："妈妈，我还有作业，今天就不出去了。明天……明天我一定乖乖……"

"又是明天，你说说，这是你第几次用这种借口来忽悠我了？你成天待在家里，就不怕变成个二百五啊？我不管，你今天必须跟我出去逛逛。"话音刚落，妈妈就来推我房间的门，所幸我早就料到她会有这么一手，已有所防备。

妈妈推不开门，在门口怒吼道："我数三声，到时候你还不出来的话后果自负。一……"

根据多年的经验，我知道妈妈开始生气了，想象着妈妈发怒的后果，不禁心惊胆战，可内心里还是不愿意出去，我的眼前仿佛有两个小人在争斗，扰得我心烦意乱。"二……"深吸一口气，我想让自己冷静思考该如何是好。"三！"妈妈正好数到三，我便推门而出，正好对上妈妈酝酿着怒火的眸子。冰冷的眼神让我有些害怕，只好谄媚地笑了笑，迅速去换鞋。

在电梯里，看着妈妈，我默默在心中抹了把泪：妈妈呀，有用这么粗暴的方式叫人出去玩的吗？

虎爸篇

每次考试结束，我总感觉经历了一场噩梦。

闺密跟我吐槽"昨天因为考试的成绩被我爸（妈）骂了一顿，要不是我妈（爸）拦着，我肯定又要挨打了"时，我总是一脸淡定地安慰她们，让她们以为我并没有她们这种经历。

没错，我是没有她们这种经历，可是我的经历更吓人好不好！你们能想象刚打开门，便看见自己的爸爸坐在沙发上一本正经地问"你认为这次是男子单打，还是女子单打，或是男女混合双打"这样的场景吗？我受到的惊吓是无法用语言形容的，试问谁能求出我当时的心理阴影面积？

不就是询问考试成绩吗，至于用这么粗暴吓人的语言来恐吓人家吗？幸亏我的心理承受力较强，不然按我爸的做法，我早就被吓得心肌梗死了。说他是"虎爸"当真一点错也没有。

总结篇

虽说这"虎妈虎爸"手段粗暴，但不管怎么说，我知道他们是为了我的健康成长。不过，就不能换种温柔的方式吗？唉，算了，不管我怎么说，他们必定是"江山易改，本性难移"的。但是在理解了他们的用意之后，我还是挺享受他们笨拙的表达爱意的方式的。谁让他们是我的爸爸妈妈呢，谁让我那么爱他们呢！谢谢你们，我的"虎妈虎爸"，I love you！

感悟手札

淡淡春晖

周芬伶

"一、二、三、四、五、六、七。"每次带我们出门，母亲总要数上好几遍。"好奇怪呀！为什么妈妈老是数来数去？我们又不是牛！"妹妹说。那时，她刚上过《怎么少了一头牛》那一课。

如果问母亲，她一定会说上一大段："你们要知道，你们一共有七个，七个哦！只要我的眼睛那么一闪，就很可能丢掉一个。像上次搭火车到高雄，我把你们一个个拉上车，最后发现老四不见了，这可怎么办？找来找去，才看到她上了另一辆车，正在对我招手呢！还有一次，睡觉前点来点去，就是少了老大，天啊！那时已是深夜了，我跑到街上找、戏院找、夜市找，一边喊一边哭，回到家，天都快亮了。正急得不知怎么办时，忽然灵机一动，弯腰到床边的梳妆台下一看，果然，她睡着睡着滚到里面去了。嗬，可吓死我了！"

不要看我们一个个长得斯文秀气，在外面好像很害羞、很有礼貌，在家里却是凶悍无比。我们虽然都是女孩子却好打架，而且喜欢用脚互踢，踢得一个个都是萝卜腿。不但如此，我们偏好打群架，一个推一个，然后扭成一团。母亲说我们简直是一群橄榄球运动员。

我们打架的主要原因是"分配不均"。谁多了一个玩具或少了一块糖，就会吵得天翻地覆。为此，母亲很早就立下一个规矩：买东西一定同样的买七份；做衣服一定是同一种布料、同一种样式，谁的衣服上也别想多个蝴蝶结或少粒扣子。结果我们在家也得穿制服，谁也别想占谁的便宜。

我有一张小时候的照片，一排小女生，一式的花洋装，每个人头上都有一个发夹。我那时才上幼儿园，可也知道为自己争取。我的发夹是个小黑人挂着一副大耳环，母亲为了让我们每人都有一个发夹，几乎找遍了镇上所有的百货店。

吃饭也是麻烦问题，尤其是在大家庭里，吃大锅饭、大锅菜，菜老是不够吃，母亲便在吃饭前先把菜分配好，把肉切成几块，把菜分成几份，每个人吃多少，皆严格执行。她从不要求我们谁谦让谁，因为根本做不到，她只是公正严明，让我们找不到漏洞。

也许是因为小时候争多了、吵烦了，我们现在变得特别谦让，每有好东西，一定推来推去，并彼此互相取笑："好虚伪哦！"

那时，家里做生意，老房子狭而长，爸妈在店里忙，中间隔着天井，叫人老叫不到。妈妈于是发明了一种叫人的方法：她在店里安装了一个电铃，并列出一张表，每个人都有一个固定的信号，譬如大姐是"三长两短"，我是"两短三长"，小妹是"三长"，如此，只要铃声大作，被点到名的人就要赶快过去帮忙。

为了训练我们养成整洁的习惯，从上小学之后，每个人都被分配了工作，星期日全家上下总动员，由父亲担任清洁队队长，带我们打扫庭院。我们常常一面唱歌一面工作，不但发现了劳动的乐趣，也发现了各自的长处。譬如大姐对插花很有一套，才十来岁便喜欢种花买花，插花也能自成一派，可以称之为"意识乱流"；三妹最有设计的天赋，但凡挑选布料家具、裁剪窗帘，她都能一手包办，家里的陈设经过她的布置总显得特别漂亮；至于我，因为经常唱歌也练成了一副不好不坏的歌喉。我们常自比为《小妇人》中的四姐妹，老大"梅格"漂亮贤惠，老二"乔"最有性格，老三最爱美，老四多才多艺又最善良。

在母亲严明的纪律下，我们享有公平的待遇，可也常感到被疏忽、被冷落，尤其在少年时代，常把种种苦闷与寂寞归咎于母亲。后来年岁渐长，才了解要公平且仁慈地对待别人是一件困难的事。我们容易偏爱、溺爱、滥爱，因此感情更需要严明的尺度，否则容易迷失自我。更何况我们只有一个母亲，当然会把一百分的期望放在她身上；而母亲却有七个子女，她只能平分她的爱，纵使我得到的爱只有七分之一，也远比我给母亲的爱多得多。

四妹与我同时结婚，母亲硬是要办两份同样的嫁妆，不管是一针一线，还是一双鞋、一条项链，总要做到公平，还频频问我们："这样可以吗？还喜欢吗？"我们真的已经不在乎、不计较了，可是，她还是坚持着。

日复一日，她的容颜变老，原则却越来越少，她似乎很少再坚持些什么，就连生气也喜欢保持沉默，尤其是当她抱着孙子时，面团团、发苍苍、笑嘻嘻，简直就是一个没有脾气的老祖母。现在，我们七个孩子，分散在各地，她可是一头牛也不用找，更找不到。有时候打电话回家，她老是摸不着头脑地问："你是芬伶还是芬青呀，怎么声音听起来都一样？"

我想她是老了，老得分不清我们的声音，可是，她的儿女记得，她公正又仁慈地爱着他们，让他们健康地成长。他们如果没有变得自私，那是因为她曾要求他们宽大；他们如果没有变得怠惰，那是因为她曾要求他们勤奋。他们也会永远记得，母亲在出门时，张皇地找寻着自己的孩子，心里老是默数："一、二、三、四、五、六、七。"不管年去岁来，这幅影像永远不会淡去。

母亲的手掌皮肉柔细肥软，手指头又粗又短，五指合拢时，掌心便凹进一个洼。母亲说那是"金窟"，这种手是会装钱的，一辈子吃用不尽。

可是，这样的手没摸过多少钱，便已吃了许多苦。她小时候家境虽不错，但她的母亲却被她的父亲赶走，接着继母进门，把所有的家事全部推到年纪还很小的母亲身上。她的手被烧饭的烟熏过、被养猪的馊水泡过、被刮伤、被鞭打，却依然细白柔嫩，像出淤泥而不染的白莲。

她生过七个孩子，又经营着一家药店，大家庭里有数不清的家务。她的手洗过尿布、数过钞票、搬过货物，却依然细白柔嫩。只是中年以后因为发胖，手背上多了好几个肉洼，很像胖娃娃的手。

她喜欢各式各样的戒指，戴上戒指的手更显得华贵，就像是贵妇人的手。生活的磨难并没有在这双手上留下痕迹，只留下甜美。

在记忆中，我们并不常牵手，就算现在我们亲昵如朋友，出门时我也只喜欢挽着她的手臂。以前我常想，也许母亲不喜欢拉我的手。后来，我做了母亲，才明白什么是"抚我畜我，长我育我，顾我复我，出入腹我"，这种紧密的相依之情，谁又没有过呢？

从小我便为自己的手感到自卑。我的手虽然最像母亲，可是皮肤较黄，指甲又被啃得支离破碎。就掌形来说，它看起来粗鲁稚拙；就掌相来说，它代表着懒惰与意志薄弱。我也有个"金窟"，只是比较平浅，浅得一个铜板便能将它填满，它从未给我带来任何财运，却将我的弱点暴露无遗。因此，我总是小心翼翼地不让人看到我的手掌。我多么希望自己拥有一双艺术家的手！

曾有几次我与母亲对比彼此的手掌，多奇妙！它们的形状大小几乎完全一致，只是我的比较枯黄粗糙而已。我遗传了父亲的长相，却遗传了母亲的手。我们有着相似的手掌，却有着全然不同的命运；我们可以相同，也可以不同，但是我们的心却是如此靠近。

如今，我的孩子也有一双与我相似的手掌。我很喜欢用自己的手包住他小小的手掌，奇怪的是，他并不挣脱，反而喜欢让我握着。他的掌心也有个迷你"金窟"，刚好可以装下一颗健素糖。

也许有一天，我的手再也包不住他的手，他必定会找到一些情缘的线索，在我们相似的手掌里；他也许会忘掉我怎么抚他畜他，长他育他，顾他复他，出入腹他，但他必定会再找回一些爱的记忆，也许是在他孩子的掌心里。

从此，我的手便有了一种全新且神圣的意义。我还是那么羞于展示自己的手，也羞于去握母亲的手，可是，有许许多多生命的奥秘在指间，在手心里。

感悟手札 ● ● ● ● ● ● ● ● ● ●

父爱，透两代

林远涛

家乡重男轻女的风俗很重。父亲是长子，生了姐姐后，爷爷奶奶就不许母亲进祠堂拜祭了。母亲怀上我以后，他们顶着家族的压力，冒着被处分的风险，决定要"搏"一次。母亲怀我三个月时，父亲就出海了，他和家里交代，这是他最后一次出海，因为不管生男生女，他都是要下岗的。我出生那天，母亲的同事把我抱到她家，因为担心母亲知道是个女儿受不了打击，就谎称是个男孩，叫母亲安心休养；给在远航的父亲打了电报，父亲在波涛汹涌的大海上帮我取名"远涛"。

三天后，父亲赶回家里，母亲的同事们知道已经瞒不住了，把我抱到母亲手上，把事实告诉了他们。据说当时父亲一眼都没看我，提起刚放下的行李，转头就离开了家，只给母亲丢下一句话——"把她扔掉！"母亲执意要留下我。后来的日子，据说母亲曾两次抱着我去跳海，都被好心人救了回来，不敢想象母亲那时候是怎么熬过来的。

父母都被处分了，只能下海做生意。父亲不善经商，每天回家都大发脾气，小时候，只要一见父亲回家我就会哭个不停，每次都被打。后来母亲为了不让父亲见到我而心烦，小学毕业后就把我寄宿到姨妈家，他们带着姐姐到广州做生意。在姨妈家的三年，是童年中最阴霾的日子，父母很少去看望我，可我所受的委屈从来不曾向父母提起，处处理解父母的不容易，从未起怨恨父母之心。那时候的我，学会了独立，不管生活怎么对我，依然用宽容的心去接受。

初二那年，父母在广州的生意失败，别说供我们读书，连三餐都困难。我听说家里交不起学费了，便生发了撑起一个家的勇气，边上学边做销售。第一次拿起电话打给父亲时是发工资的那一天，和父亲交代了我在做什么后，叫父亲报银行卡号给我，当时电话那边停了许久才挤出这样的声音："你好好读书吧，家里的事情不需要你管。"后来是通过一位阿姨把我每月赚到的钱交给父母的。就这样，我边上学边经商，撑起了这个家。

那时候和父亲的沟通仍然很少，心里还是有隔阂，但慢慢地感受到父亲已经在接受我了。

最让我不能忘怀的是那一次，大儿子八个月时到广州住院，要输液，可幼小婴儿的血管很难扎，看着外孙子被护士小姐连扎了五六针还没成功，孩子哮喘发作全身抽搐，父亲跑过去抱着外孙子，当着众人的面大哭起来。那一刻，就是父亲对我那深深的爱的爆发啊！我也过去抱着父亲，父女之情终于得以连接和贯通……那一刻，父亲久违的爱已深深地融进我的血液里。那深沉的爱，其实一直都在，而已经身为人母的我，更能体会那种"心头肉"的感觉，天底下哪有父亲不爱自己孩子的呢？

从那以后，父亲便担起帮我们照顾孩子的重任。为了孩子，他去学习育儿，去听各种健康讲座，风雨无阻……从此父亲成了全职外公，把所有的爱都给了三个孩子。有一次下雨天，我在学校门口看到一个背影，身上背着两个书包，左右手各撑一把伞遮着我的儿子和女儿，而他自己却淋着雨，他就是我的父亲！看着那颤颤巍巍的脚步，我泪流满面，父亲把小时候没有给到我的爱全部转馈给了我的孩子们，伟大的父爱啊！

"中国好外公"——这是孩子们送给这位伟大的男人最肯定的美称。

长大，只是一瞬间的事

毕淑敏

一

如今，家家都有体温表。苗条的玻璃小棒，头顶银亮的铠甲，肚子里藏一根闪烁的黑线，只在特定的角度瞬忽一闪。捻动它的时候，仿佛打开裹着幽灵的咒纸，病了或者没病，高烧还是低烧，就在焦灼的眼神中现出答案。

小时家中有一支精致的体温表，银头，它装在一支粗糙的黑色钢笔套里。

妈妈把体温表收藏在我家最小的抽屉——缝纫机的抽屉里。妈妈平日上班极忙，很少有工夫动针线，那里就是家中最稳妥的所在。

七八岁的我，对天地万物都好奇得恨不得放到嘴里尝一尝。我跳皮筋回来，经过镜子，偶然看到我的脸红红的。我想，我一定发烧了，觉得自己的脸可以把一盆冷水烧开，我决定给自己测量一下体温。

我拧开黑色笔套，体温表像定时炸弹一样安静。我很利索地把它夹在腋下，冰冷如蛇的凉意从腋下直抵肋骨。我耐心地等待了五分钟，这是妈妈惯常守候的时间。

终于到了。我小心翼翼地拿出来，像妈妈一样眯起双眼把它对着太阳晃动。我什么也没看到。

我拈起体温表，全力甩去。我听到背后发出犹如檐下冰凌折断般的清脆响声。回头一看，体温表的"扁杏仁"裂成了无数亮白珠子，在地面轻盈地溅动……

罪魁是缝纫机板锐利的折角。

怎么办呀？妈妈非常珍爱这支体温表，不是因为贵重，而是因为稀少。那时候，水银似乎是军用品，极少用于寻常百姓，体温表就成为一种奢侈。楼上楼下的邻居都来借用这支表，每个人拿走它时都说："请放心，绝不会打碎。"

现在，它碎了，碎尸万段。我知道，任何修复它的可能都是痴心妄想。

二

我望着窗棂发呆，看着它们由灼亮的柏油样棕色转为暗淡的树根样棕黑色。

我祈祷自己发烧，高高地烧。我知道，妈妈对得病的孩子格外怜爱，我宁愿用自身的痛苦赎回罪孽。

妈妈回来了。我默不作声。我把那支空钢笔套摆在最显眼的地方，希望妈妈主动发现它。我坚持认为被别人察觉错误比自报家门要少些恐怖，表示我愿意接受任何惩罚，而不是凭自首减轻责任。

妈妈忙着做饭。我的心越发沉重，仿佛装满水银。实在等待不下去了，我就飞快地走到妈妈跟前，大声说："我把体温表打碎了！"每当我遇到害怕的事情，我就迎头跑过去，好像迫不及待的样子。

妈妈把我狠狠地打了一顿。

那支体温表消失了，它在我的感情里留下一个黑洞。潜意识里我恨我的母亲——她对我太不宽容！谁还没失手打碎过东西？我亲眼看见她打碎了一只很美丽的碗，随手把两片碗碴儿一摞，丢到垃圾堆里完事。

不久，我病了。

"你可能发烧了。"妈妈说，伸手去拉缝纫机的小屉，但手臂随即僵在半空。

妈妈用手抚摩我的头。她的手很凉，指甲周旁有几根小毛刺，把我的额头刮得很痛。

"我刚回来，手太凉，不知你究竟烧得怎样，要不要赶快去医院……"妈妈拼命搓着手指。

妈妈俯下身，用她的唇来吻我的额头，以试探我的温度。母亲是严厉的人。从我有记忆以来，从未吻过我们。这一次，因为我的过失，她吻了我。那一刻，我心中充满感动。

我终于知道了我的错误的严重性。后来，弟弟妹妹也有过类似的情形。我默然不语，妈妈也不再提起，但体温表像树一样栽在心中。终于，我看到了许许多多支体温表。那一瞬，我的脸上肯定灌满了贪婪。

三

我当了卫生兵，每天须给病人查体温。体温表插在盛满消毒液的盘子里，好像一位老人生日蛋糕上的银蜡烛。

多想拿走一支还给妈妈呀！可医院的体温表虽多，管理也很严格。纵使打碎了，原价赔偿，也得将那破损的尸骸附上，方予补发。我每天对着成堆的体温表处心积虑、摩拳擦掌，就是无法搞到一支。

后来，我做了化验员，离体温表更遥远了。一天，部队军马所来求援，说军马们得了莫名其妙的怪症，他们的化验员恰好不在，希望人医们伸出友谊之手。

一匹砂红色的军马立在四根木桩内，马耳像竹笋般立着，双眼皮的大眼睛贮满泪水，好像随时会跪倒。我以为要从毛茸茸的马耳朵上抽血，战战兢兢地不敢上前。

兽医们从马的静脉里抽出暗紫色的血。我认真检验，周到地写出报告。

我至今不知道那些马得的是什么病，只知道我的化验结果起了至关重要的作用。兽医们很感激，说要送我两罐水果罐头作为酬劳。在维生素匮乏的高原，这不啻一粒金瓜子。我再三推辞，他们再四坚持。我说："那就送我一支体温表吧！"

他们慨然允诺。

春草绿的塑料外壳，粗大若小手电。玻璃棒如同一根透明铅笔，所有的刻码都是洋红色的，极为清晰。

"准吗？"我问。毕竟这是兽用品。

"很准。"他们肯定地告诉我。

我珍爱地用手绢包起。本来想钉只小木匣，立时寄给妈妈，又恐关山重重、雪路迢迢，在路上震断，毁了我的苦心，于是耐着性子等到了一个士兵的第一次休假。

妈妈仔细端详着体温表说："这上面的最高刻度可测到 46 摄氏度，要是人，恐怕早就不行了。"

我说："只要准就行了呗！"

妈妈说："有了它总比没有好。只是，现在不很需要了，因为你们都已长大了……"

我爱着，那个和我长得一样的女孩

周晓

双胞胎，这种特殊的身份，常能让我体会到一些独生子女难以体会到的情感。

我是姐姐，小的时候，爸爸总爱跟我说："你是姐姐，得多照顾妹妹一点。"可双胞胎，姐妹俩的出生时间一共就差了三分钟，这算哪门子的姐妹？所以每次听到这句话，我一定会毫不犹豫地反驳："那她怎么不'尊老'呢？"爸爸是个十分沉稳又嘴笨的人，有点像刘震云写的《一句顶一万句》里的私塾老汪，说不过我还被我的话气得咋舌。相反，妈妈是个思想开明的人，偶尔也会在旁边附和着："是呀，都什么年代了，要人人平等啦！"

一路成长，我们姐妹俩确实也事事都践行着"人，生而平等"这句响亮的口号——芭比娃娃一人一个，零花钱各管各的，电脑一个人玩了五分钟就必须换另一个人玩……我们对任何东西都斤斤计较，小心翼翼地分得清清楚楚。

然而，只有我们自己知道，我们绝对是世界上最爱对方的人。这种爱，甚至超出了对父母的爱。

独生子女自然不能理解为什么会这样。仔细想想，从出生到上大学之前，我们可以说是形影不离。我们之间没有任何秘密，我们了解对方的喜好。不，应该说，相同的生活轨迹，造就了我们几乎一致的喜好。成长的过程中，我们遇上任何困难，都是和对方一起克服的。除了双胞胎，世界上还会有另一个人，有机会在你的人生里和你产生这么多的羁绊吗?

平时我们成绩相仿,高考时,妹妹发挥得更好,比我高出了十几分。成绩出来的那一刻,当我看到我最亲爱的人比我高出十几分时,我激动得跳了起来。要是换作其他任何一个人,我都不可能这样心甘情愿地、毫无嫉妒地替他开心。

然而,接下来,如五雷轰顶,我意识到,我们将面对18年来的第一次真正意义上的分离——她可以出省读大学了。我的心里更多的是慌张,18年里,我从没过过没有她的生活,她也从来没离开过我。接下来的日子肯定要过,但我不知道该怎么过。我也很担心,她一个人在外地,有人欺负她时谁去帮她,担心她一个人在外面睡不着时谁能陪她说说话。

直到在高铁站台上,看着她拎着大包小包上车我强忍着眼泪,把鼻涕吸回鼻腔,装作漫不经心、毫不在意地对她说:"自己照顾好自己,美好的大学生活等着你。"我在笑,笑得那么自然、那么轻。我的心,像刀割一般疼痛,我全身的细胞,都想一同追随这趟高铁,随她同去。

但是,我酷酷地对自己说:"什么年代了,人人平等啦,爱早就不是束缚的理由啦。"

那个和我长得一样的女孩,请你也要加倍勇敢,酷酷地爱这个世界!

我妈妈是卖豆浆油条的

一直特立独行的猫

前几天晚上我梦见了初中的同桌,我们俩一起走出校门,路上随便聊了几句。醒来时,我的思绪一下飞回从前,我认识他并被他吓一跳的那节课上。

那是一节公开课，课堂内容已经练习了好几遍。临开始，老师又重新按照大小个儿，把他换到我旁边的座位。我记得他整堂课坐得笔直，动都没动。下课后等所有老师都走了，他突然坐到了地上。我吓了一跳，问他怎么了？

他说："上课上到一半，我的凳子有个腿儿掉了，我就三条腿儿一直撑着，腿都麻了。"我说："凳子腿儿怎么会掉啊？你怎么不跟老师说换一个啊？"他说："前几天坏了，我简单修了一下，刚刚我不小心踢了一下，又掉了。公开课上我又不敢动，哎哟，可累坏我了。"那时候我只觉得，他也太能忍了。

后来，他就一直坐在我身边，我们成了同桌。他妈妈那时候卖书和练习册，经常来学校给我们送货。有一次我问他："咱们开学的时候，你妈妈卖练习册。如果放假了，怎么办呢？"

他很开心地跟我说："放假的时候，我妈妈卖豆浆油条什么的。现在她早晨也卖，卖完才来给咱们送书。"说完，他从书包里拿出一杯豆浆给我，说："对了，我妈说给你带的，让你多帮助我学习。"我听得一愣一愣的，觉得他妈妈真是太厉害了，能做这么多事情。

中考时，我们俩考分差不多，不算太高但也不低，不知道选哪里好。有一天我突然接到他妈妈的电话："快让你妈去学校，有个关于报考学校的讲座，赶紧去，可别耽误了。"

再后来，我们不在同一所高中，我也慢慢忘记了他。重新联系上，是在大学的某个寒假。那天他给我打了个电话，谈到未来的打算，他说要出国留学。那时我也想出国读书，长时间流连于考托福、GRE以及各种有关出国留学的网站上。但考虑到自己的家境，以及考试申请太难，不是很有信心和把握。

我跟他说我也有这个打算，但是估计不行，我英语没那么高的水平，加上学费太贵。他说："我要自己考奖学金。"我问他："你怎么那么笃定？再说为什么一定要去留学？在国内考研和工作不好吗？"他说："我们大家庭里，大家都不太看得上我家，我想给我妈争口气。我表哥表姐都是爸妈花钱送出去读书的，我要自己考奖学金出去。"这句话我记到今天，因为它特别打动我，当时我也是个被人看不起、想给老妈争口气的孩子。

再后来，我们断了联系，偶然听同学说，他真的考到美国读硕士和博士了，还有一个同样是留学生的女朋友。

那时候人人网特别流行，有一次我逛到了他的页面，头像是一枚戒指，我猜，他结婚了。

我有很多同学都出国留学了，生活在世界各地，但我唯独清晰地记得他，记得初见时他的坚持和隐忍，还有他说的那句：我要给我妈争口气。当年他妈妈早晨四五点就要起来准备，六点出摊卖豆浆油条。那是一个为了生活而辛苦奔波的妈妈，是她身体中"为母则强"的一口气。

初中毕业后我再没见过他的妈妈，不知道阿姨现在是否记得我，但我还记得她。她总是梳着黝黑的马尾辫，着急地跑来跑去，为了孩子为了家。那副努力的样子，我到今天都不能忘。

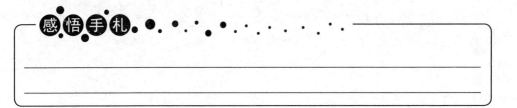

老妈的AB面

今世未央

一

我很小的时候，就意识到自己的妈妈和别人家的不同，她的人生，有 AB 两面。

大部分时候，她是 A 面，是个正常的妈妈，对我的要求也比较严格。当然，她并不像其他妈妈那样爱唠叨，她偏理智、冷静，不太爱说话，也不爱笑，甚至有时让人感觉有点冷血。

但有的时候，妈妈就完全变了一副模样，她拉着我一起疯狂，带我去新开的弹跳乐园学高难度的蹦床技巧，去各种深巷子里品尝老字号的小吃，完全忘记了我还是个需要学习的学生。

在我问到她为什么要和我爸分开的时候，如果碰到我妈的 A 面期，她的回答充满了正能量，她会小心翼翼地呵护我敏感的心："我和你爸是因为性格不合适，所以不得不分开，但你放心，我们都是爱你的，并不会因为我们分开，你就少了一份爱。"如果碰到她的 B 面期，她会直接冲我翻一个白眼："关你屁事。"

在我高考前夕，周杰伦第一次到我们所在的城市来开演唱会。我喜欢了他很多年，MP3 里存的都是他的歌。

那天下午，我妈出现在教室门口，一脸严肃地找到班主任，说家里有急事，要给我请一晚上假。我也被她唬住了，一边收拾书包，一边惴惴不安地猜测，家里到底发生了什么大事。我妈直接把我带往体育馆，分给我早就买好的仙女棒和荧光发夹。那一晚，我们俩跟着全场大合唱，嗓子都喊哑了，我从不知道她会唱那么多周杰伦的歌。

那一晚，我简直爱死了她的 B 面。

二

我上班以后，努力工作，认真生活，而她的 B 面，却并没有跟随我一起成长，我像是多了个不省心的妹妹。

上个月，我接到一个电话，说我妈在医院里，让我赶紧过去。

我赶到医院的时候，我妈正坐在观察室里，她的右腿打上了厚厚的石膏。我吓坏了："这是怎么了？"

老妈解释说是因为练街舞扭伤了脚踝，情况不算很严重，但得静养些日子。原来，老妈最近迷上了街舞。

我刚想张嘴，我妈赶紧打断我："是，我这岁数的，就该练练瑜伽、做做拉伸、跳个普拉提什么的，但我就是喜欢街舞，受伤也阻止不了我，好了以后我还会继续跳。你还有什么要说的吗？"

别人家母女之间的代沟，都是当妈的不能理解年轻人的新时尚，而我和老妈之间的代沟，是因为她太新潮，我总是赶不上她的步伐。

三

上次回家，我没有提前通知她，想给她一个惊喜，没想到，她却给了我一个惊吓。

我发现她一直在吃抗抑郁的药，而我竟然一点也不知道。

我从大姨那里知道了妈妈的故事。当年，姥姥、姥爷都是全国顶尖的某所大学的高才生，由于时代的原因，他们双双被下放到偏远小县城的中学教书。那时，他们最大的愿望，就是两个女儿都能考回他们的母校，等他们退休后，一家人就能回北京团聚了。

于是，他们的两个女儿从小就和别的小伙伴不一样，她们的生活里只能有学习。姥姥、姥爷的严管制度效果显著，两个女儿的成绩遥遥领先。大姨考回北京的那一年，我妈才上高一，入学成绩排在全年级第一。

高一下学期，小女儿早恋了，喜欢上了那个年级第二的少年，两个人虽然爱得很隐蔽，却逃不过姥姥、姥爷的火眼金睛。没有疾风骤雨，没有苦口婆心，甚至没有任何预兆，突然有一天，她再也找不到那个熟悉的身影了。后来她才听说，那个男生被强制转学了，去了二中，在地处更偏远的乡镇上，那里从没有一个学生考上过本科。

那是小女儿的第一次反抗，她在父母房门前站了一夜，保证自己会跟那个男生断绝来往，保证她会如约考去北京，只要让那个男生回来，完成他本该很好的学业。最终，她并没有说服父母。

姥姥、姥爷退休后，终于如愿回到了北京，和大女儿团聚，但他们的愿望只实现了一半，他们的小女儿在报志愿的最后一刻做了手脚，一个人去了另外的城市。

从此，我妈的人生有了 AB 面，她冷静理智的 A 面，其实是她的抑郁发作期；她放荡不羁爱自由的 B 面，才是她对自己 17 岁时遗憾的一种弥补。

四

我瞒着她做了一件事，尝试着联系她高中时期的同学和好友。

老妈每年都有近 20 天的年休假，她一般都会利用这段时间外出旅游一次。今年 6 月，在老妈按计划出发旅游之前，她的高中同学"千方百计"地联系到了她，告诉她今年是他们高中母校的百年大庆，同学们准备好好聚一聚，邀请她参加。老妈算了算时间，刚好来得及，就先回了她曾经生活过十几年的那座小县城。

老妈参加完同学会回来后并没有异样的表现，我暗中观察她，发现她心情还不错，趁机问她，当年的同学现在都怎么样了。她不无遗憾地说："都快当爷爷、奶奶了，我也跟他们没什么共同话题了，我想和大伙一起拍个抖音，都没人知道那是什么东西。"

我只好直接切入重点："那个郑叔叔，你见到了没？"

"见到了，我还为当年的事跟他道了歉。"老妈突然明白了我的用意，她破天荒地有点害羞。但她告诉我，即便当年他们在一起，没准儿有一天也会分手，可能是因为没有爱了，或者是其他任何原因，她都可以接受，但就是不希望是当年那样的状况。

最终，老妈还是按原计划出发去滇南旅游了。我送她到机场，一个劲儿地叮嘱她路上的注意事项，让她每到一个地点都要跟我报平安，她嫌我太啰唆："我都该管你叫妈了。"

这次，我忍不住煽了下情："老妈，我希望你可以永远停留在你的 B 面。"她的眼圈红了，迅速转过身，大踏步地走进车站，特别帅气地伸出手指，朝着背后摇了摇。

感悟手札

缩短五厘米的父爱

侯焕晨

我上高中时，学习很好，长相也过得去，但是我依然感到自卑。原因只有一个——我个子太矮，只有 1.65 米。班里的男生清一色的 1.75 米以上，和他们站在一起，我就像一个初中生。身高 1.85 米的生物课代表总在我耳边重复一句话："兄弟，别着急，等哥考上大学生物系后，专门研究长高的药，让你 40 岁时还能蹿一蹿！"这句看似安慰的话，我听起来却那么刺耳。

那天，已经做好要参加校篮球比赛的我临时被换掉了，原因不言自明。晚上，我禁不住向父母抱怨："咋给我生得这样矮？"

母亲保持着一贯的严肃认真对我说："儿子，身高不是评判一个人的标准！"接着她又举了一大堆我耳熟能详的例子，听得我头昏脑涨。父亲倒是很亲和，拍拍我的肩膀说："儿子，咱有啥自卑的，只要有能力，个子大的还得听咱指挥！"父亲是一家国企的车间主任，车间有 30 多个人高马大的小伙子归他管理。"况且，你也没矮到哪儿去啊，你看咱俩一般高……"父亲把我拉到他身旁说。果真我和父亲一样高！

我很疑惑，记忆中，父亲一直是 1.70 米的个头啊，怎么变成了 1.65 米？我注意到了他弯下去的腰、驼下去的背，心里一阵酸楚。父亲虽然说得轻松，其实车间的工作一点都不轻松，几乎每样工作他都要亲力亲为，他的背是累弯的！父亲刚 48 岁啊，无情的岁月不仅苍老了他的面容，还浓缩了他的身体。

和父母聊天虽然没有给我带来明显的影响，但是我隐隐约约也明白了一点，身高的缺陷可以通过其他方面的努力来弥补。

高三了，虽然我一再阻拦，可是父亲还是坚持要接我下晚自习，他说这一年很关键，他贪点黑没啥。

和父亲走在一起，碰到说话爽快的同学会直接这样说："哇，你和你爸一样高啊。"我当然明白这句话后面的潜台词是什么，可是我已经很坦然了。因为我多了一个战友，他就是我的父亲！我们站在同一个战壕，他每天乐观开朗，我凭什么要忧伤呢？

高考，我以优异的成绩考上了北京的一所重点大学。那天，父亲特意在饭店备了十几桌酒席宴请亲朋好友。

席间，一个有点喝多了的亲友举着酒杯对父亲说："大哥，你看你儿子虽然还没有你高，可人家学习好，真厉害啊。"

他的这句话让我开始正视一旁满面红光的父亲，他的腰不弯了，背也不驼了，差不多比我高半个头！

母亲注意到了我表情的变化，把我叫到一边说："儿子，其实你爸没老到那样，为了照顾你的心理，他假装弯腰驼背，这样他就和你一般高了……"

我的泪水夺眶而出，我亲爱的爸爸，为了儿子那可怜的自尊，他竟然努力适应了非常别扭的走路姿态，陪我走了 365 个夜晚！

泪眼蒙胧中，父亲在向我微笑。在我的眼里，他变得那样伟岸，他把自己缩短了五厘米，却拉长了我的人生。

感悟手札

八 十 八

蒋方舟

八十八是个吉利的数字，也是我在一次数学考试中出现小小失误的分数。

当拿到数学卷子时，我两耳轰鸣，有一种要睡觉的感觉。我拿着试卷反复地看，就像看宣布我被砍头的圣旨一样，接着，我便想到了妈妈打我的镜头，我甚至想到了她会把我卖到谁家去。

回到家里，我犹豫了好久，吃晚饭时，终于张开金口，装作轻描淡写地说："妈妈，告诉你一件事。"妈妈不知是何喜事，笑眯眯地说："什么事呀？"我表面高兴但心里难过地说："我数学考了八十八分。"只见妈妈的笑容僵着，又像哭又像笑，样子可笑极了。我想她大概是又生气，又想表现出自己是个好妈妈吧。

妈妈说："把卷子拿来。"我看得出妈妈是压着气，不一会儿，彗星就要撞地球了。出乎意料地，她竟然没有打我。小兔子都到手了，狼还不下口。

她稀里哗啦签了名字，仍然接着看电视，并说："我不告诉你爸爸，他知道的话要揍你的。"

我以为这件事就算结束了，但是接连几天，他们夫妻俩对我都是冷嘲热讽的。

比如一天中午，我本来兴高采烈的，可妈妈说："方舟，今天我发了八十八块钱，和你考的一样。"说完，又装出天真无邪的样子捂住嘴，好像说漏了嘴一样。我警惕地看了爸爸一眼，爸爸正在做饭，不知他听见没有。

爸爸果然听见了，吃饭时，说的话就像没熟的杨梅，又甜，又酸，又带刺。他笑眯眯地说："方舟，你数数外面的香肠有几根。"我知道他葫芦里卖的什么药，没理他。他就自言自语地说："八十八根。"我才不按他的"剧本"往下演呢，我装傻，"哦"了一声。

吃着吃着，妈妈忽然神经兮兮地说："我给你出一道应用题。"我想她数学学得不好，肯定会出一道简单的题，就摆出不屑一顾的样子。谁知道她说："碗里有八十八颗米，吃掉了八点八颗，吃掉的米是碗里的几分之几？"有这么荒唐的应用题吗？我怒发冲冠，放下勺子就冲到床上，一头栽到被子上。

唉！英雄做事英雄当，要他们大人瞎操心什么。也许我该把这张卷子藏起来，作为永久的隐私。

母亲的"声声慢"

江志强

"慢点，慢慢吃啊，没人跟你抢呢。"母亲慈祥地看着我，疼爱写在脸上，一个劲儿地劝我慢点吃，我却充耳不闻，只顾狼吞虎咽。待到杯盘皆空，肚子饱饱，立刻飞出家门，与死党为伍，留下母亲收拾残局。

小时候，这样的场面几乎天天都在上演。母亲总是不厌其烦地劝我慢点，再慢点。我呢，除了玩还是玩，没工夫理会母亲的"慢"，一天又一天，慢慢地长大。

几十年过去了，母亲年迈，我近中年，每次回到她那儿吃饭，她依然劝我慢点，再慢点，怜惜写在脸上。而我，很多时候依然像个孩子，吃完饭，闪身走人。除了忙还是忙，没时间品味母亲的"慢"，一年又一年，一刻不得闲。

一个偶然的场合，我听一位朋友的讲座，讲到兴处，聊到他的母亲。他说："一年365天，爸妈时常打电话过来，让我去吃饭，其实，他们的目的并不是单纯的吃饭，更想和孩子们说说话，听听孩子们的声音，嗅嗅孩子们的味儿，就这么简单。"

细品朋友的话，我惊诧、愕然、感动。情不自禁想起了母亲那一声声饱含关切与慈爱的"慢慢吃啊"。我用粗浅而单薄的人生阅历解读着母亲的"声声慢"。

小时候，母亲让我慢点，再慢点，其实是想让我静下心来，细嚼慢咽，不要噎着，也不要撑着，平平安安地长大。

长大后，母亲让我慢点，再慢点，其实是想让我抛开俗务，让心回家，不要急着把饭吃完。她除了让我注意身体，平平安安地生活，更想借着这慢慢的光阴和我说话，和我唠嗑，把日子过慢，让平凡的时光一点一点地延长。

一个"慢"字，从母亲嘴里说出来，一说就是大半辈子，其间包含了多少希冀啊！

于是，已是中年的我，在母亲面前不再那么疾速，而是静下心来，真正陪着她，不紧不慢，不徐不疾，吃饭、遛弯、逛早市、踏青，讲那过去的故事，寻到了一份岁月静好的妙境。

我把自己和母亲在一起的"慢时光"告诉了那位朋友，朋友点着我的脑门，坏笑："你小子，好像悟了。"

"老妈是一本书啊，哪能随随便便就能悟到？"

朋友一怔，旋即大笑："下回，听您做讲座！"

感悟手札

那些你走过的地方

权蓉

　　乡里打电话通知，要开一个老党员老干部的会。谁知到开会那天，瓢泼大雨，外公还是翻了两三座山去参加了。这件风雨无阻的事后来让我妈知道了，又急又气，说七八十岁的人了，也不怕摔了、被水冲走了，真不知道在想什么。我虽然离得远，却知道这事的原因，那是因为外公自身的认同感和使命感。

　　外公原本就和别人不一样，当年我大学毕业，回家以后一大票人问什么时候结婚，只有外公十分严肃地问："你有没有入党？"后来我真入了党，外公知道后点头直夸。我有四个舅舅，小时候有一次无意把他们四个名字排起来，发现舅舅们名字最后一个字连起来是"宣传政策"，这立马刷新了我的世界观，从此看小说时都要找里面兄弟姐妹名字的关联。

　　小学珠算课，大家都学得磕磕绊绊的，我却已经能用算盘打一出"凤凰展翅"了（珠算加法，最后算珠的形状像是鸟展着翅膀）。被老师夸奖了几句，美得收不住，缠着外公再教些。外公说教我用算盘打除法，我妈双眼一瞪："现在谁还用算盘算。"外公便不教打算盘，教我背：天对地，雨对风，大陆对长空……我妈听见，又说现在小孩子都不学那些，你教她干吗。外公有些抱歉地笑笑，就不教我背了。

　　有意无意间，觉得外公怕我妈，大了之后再想，可能那是因为亏欠。说到亏欠，就不得不提我的外婆。

　　外婆中年离世，成了我妈心里永远的一道伤。每次哪家老人过世，我妈都能报出外婆的年纪，说她要是活着就多少岁了。

　　"要是她活着"，在她离世的这么多年，我相信这个假设在我妈那里出现过太多次——她有很多的委屈想告诉她，有很多的泪只想在她面前流，给她看虽然不漂亮还爱哭却是她生养的小孩子，就算她脾气变得不好，骂人，甚至老糊涂了成天耍赖也行——这些都没有实现，她过早地去世了，只到劳碌没到享福，没等到子女成家，更没看到子孙满堂。

外公从不在我妈面前讲他工作的事情，但我听过，他描述的时候神采和平时判若两人。我妈讲的很多回忆里，很少有外公的存在，如果出现，就是失母无父中的埋怨对象：工作组下乡，他带回家谈工作吃饭，却不管家里有没有米面；去连夜组织开社员大会，家里没有柴火，第二天下大雪，几个小孩在家挨冻；外公工作不在家，一应的长短都是十多岁的我妈支应，常常大的小的在家哭成一团……

一心扑在工作上，这句是我妈和外公间的死结。有次不知道因为什么提起这个吵起来，我妈说："一个书记，就能忙得不顾家小。"我妈的说法让外公的神情暗了又暗，最终回了一句："是我能力不强，只顾了一头。"可能只有一点，他俩的看法是一致的——外公绝对是名合格的共产党员。

我妈常给我讲她做过的一个梦。在那个梦里，外婆还是很年轻的样子，站在还没拆的四合院的后门边，不进门，只倚在那里，问这个穿暖了没，那个吃饱了没。外婆把大的小的都问了个遍，却没有问我妈。在梦里，我妈也知道外婆是去世了的，便宽慰她说不要担心。她站了一会儿，让我妈送她。可我妈怎么都跟不上，只见她回转身，从后门的水田埂上过去，穿进远处的竹林，最后消失了。这中间她再没有说一句话，甚至没有回头。外婆在梦里以一种决绝的方式和我妈告了别。

我常常想，我妈应该把这个梦讲给外公，他也需要一种告别和理解。不过，也许他也做过关于外婆的梦，只是无从提及吧。

外公原本并不识字，当年国家来人办夜校扫盲班，他求知若渴地全程学习。跟着新中国一起成长，听党的话，跟党走，后来因为思想行动各方面优秀，得以加入党组织。再后来，又因为党组织的信任，做了干部，为人民服务。其实细细看外公这一路的历程，就特别能理解他。他不是为官，是为公，时刻牢记着党员这个身份。

外公今年88岁，我常给他鼓劲："保重身体，好好活着，以后我妈、舅舅们要是念叨你，你就指着这一大片山川说，这些发展就是当年你们那辈人给垫的底，没有你们，他们哪儿凉快哪儿待着去。"他咧着没牙的嘴笑，也不挑我说的长短。

不过他倒一直是认真地活着。

有一天外公很认真地和我说："年纪大了，活一天少一天，得去把自己的脚印收一收。"

我逗他："现在交通这么发达，你当年走的那些小路早就封山了。让它们继续待着吧，有的脚印里长了树，有的脚印里开了花，青山绿水，鸟语花香的，难道不比你收走了强？"

他点点头："你以后要是去了这些地方，也知道我原来走过。"

那个瞬间，突然无法自已。外公啊，其实不管我去没去那些你走过的地方，我都一直在你们流血流汗、奉献建设起来的地方成长。

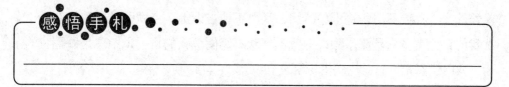

我早该说出口

孙道荣

三岁。我拿了邻居小孩的一块糖。我太想吃了，他有好多颗，我就拿了一颗。邻居小孩哭了，他妈妈带着小孩上门告状，妈妈当面打了我一巴掌。我委屈得哭了。妈妈让我承认错误，说声对不起。我在心里说过了，但妈妈没听到，于是，妈妈打得更凶了，一边打，一边骂我是个孽种。

第二天，妈妈不知道从哪儿弄来了一把糖，剥了一颗塞进我嘴里。那颗糖比昨天那块还甜。我在心里说"谢谢妈妈"，妈妈没听到。但我看得出，她看着我吮吸糖果的满足样子，很开心。

八岁。我在学校和一个胖男孩打架了。他比我高大，也比我壮实，他说我爸爸坏话，我便和他打起来了。我的头上撞了一个大包，我没哭，但他哭了，老师就把我妈妈喊到了学校。妈妈问清了缘由，让我向胖男孩道歉，我什么也没说。妈妈不再勉强我，她自己一个劲儿地向胖男孩和他爸爸赔礼道歉。

回家的路上，妈妈发现了我头上鼓起的大包，心疼地问我痛不痛？我摇摇头。我忽然看见妈妈扑簌簌直掉眼泪。我在心里跟妈妈说，"包很疼，但我不怕疼"。

妈妈没有听见，只是眼泪不停地砸在我的额头上。那一年，我爸爸在"五七"干校接受劳动改造。

14岁。学校有活动，让我们提前放学回家。我打开门，看见妈妈正好从我的房间里走出来。她的手里拿着一块抹布，显然，她刚刚打扫过我的房间，我的房间总是干干净净的。我放下书包做作业，却意外地发现，我的日记本封面有点湿湿的，一定是她刚刚翻了我的日记。

我生气地拿着日记本走出去，质问她是不是动了我的日记本？她嗫嚅地解释着什么。我听不清，也不想听清，我严正地告诉她，今后别乱翻我的东西。虽然我的日记大多只是流水账，但我不喜欢妈妈偷翻我的日记，她总是偷翻我的东西，我已经忍无可忍，这次借机爆发。

我再次从房间走出来的时候，看见妈妈在厨房里，一边做着饭，一边抹着眼睛。她看见我，说辣椒太辣了。我知道她在抹眼泪，我的心情已经平复。我对着她的背影，张了张嘴，却只在心里说了声"对不起"。她没有听见，只是讨好地对我说，饿了吧，饭马上就好。

18岁。我考上了外地的一所大学。爸爸和妈妈送我到车站。我从爸爸手里接过行李箱，从妈妈手里接过背包，走进了检票口。回头看见爸妈眼泪汪汪地站在人群里，向我挥手。我的鼻子一酸，张了张嘴，仍然只在心里说了一声，"爸妈，保重，我会想你们的"。

30岁。某一天，妻子和妈妈拌嘴了。妈妈是来帮我们照看小孩的。喂孩子吃米汤时，妈妈先用嘴唇碰了碰，试了一下米汤的温度，这一幕恰好被妻子看见了。妻子觉得这不卫生，妈妈认为，我们兄妹几个她都是这么喂大的。两个人就不愉快了。

我把妈妈拉到一边，准备劝慰一下她。妈妈却朝卧室努努嘴，轻声说："妈没事，你赶紧去哄哄她。"我去卧室劝慰妻子，讲了好半天，总算让妻子平静了下来。我和妻子从卧室走出来的时候，妈妈已经做好了饭菜，让我们赶紧吃饭，她自己抱起小孩，到阳台上哄去了。看着妈妈的背影，我在心里说，"妈，您受委屈了"。

50岁。忽然特别思念老家的老母亲，我已经大半年没有回家探望她了。于是，立即请了假，买上车票，直奔老家。妈妈正在院子里，和爸爸一起晒太阳。看见我回来了，老两口高兴坏了。妈妈忽然想起了什么，问："又没放假，又不是星期天，你咋回来了呢？"我在心里说，"我想你们了，就回来看你们呗"。可话到嘴边变成了："我出差，正好路过，就顺道回来看看。"

62岁。老母亲没了。办完了丧事，亲朋好友都散了。我一个人坐在老宅的院子里，看着满院的桃花灿烂盛开，那都是老母亲一棵棵栽下的。花开了，老母亲走了，我忽然悲从中来，不禁老泪纵横："妈，儿子想你了。"

这辈子，我在心里无数遍说过这句话，也在心里无数次说过对不起，说过我爱你……但这是唯一一次说出口的。现在，母亲再也听不见了。

我早该说出口的。

感悟手札

爷爷茶杯里的道理

张羽晨

爷爷喜爱喝茶，我一直不能理解。

记得幼时一次过年，爷爷在吃完年夜饭后拿出了茶具，与爸爸相对而坐，他沏茶的动作行云流水，手腕翻转间，看呆了小小的我。

爷爷学识渊博，是村里很有名望的教师。因为爸爸妈妈经常出差，幼时陪伴我的便是爷爷琅琅的读书声和他身上久久不散的茶香。我是在爷爷的怀中和膝上长大的孩子，我爱爷爷的茶香，正如我爱爷爷。

一次，我好奇地凑到爷爷跟前，撒着娇非要尝一尝他最爱喝的茶。爷爷用他粗糙而温暖的大手摸着我的头，笑着让爸爸递给我一只陶瓷小茶杯。我轻轻地抿了一口那淡黄色的液体，下一秒便将小茶杯放在一旁，苦着脸钻进爷爷怀里，嘴里不停地抱怨这茶实在太难喝。而伴随着爷爷爽朗的笑声出现的，是一颗我最爱吃的水果糖。明明是很多年前的事了，可那茶的淡淡苦涩和水果糖的甜蜜，我一直没有忘记。

去年过年，爷爷依旧钟爱着他的茶，小我一岁的堂弟非要和爷爷比赛，喝光了茶壶里的茶。堂弟半夜就开始失眠，第二天早晨眼睛变得通红，爷爷却依旧睡得香甜。我不禁向爷爷讨教关于茶的奥秘，这种又苦还会让人失眠的东西到底有何意义？可爷爷却淡然一笑，一如当年的和蔼慈祥："你还小，经历的事情少，自然不懂这'看似无用的装点'。等你能一个人独立坚强地照顾自己的时候，就会明白，其实这茶杯里起起伏伏的茶叶，它的苦涩与回甘，都是千姿百态的人生。"

我始终相信爷爷是生活的智者，他是我的启蒙老师，是我最信任和最依赖的亲人。是他用温暖厚实的手掌牵着我学会了走路，是他教会我爱上了唐诗宋词，是他告诉我小朋友要学会心算和口算，不能依赖自己的手指头。像他这么厉害的一个人，我从来没有想过也有倒下的一天。

爷爷做了手术，在病房里也坚持要喝茶。爸爸带来了茶具，给爷爷泡茶，我站在病房外看着爷爷的背影。爷爷老了，他的身体不再硬朗，背佝偻了，头发也变得花白，他的背影是多么瘦小。是谁偷走了爷爷的健康？把以前的爷爷还给我好不好？我捂住嘴，哭得像一个被丢弃的孩子。

爷爷逐渐恢复了健康，只是这一次之后，爷爷已经没有力气保护我了。我学会了为他沏茶，我要守护他，为他学会接受这"看似无用的装点"。我开始理解爷爷对茶的热爱，也开始理解爷爷对生活的热爱。

爷爷是我的私家暖男，温暖了我的整个童年；爷爷是我的盖世英雄，撑起了我的整片天空；爷爷是我一辈子的老师，教给了我许多书本上学不到的道理。在某一刻，我好像也爱上了沉默的月亮，读懂了闪耀的星星。

感悟手札

好吃街的酸辣粉，是外婆的悠长时光

周宏翔

　　我去过的很多城市都有招摇撞骗的"重庆酸辣粉"，当然，有的是真，有的是假。真真假假，其实只要是个重庆人，一尝就能知道。对于我而言，从小到大吃着酸辣粉长大，极其清楚那红苕圆粉的粗细和酸辣程度，绝对要用香油炸的油辣子，加上陈醋，将过水的红苕粉从热腾腾的开水中盛出来，倾入碗中，配料是花生粒、香葱、姜蒜末、味精、盐和少许胡椒花椒，最后就是一勺早已准备好的臊子肉末浇在上面。

　　在我童年的记忆中，酸辣粉是一个大叔担着担子卖的，他的声音很特别，总是叫着"凉面、酸辣粉、豆腐脑……"尾音拖得很长，像是唱戏一样。一群小朋友围着他，浅浅的一小碗，五毛钱，每个人都端一碗在放学回家的路上吃。后来长大些，大叔不见了，有很长一段时间没在放学路上吃过酸辣粉，唯独周末随父母乘车去看外婆，带外婆出门逛街，走到重百门口会买一碗。每一次买都要排长队，油辣子的色泽，陈醋的香，用现在的话来说，就是"这酸爽"！那时候两块钱一碗，外婆也觉得贵，所以不常吃，有时候外婆馋，也忍着，问我要不要吃，要吃，就随我要一碗。

　　那些年外婆还很硬朗，走哪儿几乎都是背着大包，说走就走。她总是乘车从几公里外的城里过来，带些鸡蛋和咸菜，鸡蛋是赶集的时候买的，咸菜是自己腌的，要是叫得上外公，还要扛两袋大米过来。

　　上小学后，寒暑假都在外婆家，外婆做米粥，有时候放玉米，有时候放豆浆，有时候放豇豆，早上起来，就一碗热气腾腾的粥开始新的一天。要是父母休息，就一起出去，总要路过重百商场，就总能闻到酸辣粉的香。妈妈要问外婆，想不想吃，外婆多半都摇头，说："两块钱一碗，贵着呢！"实在有时候想吃，就掏出十块钱给我，说："我这里有钱，我买给你们吃。"外婆看着我们吃，就笑，一笑就容易呛到，但是外婆还是笑，呛得眼泪都出来，还说看着你们吃着香，就开心。

　　后来外婆搬去重庆市区了，我也上高中了，见的时间少，但每次去看她，她都捏着一沓钱给我，说："拿回去给你妈，你们拿去用。"外婆和外公在家里吃得清淡，用水也是拿盆子接着，洗菜淘米的水有好多用途，一个月下来，水电费不足十来块。大部分的退休工资，外婆都存着，补贴子女。

搬去城里之后的外婆和外公开始很难见到子女，他们俩安安静静地待在家里。偶尔，外公也会带外婆出去走走，慢悠悠地过江，然后在步行街晒太阳。大多时候他们不会走太远，如果真的从江北去往渝中，那估计是外婆想吃酸辣粉了。

我大三那年，外婆患了胆囊癌，我们没敢告诉外婆，只是说她胆上有些问题，不能再吃肥肉了，吃些清淡的。那段时间，外婆开始像个孩子一样，坐在家里，吃很少的饭，夜里疼得睡不着觉，精神越来越差。医生说，外婆最多还有半年时间。有那么一刻，我感觉痛心，想哭却哭不出来，看着外婆笑，根本无法接受她要离开我们这个事实。

很久之后我回头去看我2011年的微博，我发现自己每天都会发一条微博为外婆祈祷，希望上天不要带走她。事实上，外婆比我们想象中的坚强，她依旧每天早上起来煮粥，靠在椅子上织毛衣，她尽量不去想后背疼痛的事，尽量看一些喜剧来让自己开心。我回家的时候，外婆说还想看1983年版的《射雕英雄传》，那是她最爱的电视剧。

外婆喜欢抓着我的手说："以前你啊，很调皮的，每次家里有人来，你都要把声音调到最大，然后自己跑掉，把别人耳朵都要震聋。"外婆又说："你啊，小时候也是很乖的，家里要换冰箱，你说等你挣了钱，要给外婆买十台。你啊……就是这么不知不觉就长大了。"

好景不长，入冬之后，外婆开始彻夜疼痛，基本睡不着，早上也很难站起来，基本靠在床上。有一天我去解放碑，妈妈打电话来，说外婆想吃酸辣粉，叫我回家的时候带一点，那天不知道是心情不好还是别的原因，我有些不耐烦地说了一声："不好带啊，这么远。"电话那头很快传来外婆的声音："算了，挺远的，酸辣粉都黏糊了。"我突然意识到自己说错话，只跟妈妈说，我会带回去的。

那夜的公交车开得很慢，我端着酸辣粉挤在公交上，香喷喷的酸辣粉味游荡在车厢中，我突然想起外婆吃酸辣粉的可爱样子，可就是那时候，司机的一个猛刹车，我一个踉跄，酸辣粉洒在了地上。我狼狈地蹲在地上，看着那捡不起来的酸辣粉，突然忍不住哭了。

　　我到家的时候，外婆坐在椅子上，我说："外婆，对不起，酸辣粉洒了。"妈妈瞪了我一眼，我也从外婆脸上读出了些许遗憾，但她依旧说："没事，下次再吃。"

　　而我没想到，再也没有下次了。外婆的病很快恶化，躺在床上疼得死去活来，当儿女在的时候，她都忍着，声音微弱地和我们说话，她会把每个孩子从小到大的事情都拿出来讲一遍，一遍又一遍，始终是那几个故事，但她还是希望多讲一点。

　　外婆走后的很长一段时间，我都梦见她，好像她没走，真的没有走，她坐在解放碑好吃街的大树下，晒着太阳，等着我们给她端酸辣粉过去。梦里她只是微笑，不说话，她吃酸辣粉的样子从来都没变过。

父　　亲

张帅

　　青丝变白发，再不负韶华。——题记

　　父亲支撑着这个家，父亲由壮年走向暮年，父亲的头发由黑变白，生活却越来越充满希望。

　　临近中考，父亲免不了每天一遍电话叮咛，嘘寒问暖，总是不放心我，常常骑着摩托，带着吃的过来看我。

　　离中考还有两天，学校给我们放假回家收拾东西，父亲托人开车把我带回家。回到家里，桌子上摆满了各种我爱吃的菜，正值青黄不接的时候，父亲却为我准备了这么多！在家休息了两天，父亲总是问我的学习、生活，又拿出两百元塞给我，对我说："到了县里，买点啥。"望着身形日渐消瘦的父亲，我更坚定了考试的决心。

送我走的时候，父亲站在村里的路边，我坐在舒适的车里。父亲向我摆手，我看见父亲的头发在风中飘动，那曾经乌黑的头发，现在多了点点银霜。飘动的头发像是一团黑色的火焰，只是由于燃烧，已经沉淀了许多灰烬。

父亲不过是一个普通的农民，生活在小小的村子里，家里世代为农，好不容易出了我这个有希望跳出农门的人，就尽全力供我读书。长年累月的劳作，过早地衰老了父亲的身体，落下一身病痛。农民，靠天吃饭，一年的收成全取决于老天爷的心情。收成好，父亲就焕发几分光彩，收成差一点，父亲的头上又多了几根白发。尽管有时候家里用钱紧张，却从来没有少我一分吃穿。这些困难，藏在父亲心里，嘴上不说，却由新添的白发让我窥见。

我曾经抱怨，为什么我没有一个有钱的爸爸？这样我的生活会更加轻松。我也会一个人考虑，如果有一天我考上很好的大学，用钱很多，家里会怎么供我。关于这些，父亲对我说："儿子，你放心，哪怕砸锅卖铁，我也供你读书。"父亲的话带给我力量，我把这些力量在中考中发挥，考出了理想的成绩。

在得知我考入县里最好的高中时，父亲开心地笑了，头发随着笑声开心地颤抖。在取回通知书后，父亲一遍遍地看。我想拿来看看，父亲不想给我，说："儿啊，爸这辈子没见过，你让爸好好看看。"接着用手慢慢抚摩着。

那一刻，父亲仿佛年轻了十岁，任凭岁月在脸上刻下深深的皱纹，把青丝染成白发，这个坚强的农家汉子把全部希望寄托在儿子身上。尽管白发使他容颜更加苍老，但那是他付出的象征。

苦心沥血待花开，青丝白发皆为爱。

感悟手札

每一次离别，都请用力抱紧

王宇昆

一

高三那年的冬天，她给我做了许多回早餐，千篇一律的野菜饼配两颗煮鸡蛋，或者自己擀面条下一碗热乎乎的鸡蛋面。

我还记得每个早晨，我被她赶着骂着吃完一个馅饼再骑车赶去上学，到学校时，饼还热乎着。

后来，我还是厌倦了这没有新意的味道，不再叫她给我做野菜鸡蛋饼，就算做了也只是随便咬两口。但她还是早早地就起床，坐在黑暗的客厅中央，等着到点叫我起床。

北方冬天的早晨冷得人牙颤，她穿了两层秋裤站在厨房门口，双手不知道往哪搁，不停摸索着围裙，欲言又止的样子，接着掏出零钱叫我出去买早点吃。

我把车子搬下楼，她站在门框里面把着门，仿佛是即将远行前的送别。每天都是如此，我在楼道里大喊一声："我走啦！"

她应一声"好好听讲"，然后听见关门声的回音。

"好好听讲"朴实得如一只糙旧了的老木鱼，把每一个睡意蓬松的早晨敲醒。

对于她来说，我的吃饭问题就是她生活中最大的难题。

她几乎把小区外面速食店里的东西都买了一个遍，来试探我的喜好，喜欢了就会一直买下去，不喜欢了就再换下一样。她那么省吃俭用的一个人，对于我，却是没有止境地放任。

她定期就给我塞零花钱，每次她会再补上一句"奶奶最亲你了"，边说着边张开胳膊想要抱抱我。不知道为什么，我厌烦这句话，厌恶她表达爱意的拙笨方式，所以每次都不自觉地躲开，她尴尬悬在半空的胳膊只好悻悻地落下来。

或许是因为相处的时间太久太长，所以人们在一切心安理得索取的同时才累积了一种又一种的厌恶。

我厌恶她黑黢黢的指甲盖和洗不干净的脸，每次她想要拉拉我的手靠靠我的脸，我都想要躲开。

我也厌恶她抠抠搜搜、省吃俭用的性格，我掉在地板上的饭粒她都要捡起来吃掉，丢进垃圾桶里的奶盒没喝完，她也要再拿起来消灭干净。

我对于她无法改变的种种，厌恶到极致，恨不得明天就高考结束，后天立刻搬出去。可再多的厌恶，也无法阻碍太阳每天升起，日子每天刷新，她还是按时把我叫起床，早早地帮我准备好早餐要用的零钱，偷偷帮我把衣服洗了，把葡萄、苹果洗好等着我晚自习下课回家。

生活终究以最平淡的姿态走过，平淡如冬日里她踩着马路上厚厚的冰，拎着早点回来的背影，永永远远地定格在清晨天蒙蒙亮的颜色里，却无法忘记。

二

她在自家阳台上种了一排辣椒，辣椒一年年成熟，成熟后就摘下几颗炒菜用，辣味十足。她经常跟我炫耀这点小成就，笑得开心。

大二假期回来，她却把那一排排辣椒全给剪了，没有人知道为什么，也没有人企图拦下她，她只是看着那株光秃秃的辣椒，傻呵呵地笑。

没人再能看透她的心思了，她拿着个钱包，里面装着几百元钱，时不时手里握着一双筷子，一双又一双，全部攥在手里。她咳嗽得厉害，喘不上来气，每天需要吸氧，吃饭也越来越差，整个人一天天消瘦，瘦到只剩下骨头。

那么胖乎乎的一个小老太太，再也没有冬日矫健的身影，只剩干瘪的身体、凌乱的头发和胡言乱语。连续住了三次院，她惶恐地睁着眼睛说"孩子们把我送进了监狱"，嚷嚷着要回家，所以最后只好送回家治疗。

这种邪恶的力量，医学解释为——肺癌晚期。所有人都瞒着她，把这个恶魔匿名掩藏起来。但小脑萎缩让她记忆力大不如从前，手里拿着什么转眼就忘。呼吸困难，只能倚靠着床头睡觉。食欲不振，好不容易劝进去的食物，咽不下去又全吐了出来。

我摸着她的胳膊，不停地说话逗她开心。她抓着我，嘴里不停地念叨着那句"奶奶最亲你了"，转眼又忘记了我的名字。

好像就是这么一瞬间，从前所有的嫌隙，都不见了。像当初她给我买早点一样，我走遍大街小巷去买能引起食欲又能轻松下咽的东西。像当初她劝我一样，我趴在床边劝她开心一点。她抓着我的胳膊，我笑着对她说，什么坎都能过去的。

那时候，我不敢去想明天会怎么样，我觉得这只是老天给她设了一道关卡，只要我们都努力，跨过去一切都没问题。祈祷着每一个明天能够如愿到来，就如她艰难熬过的每一个昨天。

三

80岁高龄，肺癌晚期，医生说只能选择保守治疗。

上周从西安回来的那天晚上，她只吃了两只海参。

那天下午下了雨，她痛苦喘息的声音被淹没在窗外啪嗒的雨声里，我帮她倒了一杯水，劝她多吃一点晚饭，她把头埋在干瘪的胳膊里，摇头。

就在我无计可施的时候，她突然抬起头，看着我的眼睛，然后有气无力地对我说了句："孩子，你可以抱抱我吗？"

我看见她竟然使出了从来没有过的力气从床上想要起来，我扶起她，继续劝她要再多吃一点，没有多想地给了一个草率的拥抱。

她只是一遍遍重复"吃不下去了"，又躺了回去。

第二天早上，父母要赶回去上班，所以一家人只好离开她返程。

可谁也没想到，就在离开后的第二天，她就离开了这个世界。

那天下午，在回去的出租车上，所有人的眼眶都红了，都在极力压抑着自己的情绪。飞驰的出租车，最终还是没有抵过时间的速度，见到她的最后一面，她已经永远地闭上了眼睛，安静地躺在那里。

我忍住号啕，眼泪顺着脸颊流下来，我看着她回忆起最后一次见她时的画面，跟她说的最后一句话，脑袋里却只剩下了那个没有紧紧抱住她的拥抱。

她不再拥有温度，也不会再睁开眼睛注视着你。所有一切你之前认为没那么重要的事情，在这一刻全部变成了奢侈。你与她之间的记忆，再也无法努力，只留给了回忆。一万个抱歉，一万滴眼泪，也没有办法再延长一秒将时间继续。甚至连那株辣椒藤都不如，再也没有来年夏季，而是就这样悲伤地离开。

"对不起，没能抱紧你。不要害怕，也别再惦记，想念的时候就变成一颗星星，月亮会替我用力抱紧你。"

感悟手札

雪　夜

马艺

朔方的冷冬，风急雪重，暮色包裹的城市中，车笛声声，路上的行人也被这漫天的飞絮催促得步履匆匆。

学校提前放学，听到这消息，同学们三五成群地聚在一起，商量如何分享这天赐的"小幸运"，我着急于享受母亲在外地的悠闲时光，完全忘记了在刚刚结束的学业检测中，我退步了几十名。

拨通母亲的电话后，我草草告知她不想再上今晚的自习，便胡乱抓起几本作业塞进书包，一头扎进这可爱的寒夜中。

刚进门打开手机，便看到母亲发过来的照片——一只垫在红色气模布上的手。我知道，母亲此刻正在兰州，加班加点地赶制气模。一看到这手，我不禁瘫坐在沙发上。这么多年来，我从没有好好观察这双具有魔力的手，它曾把家常的食材烹调成美味佳肴，把我枯草似的头发编织得恰如花朵，甚至为我缝制了很多让同伴艳羡的衣物。而今，它如狂风搓磨过的根节一样拱曲着，瓷片裂纹般的褶痕密密麻麻地排列在这双手的指尖，手掌上的皮与茧和那缠绕的创可贴一样，似乎一下子就能揭开。

我想讲些什么，但如鲠在喉，只有轰隆的声音在胸口发出沉闷的回响。听很多人讲，生于农村的母亲十分倔韧好强，不顾家人的反对咬着牙，以优异的成绩考上了高中，而后又孤身闯荡社会，凭借着过人的口才把导游工作做得风生水起。但有了我这个女儿之后，母亲毅然放弃了手中的一切，全意在家照料我。唯一一次离开我，是汶川地震时，母亲自愿加入志愿者医疗队，在灾区不眠不休地义务助援。我一直说，那可能是母亲这辈子最荣耀的经历。但母亲说，"不，是有了你这个小淘气的时候"。

母女二人已有好些日子没见面了，许是听腻了母亲的唠叨，抑或是繁重的学业让我心神慌乱，前天打电话的时候，没来由地同她争吵辩解，电话那头母亲轻微地啜泣着，呜咽的声音带着寒气灌入我的耳朵，那个曾经独当一面的女人就这样为了蛮倔的女儿不止一次地淌下苦涩的泪水。

爱人者可以不计得失，但被爱者不可不问因由。想到这些，手机上打好的长长一段文字，终于是没有发出去，我默默地发了一个拥抱的表情。我想，母亲能懂。

我一边拿出作业，一边在心中祈祷，希望风停雪住，长夜早明。

感悟手札

成为照亮彼此

夜空的那束光

多年之后，蓦然回首，那些曾陪伴我们一同追梦的人，那些曾在成长道路上给予我们鼓励和温暖的人，原来一直都在那里，一直都停留在时光最深处。

我的中学时代之帅哥老袁

紫健Emily

作为一个偏科偏到令人发指的乖学生，我的整个学生时代都在与数学做着艰苦卓绝的斗争。

我的高中是一所数得上的省重点，可山东的高考总是很让人感慨。学校看似青山绿水其实像一座小型监狱，谁念谁知道。早晨六点多就会开始一门考试，晚饭后要上五节晚自习。晚上10点下课，写完作业随随便便就到了12点，就这样还有想偷偷努力背会儿知识点的同学。早上五点起床，六点出门，日复一日。高一拜理科所赐，班里60多人，我一般排在15名开外。

高二文理分科，情况好了很多，可数学对我来说依然"阴魂不散"。爸妈曾祈祷了好几天，希望我新的班主任是一位严厉的数学老师，好督促我学习数学，直到老袁踏进教室声明领地的那天才作罢。

班主任老袁，28岁，语文老师。虽然我们叫他老袁，可他算是教过我的很年轻的帅哥老师了，他的长相神似严宽，身高一米八，板寸头，五官很分明。虽然人长得帅，却比家里的长辈还要婆婆妈妈。不然，我们班的女生就不用去追别的"男神"了，整天追他就行。

一个要带高三冲刺班的男老师居然还没有女朋友，给了我们文科班女生充分的遐想空间。全校大会上他多看了哪个女老师一眼都会被我们编排成话剧，好好讨论一阵。

老袁表面上文质彬彬的，可总给我们传授一些"糟粕"复习法，比如见我们课间喝牛奶、吃煎饼果子，就敲着黑板说："我觉得边吃饭边看知识点这个习惯很好！知识点可以就着饭吃进肚子里，你们要好好利用碎片时间！"以至于后来我每次吃饭时如果手边没有几个写着文综知识点的小纸条，都会觉得少了点儿什么。

那会儿学校有一场声势浩大的抵抗食堂运动，第一把火就是由我们班点起来的。

学校有三个食堂，菜做得又油又咸，刚开始的几个月觉得"很治愈"，一段时间后便味同嚼蜡，顿觉人生一点盼头也没有了。在封闭式的环境里，我们唯一的小期待不就是在饭点儿食堂供应的那一口热饭吗？

咋办呢？我们班选择了集体抗议。班长牵头，学习委员写抗议书，全体同学都不去食堂吃饭，到了饭点儿就留在教室里静坐。饿得实在忍不了的去买泡面或者从家里带点儿饭，周围的同学一起分享。现在想想那时的我们幼稚得可笑，可这是唯一的办法了。吃都吃不好，哪里还有力气读书啊！既然吃不好那索性书也不读了。

我们把抗议书贴得校园里到处都是，还鼓励邻班同学加入我们，这把抗议的火果然越烧越旺，不到一下午，八个文科班都不去食堂吃饭了。凭啥花了钱还不让我们吃口满意的？

老袁知道后，忧心忡忡地叫班干部开了个小会，又用了一节语文课苦口婆心地劝我们要好好吃饭，还喊出那句"努力加餐饭"的口号。学生的抗议很少有成功的，不过食堂的口味的确是略变清淡，尽管价格没怎么变。后来听说老袁在教师会上被点名批评了，我们班那年也没评上优秀班集体，估计和这件事有很大的关系。

但这件事过后，班里的同学倒是对老袁多了一分欣赏，觉得他表现得很男人。我也这么想。

人总是经不起表扬，没过几天，我见到老袁时就特别尴尬，因为他无意中发现我喜欢我们学校的"男神"。

学校另一大劳逸结合的运动，就是课间跑步——每个班级整齐列队，浩浩荡荡地绕着操场跑上几圈，足以让每个人热血沸腾。我们文科班有一大特色，就是跑步的时候，每个人都会随手拿着小字条，上面密密麻麻写满了知识点——这是老师们想出来的方法，说可以边跑步边记忆，不断地巩固学到的知识。我当时字写得不错，笔记又记得认真，经常有同学复印我的字条跑步时背诵。我做过的最勇敢的事，就是为"男神"写了份笔记送过去，与"男神"目光交汇的那刻，他微笑着收下还说了声"谢谢"。这时上课铃声响了，我们匆匆告别，转过身，我那一脸窃喜的样儿正好被老袁撞了个正着。

苍天啊，空旷的操场为什么没有一道地缝？老袁显然也很尴尬，忍住笑走近我，故作严肃地说了句："赶紧回去上课吧！"

想来，那真的是我学生时代为数不多的尴尬时刻了。

无独有偶，一次市里的作文大赛，学校很重视，我和"男神"两个被选作学校代表参赛。比赛前有几次突击演练，老师随便说主题让我们快速作文。拥挤热闹的语文组办公室里，老师们聊天"吐槽"这届学生有多不争气，我却只能听到自己的心跳。那天练习结束后已到晚饭时间，"男神"突然对我说："紫健，一起去食堂吧。"

感谢自己这个不曾被重视的特长，即将促成我和他的第一次"约会"！我们下楼时一前一后保持着不被"八卦"的距离，可是，向打饭窗口走近的那一刻，我看到了熟悉的身影——老袁。

他若无其事地走到我们身边，云淡风轻地说："你们也在啊，那一起吃吧。"

自此，我对老袁的敬佩都化为满腔仇恨。

我真的恨过他，比如他知道我们班数学成绩低，就和英语老师协商，把很珍贵的英语早自习改成数学习题课，害我每天早上六点半到教室后必须狂做一个小时的数学题——做完一对答案，连早饭都吃不进去了。

他真的很热爱文学，讲到鲁迅的时候语气像个老爷爷，一遍一遍地给我们解读他最爱的《祝福》，再附加上很多背景文章一起感受。若遇到不喜欢的课文，他就会画完知识点后一带而过，爱憎分明。对了，很加分的是，他写得一手好粉笔字。我小时候也跟着爷爷练字，这么多年，爷爷的字第一，他的可以算第二。

后来，我考上了一所还不赖的大学，如愿读了中文系。当看到古代文学史的老教授面不改色讲满两小时的时候，我恍惚间好像看到了老袁的身影。我想，老袁这样的人，或许更适合这样的课堂吧。

可那时我每天都很着急，着急听课，着急背单词、考GRE，不太满足于学校的氛围，着急去看看外面的世界，高中那几年的事儿好像被点了穴一样，被我遗忘了好多年，包括对老袁的记忆。

再后来，我如愿去了美国。我发现教授们对学术的热情和专注是一种常态，对老袁的记忆好像又被唤醒了，好多次我都想隔空给他鼓掌，也好想一头扎进时光隧道，和年少的自己劈面相逢。只可惜，当时的我总是觉得自己不够好，不高不瘦不漂亮，带着一丝稚气，天天把数学看得比什么都重，还沉迷于做梦。

那年高考结束后，我们一群玩得好的同学请老袁去吃那些年很火的巴西烤肉，他很有原则，只准我们喝汽水，说喝酒还没到时候。

"老袁，谢谢你给我充足的时间学数学！"我敬了他一杯橙汁。

"好好写文章，等着将来看你出的书！"老袁对我说。

后来我真的出了书，可并没有寄给他，因为我觉得写得还不够让他指点或者纪念的程度。前不久听老家的同学说老袁依然在教书，也在报刊上发表了一些文章，不禁很佩服。这些年也看过了太多徒有其表的才华横溢，才从心底更欣赏那些笨拙的坚持。在这个瞬息万变的时代，能够对自己热爱的东西矢志不渝，其实是难能可贵的事。

真的如此吧，有些时光就像卤水点豆腐，一刹那就是一生。年少时总以为很多事是可以重复的，做了这次还有下一次，比如在书山题海中抄作业，跑操时看喜欢的男生，和同学在课堂上传字条——其实不是的，那些寻常早就是此生的最后一次。

生命里的一番厚重，往往当时不自知。

感悟手札

心有愉悦，彼此相约

庆山

12岁的时候，我有过少年的友情，是和学校里的一个同龄女孩。她的家和我的家隔了城市中央的一条河流。夏天下着暴雨的午后，我记得她撑伞等在楼梯的下方，来接我去她家里吃冰激凌。潮湿的阴影里，她的面容像一朵皎洁的山茶。我们在大雨中光着脚踩水。在她宽敞的家里一边吃冰激凌一边看诗集。然后疲倦之后拥抱着睡在一起。她浓密的长发散发出清香，在睡意蒙眬的时候兜了我一头一脸。我用手去拨，窗外是滂沱的雨声。

那时候我是一个不常和父母在一起的女孩。喜欢写诗，晚上睡觉的时候会面无表情地流下眼泪。她的家庭不幸福，父母感情不和时有争执，然后有一天，父亲突然失踪。我们有彼此隐秘而艰涩的疼痛。都还没有长大，是肿胀的、纯洁的花苞，想在彼此的灵魂里寻找一条通往世界的途径。而这个进入的切口，只能是给予彼此的爱。虽然这种爱，因为某种绝望，显得盲目而决绝，充满纠缠。我记得我们每天写信。即使在同一个班级里，每天都在见面。时间在剧烈的感情里，总是不够用。我们在信里写：我爱你。就像对这个尚未展开旅途的世界说：我要出发。

这种感情，现在看来，其实已如同一场初恋。

这段往事，使我对女性之间的友情一直保持着某种信仰。在它里面，没有好奇，也没有激素的作用。只是因为彼此共同的愿望而靠近。我们就像两个敏感的贫乏的孩子，彼此拥抱取暖，就这样纯洁静好地陪伴。

彼此之间，发生了许多事情。有悲喜，有失落。很多记忆因为被埋葬，变得深不可测。

现在想起来，17岁之前的生活，也许是一生中最为残酷而凄艳的岁月。青春像一段黑暗的火车隧道，我们似火车呼啸着奔驰。后来，我们很快就各自恋爱了。那时候总是以为恋爱能够彻底地拯救自己的孤独。在付出很多代价、耗费掉很多时间之后才知道，这个想法是错误的。

十多年以后，我早已离开那个在市区中心有一条河流的南方城市。从南到北，一路在不同的城市里迁徙，寻找能够停留的地方。我开始写书，出版小说。我的生活，日益地桀骜和颠簸。但是少年时，我曾对她说过，我以后会写书，因为我要让别人知道我的疼痛，我们的疼痛，所有人的疼痛。

她最终嫁给了一个淳朴沉默的男子。结婚生子，平淡地工作，过着安稳的生活。

有很长一段时间，彼此失去了音信。

然后，有一年夏天，我回家。偶然联系到了她，于是去见她。我还记得她最喜欢吃香蕉，在附近的水果店里买了一大串香蕉，还有一捧打着花苞的深红石竹。依然是暴雨的夏日午后，窗外有滂沱的雨声。她的长发已经不见，扎着粗糙的鬓。憨稚的一岁幼儿在她的怀里酣睡。在彼此经历过了那么多繁华至极的恋爱之后，她已做了母亲。而我，依然孤身一人。我们没什么话说，一直地微笑，沉默。她让我看房间里一大缸的热带鱼。空气中有寻常生活的奶粉和灰尘的气味。我看到墙壁上她16岁时候的照片，我也一直把自己的一张少年时候的黑白照片带在身边。照片这样陈旧，而少女时候的笑容，却明亮得耀眼，明眸皓齿，让人伤怀。我们还是有着一模一样的喜好，和过去一样。

告别的时候，她送我。我把她的孩子抱在怀里，小小的男婴，粉白可爱。生命的延续让人惘然。我们凭借着曾经给予对方的温暖和激情，已经长大。那段少年时的感情，就如同彼此寄居的蛹。当灵魂长出翅膀，各奔东西，蛹就成了透明的空壳。

十多年以后，我们各自成为虽然心怀感伤但甘心承担的女子，没有什么怨悔。在大雨中，平静地挥手告别。

当然，成年以后，也会继续拥有友情及对待友情的方式。心有愉悦，偶尔彼此相约，相处洁净并且节制。在上海，我曾遇见数个美丽而个性独特的女子，她们做自由撰稿、做唱片、做网络直播……我们在台风的夜里行走于大街上，用手护着打火机给彼此一点光亮；偶尔去酒吧买醉，聊起点滴的往事，已然云淡风轻的口吻；从不把彼此带入自己的生活和工作中。我们成为朋友，隔着一段距离，小心而轻柔，触摸对方的手指，却已经不需要皮肤的温度。

成年的友情，只能是给对方一些时间。我们都如此清醒，看到了时光的界限。

少年时那潮水汹涌般的友情，已经不见。经历过诸多人性的苍凉和命运的多舛，已不再需要倾心的付出去探知未来的结局。我们知道，最终我们是会长大的，疼痛终会过去的。

而那些爱过的人，也就消失了。

感悟手札

最美的情书

杨美味

林依人和她的名字一点都不配。她一点都不依人，而且是个胖子。

那年我 15 岁，上高一。班主任经常会冷不防地出现在后门，从猫眼里偷看我们。我被怂恿着去用彩色胶带封住猫眼，班主任生气地盘查起来，几个没良心的朋友立刻就出卖了我。

班主任大发雷霆，说："你们几个混世魔王，影响其他同学学习，就把你们放到最后一排。下星期换位置。我亲自来排！"

几天以后，我看到了我的同桌林依人，顿觉人生无趣。

班上的女生大部分很瘦，顶多也是微胖，林依人就成了班上最胖的女生。

她的脸不大，但是身上结结实实的都是肉。她土得像 20 世纪七八十年代的女生，打扮得像一个中年妇女。头发永远扎成马尾或盘在头上，整个夏天就几件 T 恤换来换去地穿，也从来没有穿过短裤，都是大地色系的休闲裤和牛仔裤。冬天裹上棉袄或者羽绒服，更像一个球。

就算本来很青春的打扮，放到林依人身上，也完全是另一副模样。

衣服永远是绷在身上，跑步的时候都迈不开步子，身上的肉跟着一步一晃。

我们几乎不说话，即使说话也是问句。比如，老师刚刚来过没有，讲的哪一页，这章已经学过了吗……

我的心里满满都是许言言。

许言言是一个特别好看的女生，她眼睛不大，笑起来的时候眼睛弯弯的、亮晶晶的，鼻子也小巧，唇红齿白。看电视剧的时候，我常把主角想象成我和许言言，而当我想象完，把目光撤回来看到旁边的林依人时，顿时就觉得不寒而栗。场景还是那个场景，但是如果把主角换成林依人的话，就从偶像剧变成恐怖片了。

我摇了摇头，拿起笔乱写乱画，突然有人喊我的名字，一抬头，英语老师正盯着我："李哲，东张西望的，干什么呢？你的作业呢？"

"我忘在家里了。"

这种招数我用了很多次，原以为老师会说下次带来，但是英语老师说："给你 10 分钟，回去拿吧。"于是我只能说好像带了，然后开始假装一本一本地翻。世界末日啊！就在这时，林依人出现了，她说："我这里有一份草稿，你要吗？"

我猛地点头，像是抓住了救命稻草，英语老师也就睁一只眼闭一只眼地放了我一马。

从这之后，我每天到学校的第一件事就是拿起她的作业，抄在自己的本子上，到后来我说："要不你帮我做一下？"

林依人面露难色，但是不知为何还是答应了下来。她自己的作业笔迹工整，没有一个错别字。给我写的作业却字迹潦草，龙飞凤舞，居然没让老师看出破绽。

林依人最好的一点是沉默。因为沉默，她不会问我不想回答的问题，也不会一直跟我聊八卦。因此在和她同桌的一年时间里，我对她的了解只是她的名字和排在中上的成绩，以及好像永远都掉不下来的体重。

而在这一年的时间里，我对许言言的了解可谓突飞猛进。

许言言爱看书，爱看我不喜欢的、节奏慢得不行的老电影，即便哭起来也漂亮得不得了，最迷恋的明星是林俊杰……

我经常在晚上去许言言爸妈常打牌的茶馆，等上很久后偶尔会碰到独自出来的许言言，我就在她面前紧急刹车，说："许言言，你怎么在这儿啊？好巧。"

文理分科前，我决定跟许言言表白，于是写了一封情书。有一天打完篮球回来，看到林依人以一种很怪异的姿势坐着。从书包的缝隙可以看到一个粉红色的包装袋，我突然明白了，她这么坐可能是因为正处于生理期。

我把校服拉链一拉，篮球往桌子底下一放，就从后门走出了教室。下午的教室没有开灯，林依人的背影看着依旧是一种很扭曲的姿势，我看着她的背影，又折了回去，把校服扔给她："我家停水了，帮我洗洗吧。"

几天后，林依人递给我一个纸袋，里面是我的校服，叠得整整齐齐。

林依人满脸歉意地拿出一个皱巴巴的纸团，说："这个我洗完才发现，对不起啊。"

通过背面被水浸湿的印记，隐隐约约看见几个字，我顿时明白了这是当时被我写废的情书。我说："既然觉得抱歉，那就重新给我写一份呗。"

我正在研究试卷上红叉的时候，林依人推过来一个信封，上面有淡绿色的花纹。我大喜，拆开一看，这感天动地的文采加上我这帅得"惨绝人寰"的长相，许言言还不得被我融化？晚上我躲在被子里，借着手机的光，看着那封情书，一个字一个字地编辑好，然后发送给了许言言。

没有回应。

终于分班了，许言言选了文科，去了别的班，我和林依人选了理科，还是同桌。

她依然温柔沉默，不厌其烦地给我讲同一道题。

难得碰到停电的晚上，全班点起蜡烛自习，我趴在桌子上，林依人专心地给我讲现在完成时和过去完成时的区别。她依旧是那个很土很土的女生，一年过去了，好像稍微瘦了一点，又好像没瘦，看不大出来，但是我头一次在烛光下看着她，她的整张脸都映在橘黄色的烛光里，格外温柔，我第一次觉得原来林依人也是很好看的。

高考结束后的散伙饭上，林依人微笑着看大家开着玩笑、抱头痛哭，她坐在角落，没有喝一杯酒，也没有抱任何一个人。

最后林依人扶我上车，准确地跟司机说了我家的小区名。到了楼下，我坐在椅子上，林依人在我旁边，不知道该来扶我还是站着。

我说："林依人，我能问你一个问题吗？"

她说："嗯。"

我问："你为什么从来没去上过厕所啊？"

她有点害羞，笑了笑然后说："因为我太胖了，别人出去一趟你都不需要挪椅子，我出去的话，你不光要挪椅子，还要站起来给我让出位置我才能出得去，所以我不去。"

我和林依人去了不同的城市。大学毕业以后，我去了一座更大的城市发展。同学聚会，我搜寻了一圈，没看到林依人。

林依人没来。

她很少用社交网站，不传照片，不写心得，也没有微博。可是我知道她已经瘦了好多，变成了真正的依人。我不停询问："林依人真的不来了吗？"大家调侃："看你因为林依人没来而失望的那副模样，果真年轻时候的恋情才是最珍贵的。"

我从没喜欢过林依人，但在我的青春里，到处都是林依人。

晚上回家以后，我翻箱倒柜找出了当初林依人替我写的那封情书，那可真是世界上最美的情书。

感·悟·手·札

好的人生，从遇见一个好的语文老师开始

刘黎平

人生有时候很神奇，正当我在草包的路上越滑越远时，竟遇到了王先生这么好的语文老师。

虽然我的人生并不算成功，但我自认为过得很好。因为我找到了和世界对话的利器：写作。

语文老师或许决定了我们命运的一半。因为人生也是一场表达，表达的成败能决定人生的成败，而语文老师就是我们的表达培训师。

我的命运差点就毁在一位语文老师手里，幸好又在另一位语文老师手里重生。

一

童年的我寄居在姑父姑妈家。姑父是肉食水产品公司供应股股长，很受欢迎。所以，在学校我是受宠的，每次表演节目脸蛋都会被涂得红红的，在舞台中央唱《我们的祖国是花园》。好日子在小学三年级时到了头：父母回城后都是普通员工，而姑父一路青云直上被调到了民政局，他的光芒再也照耀不到我了。

我上的这所学校很了不起，文有蔡和森，武有黄公略。然而，这些先辈无助于我把作文写好。那时候写的作文无非是扶老奶奶过马路、帮老爷爷推车。故事是既定的，主题是永恒的。然而，我就是写不好。我无法控制文字，无法精确地表达，更不用说生动地描述了。

更恐怖的是，嘲笑来了，我成了劣等作文的代言人。每次老师读完范文，总要再来点"娱乐节目"："下面我们来念念刘同学的作文，好不好？"

我的作文给同学们带来了最快乐的时光。老师读得抑扬顿挫，同学们笑得前仰后合。我把头深深地低下去，低下去之后，就再也抬不起来了。

被嘲笑久了，我也习惯了，然而，灾难并没有因为我的习惯而结束。因为作文写不好，我的语文成绩一落千丈；语文不好，其他科目也受影响，总成绩一路下滑。

既然你们嘲笑我的作文，那我把数学、自然和地理也索性拿出来让你们嘲笑吧。但我真的那么糟糕吗？我有我的灵性，只是老师没有发现而已。

作文写不好，并不等于对语文没有兴趣。我害怕在作文本上写作文，但我喜欢表达，喜欢在自己的内心世界谱写一片锦绣天地。

我读《三国演义》，读《说唐演义全传》，这些经典的文本像雨水浇灌大地一样浇灌着我的灵性。我的内心是肥沃的，就看怎么耕耘。

老师的态度影响着家长的态度。有一次，母亲的同事送给我一个漂亮的文具盒，我开心地说："等我上中学了，就用这个文具盒。"父亲来了一句："你考得上初中吗？"说完，父亲意识到自己的过分，便喃喃地说："我们祖上是写文章的，为什么我的崽却写不好作文呢？"

从小学三年级到五年级，我的日子特别难过，我每天都怕被师生群嘲。我甚至希望冥冥之中能够有一位神灵保佑我，不求成绩好，不求被老师欣赏，但求他们忽视我、放过我。

有一天早晨，我在离学校大门50米处，忽然害怕起来，不想走进去。我愿意去任何地方，只要不是学校。我号啕大哭，觉得自己是一个废物……

那天，我没去学校，而是去了学校后面的小河边。一个小小的孩子坐在清澈的河边，绝望地哭泣。这个世界上知道我名字的人们，你们在乎过我吗？我写不好作文，并不代表我是一个恶劣的学生。

那次痛哭后，我以报仇雪恨的态度投入学习。

二

我考上了初中，排名也不靠后。老师们有点惊讶，我很开心，父亲却陷入了疑虑。他说："连作文都写不清楚就读中学，我们刘家的子孙不该是这样的。"

父亲决定让我复读。因为隔壁的邻居跟我父母说，她的姑父是全省的优秀语文老师，教作文很有一套，不妨把我放到他的班上雕琢一番。

我极其不乐意地服从了父亲的安排，因此遇到了那位神一般的老师：王菊伍。

王老师当时 50 来岁，个头中等，头发有点发白。他看了看我，点点头，也没格外热情，指了指教室，就让我进去了。

有一次讲《少年闰土》，说的是那少年在海边的西瓜地里，将叉子向胯下一扎，那猹却溜走了。我来了一句："那猹像泥鳅。"

王老师竖起大拇指，说："我们都没见过猹，一个像泥鳅那样滑的比喻，就让它变得可以感知。写作文就是要想办法让不认识的东西变得熟悉起来。"

在过去的语文老师那里，学生插嘴就是犯浑；而在好的语文老师眼里，插嘴其实是想表达的表现，爱插嘴也显示了一种灵性。

三

王老师善于挖掘灵性。一是课本的灵性。他认为语文课本就是最好的作文范本，要从中挖掘写作的技法。他用手指戳着课本上的字句说："比如藤野先生在火车上被误会成小偷，我们只是从中了解到他朴素的品质吗？我们应该学习鲁迅用这种几乎极端的方法去表现一个人物的特征，让读者记得住。"那些被他的手指戳得一跳一跳的书页，如同飞鸟展开的翅膀，然后慢慢变成我的翅膀，让我在文字的天空飞翔起来。

二是学生的灵性。他认为每个学生在表达上都有自己的灵性，就看如何激发。

再就是环境的灵性。我过去的语文老师指导我们写作文，是主题先行，首先要体现一种什么精神，但这种精神实在太高大上，我找不到合适的承载物，只好天天去扶老奶奶过马路。而王老师的方法是材料先行，先观察，找到观察对象的特质和自己的内心相吻合的地方，眼前有物、心中有念，然后才去写。

例如每年春游回来，最恐怖的是老师布置写作文，风景好看，文章难写。之所以写不出东西，是因为观察者的灵气和被观察景物的灵性都没有被挖掘出来。"山林里那么多花，不要每一朵都去写，写你印象最深的一朵。"王老师如是说。写作文就是弱水三千，只取一瓢饮，不可面面俱到。

有一回，要将契诃夫的书信体小说《凡卡》改写成记叙文，我独辟蹊径，用倒叙的方法来写，从小凡卡被老板毒打入手，然后是他带着伤痛给爷爷写信……

那是一个爽朗的秋日，王老师抑扬顿挫地念我的文章，同学们不再笑得前仰后合，而是安静地听得入神。最后，王老师给了我一个评价："我们班上，写作文最有前途的，是刘同学。"

这句话比红头文件还有权威。从那以后，我就按照这个指示去走。

四

人生有时候很神奇，正当我在草包的路上越滑越远时，竟遇到了王先生这么好的语文老师。

好的人生，从遇见一个好的语文老师开始。

虽然我的人生并不算成功，但我自认为过得很好。因为我找到了和世界对话的利器：写作。

我们在社会上的地位，可能取决于怎样去描述这个社会；我们在人群中的定位，可能取决于怎样去表述这个人群；我们的形象，可能取决于我们的表达……而描述、表述、表达，都是语文元素。

我不知道无数个渴望有好语文老师的孩子，会不会受到命运的眷顾。但每个孩子的心中，都有一部锦绣文章，需要好老师去开发。不只为了写作文，更为了写人生。

所以，衷心希望这样的眷顾不只发生在少数人身上。

感悟手札

孤单星球，转了多久

农晓佳

多年后，每当星夜入梦时，我时常想起那时的自己，不禁莞尔一笑……

刚上初中时，我是个内向的女孩，不爱说话，不善表达，做事显得很笨拙。没有人愿意和我说话，我也从不主动跟人交谈。别人很快三三两两地结伴，只剩我一个人，站在阳光都照不进来的角落里，独自落泪。

我就这样看着别人组成一个又一个小团体，沉默着，以为有人会懂我。我默默地跟在她们身后，前面的女生在聊电视、聊明星，传来嘻嘻哈哈的笑声，没有人挽着我的胳膊，没有人愿意倾听我心里的秘密。有两句话形容得很贴切——"热闹是他们的，我什么也没有""我心伤悲，莫知我哀"。那段时间，我只有我自己。天上飘着孤独的白云，飞着孤独的鸟儿，夏蝉唱着孤独的歌，连书本上都印着孤独的文字……

在那个年纪，大家似乎很害怕孤独，不愿做人群中的异类、沙漠里的独草，抓住一点儿希望便不想放手，努力生长，想长成所有人喜欢的模样。

于是在初二时，14岁的年纪，我冲动起来，一发而不可收。现在回想起那时的自己，也会感动得一塌糊涂，那个倔强的、傻愣傻愣、不知道在坚持什么的我，已渐渐远去。

初二时学校组织过一次篮球比赛，女生的积极性不高，于是我自告奋勇，成为女队的一员。训练了两个星期之后，我投中球的次数依然屈指可数。我明明什么都不会，却还要首发出场，然后一腔热血很快被对手浇灭。最后一场比赛之后，我们班不出所料地排名倒数第一。

有谁知道，第一次站在球场上时我拿出了多大的勇气。可是直到比赛结束，我依然孤零零地跟在队伍后面，一切都没变……

虽然没人愿意理会，但我还经得起等待——我这样告诉自己。

后来，我心血来潮地想为元旦晚会排练一则小品，但刚排练一天又不得不停下，因为我编排的节目和别的班"撞衫"了，老师劝我们最好放弃。

除了一颗拔凉的心，我什么也没剩下。当初为了准备这个节目，我编写台词，找人排练，跑前跑后忙得像一只陀螺。我幻想着完成这个节目后，大家就会注意到我。可最终我只能独自面对未排成的小品以及静默的舞台。

那段时间我过得相当颓废，天冷，心更冷。这样的状态持续了很久很久，直到那个冬天结束，直到另一个人出现。她像一束光，蓦然间照亮了我的世界，帮助我慢慢找到那个勇敢、自信的我。她是我的朋友，她有一种把希望和快乐传播给周围的人的魔力。遇到她，我很幸运，有她陪伴的日子，生活就像阳光下盛开的花，芳香四溢。

回忆这段时光，我常误以为自己是做了一场忧伤的梦。我不曾逃离过自己的孤单星球，但是，我乐意别人在我的星球上开心、快乐地居住。

感 悟 手 札

神奇的照亮

张丰

我有位在北京工作的朋友，她小时候在山西农村生活。她读小学时，有一年从县城来了一位漂亮的女老师。她是课代表，要把同学们的作业收齐，送到老师办公室。她进去的时候傻眼了：美丽的老师，正在和一个小伙子手拉着手转圈跳舞。

一个小女孩，被眼前的一幕照亮了。在她看来，这个外来的老师，拥有和其他老师不同的气质——谈吐、步态，哪怕是爱情，都代表着一个更广阔的世界。后来，这位朋友从山西考到了北京大学。

我也有相似的经历。读初中的时候，学校来了两位年轻的男教师，他们是从一个师范学校过来实习的。很多时候，他们会直接讲普通话。在我们学校，此前根本没有讲普通话的老师，不管是课上还是课下。

现在想来，他们不过是中师毕业的小伙子，十七八岁而已，来到我们这个镇上，也很忐忑吧。他们穿着运动服——很有可能是没有别的衣服可穿，但是在我们看来那是时尚的象征。我们从没穿过校服，更谈不上运动服，脚上穿的是母亲做的布鞋。

作为教师子弟，老师对我来说早就没什么神秘感了。我从小就认识很多老师，在他们的爱、调侃和哄笑中慢慢长大。我知道教师很伟大，拥有自己的节日，但是也知道他们都是普通人。比如我父亲是一位老师，但他做的饭菜，就常常难以下咽；他也会找个借口，把洗碗这样的家务分配给我们。同学们对老师都是仰望，我却从来没有这样的尊崇，对他们的生活，也不感到神秘——那就是我每天都能看到的生活啊。

但是这两个穿运动服、讲普通话的小伙子却让我对教师这个职业产生了陌生的感觉。教师应该是有追求的（穿运动服而不是我们的居家服装），应该是讲普通话的，那意味着和一个更高级的标准、一个更大的世界联系起来。那时我还没法看电视，但是已经通过收音机知道普通话是怎么一回事，有了对"国家"和"乡土"的模糊理解。

这样的老师，未必真的传授过你知识，却为你召唤出一个新世界。那两个实习教师，其实并没有给我上过课。但是，他们的存在本身，就足以召唤出一个广阔的世界，就像拽着你的头发，把你拔离地球，让你脱离引力的掌控，找寻到飞翔的感觉。你的内心会有一种真正的觉醒，你开始重新打量现实生活。你对现实产生一种疏离感，开始想要离开，去看更大的世界。

大概从那时开始，我就知道自己一定会到远方去求学。经常和两位实习老师一起打篮球的弟弟应该有相同的想法。那年寒假，有邻居开玩笑说要给弟弟介绍一个对象，才14岁的弟弟恼怒起来，说："我才不会在老家找对象。"父亲的眼睛亮了，他一定发现自己的两个儿子变了。

这可能关乎教育的一个本质问题：什么才是真正好的教育？一个孩子，日复一日地背着书包上学，做各种作业，应付考试，他一定需要一个特别的日子，需要一个决定性时刻来照亮自己。有时候人们会说，真正好的教育，是让人能够"发现自己，完善自己"，但并不是每个人都能获得这样的契机。

父亲可能不是特别好的老师，虽然他教过的学生也有考上北大、清华的。他只会说"学习要靠自己"，但是，我隐约感知到，父亲懂得教育的根本。我读初二的时候，父亲正好教这一年级的数学。我的数学很差，他有足够的理由把我调到他所教的班级。但是，父亲没这么做，他甚至没有给我讲过一道数学题。

他一定知道，亲自教儿子是错误的选择，教育需要的是不断"陌生化"，需要接受新的场景和可能性。回想起来，自己经历了那么多老师，对自己影响最大的，其实都和"教学"无关，而是一些神奇的暗示或者力量。

读高三的时候，我遇到一个很厉害的语文老师。他总是懒懒的样子，对讲解语文题很不屑，有时候还会说"这个没什么意思"之类的泄气话。但是，他的傲气和身上干净的白衬衫，却很神奇地鼓舞了我。在我看来，那就是才华的象征，也是一个读书人该有的样子。于是，我发奋学习语文，差点把《古文观止》全部背诵下来。那位老师可能永远都不会知道，他通过这种方式"照亮"了我。

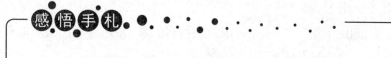

少年站在河对岸

淡蓝蓝蓝

她从上初中开始害牙疾，牙神经一跳一跳地疼。

记得最清楚的是那年夏天，生活委员统计班级人数，每天会派两个男生翻墙去隔壁的雪糕厂，批发雪糕回来分着吃。她从不参与，笑眯眯地说："我吃凉的东西会牙疼。"

那真是一段美好的时光。午后的自习课，即便开着窗也会感到酷热难当，大家吃着雪糕，谈天说地，连班主任也不会来唠叨。只有她，仍然握着手里的笔埋头做习题。不吃雪糕，也不参与同学们的话题，只是偶尔抬头看看窗外。

她总记得窗外的绿，以及把人熏得晕乎乎的浓郁的花香。

有一天放学，他突然拦住她。他说："你的牙这样下去只会坏得更厉害，跟我走！"他穿着白衬衫、深蓝色校裤。风吹过来，他的衬衫被风吹得鼓起。

她抹了抹掌心的汗，跟着他走了。她的心开始跳得厉害，牙神经也开始跟着一跳一跳的，像里面有颗小心脏。

原来，他的父亲是牙医，有一间牙科诊所。

躺在诊疗床上，她开始紧张。母亲也曾提议带她去补牙，但她总是怕，所以一直拖延。天知道这一刻的她是怎么有勇气躺在这里的，或许是因为没来得及拒绝，又或许只是因为他对她说话时，眼睛里的光芒是那么明亮。

他的父亲说话很温和，有一双和他的眼睛很像的眼睛。他父亲说："你有一颗龋齿，今天先做基础处理，之后再来换两次药，以后每个星期和小川一起过来就好。"

他喊自己的儿子小川。

她努力半天，闷闷地"嗯"了一声。然后治疗开始，小川起身要出去。她下意识地"哼"了一声，一伸手，拉住了小川的胳膊。

他父亲笑着说："小川，你的同学太紧张了，你就留下来陪她吧。"

她真的是太紧张了，以至于忘了松开抓住他胳膊的手。直到治疗结束，她才发现他的胳膊已被自己抓得青红一片。她结结巴巴地道歉，一张嘴，却发现自己的脸也一片通红。

她向他的父亲道谢，说："下次我会把钱带来。"

小川的父亲大方地说："你是小川带来的第一个同学，就免费吧。"

那天，小川送她去公交车站。经过冰激凌店时，他说："等你的牙齿补好了，我请你吃冰激凌吧。"

那个夏天，班里那么多人，就只有他留意到了她的特殊——不吃雪糕的女孩，总是安安静静的，像热闹的花圃中唯一一株不会开花的植物。

最后一次去补牙时，已经到了暑假。她妈妈特意跟了过去，付清了所有的治疗费用，然后和他爸爸在开着冷气的诊疗室里聊天，说这座城市的热，又说生活的艰难。

他家诊所门前有一大丛刺玫花，花香就像她在教室窗边闻到的一样浓郁。

他从冰箱里拿了冰激凌递给她，她犹豫了一下，接了过来。两个人坐在台阶上，她小口小口地吃，吃得缓慢又拘谨。

他笑着说："那天看见全班同学里只有你望着窗外发呆，我就在想，哪有女生会不喜欢吃雪糕呢？"

她勾起嘴角，舀了一勺冰激凌放进嘴里，香草味的甜伴着浓浓的奶香，一点点地渗进心里，像一条河流最初的源头。

一只猫从灌木旁走过，懒洋洋地看了她一眼，仿佛看穿了她的心事。她的心又开始疯狂地乱跳起来。

有一句话忍了很久，但还是没有说出口。

暮色里他们分别，走了几步，她回头看他，他站在原地招手，目光依旧闪亮如星。

夏天没过完的时候，她和父母离开了那座酷热的城市，去了一座北方的小城。她的母亲找了一份新工作，父亲的身体也渐渐康复。她的口袋里有了零花钱，下课的时候，她也会和女生们一起奔向便利店，挑一支香草味的冰激凌。

她没有告诉过任何人，那年她不吃雪糕，不完全是因为牙齿不好，还因为舍不得把母亲辛苦赚来的钱用在吃零食这类奢侈的小事上。那年她父亲重病，全家人共同经历了一场艰苦的生死战役。

她也会想，如果她没有搬家，会不会一直遇见那个名叫小川的少年，会不会在无论怎样艰难的路上都有他的陪伴。

很多故事就像命运写错的篇章，总是开了头，却没有过程和结尾。于是，被风撕掉的那一页，被抹除了痕迹，就像从来不曾发生过一样。

他会记得她吗？会记得那个黄昏，在浓郁的花香里，她小口小口吃着冰激凌的样子吗？

她会一直记得的。即使不再遇见，但少年仍在河对岸。

后来，青春过半，她心里那条香草味的隐秘河流仍淙淙流淌。在所有情绪黯淡的时刻，她总喜欢坐在那条河流旁边，小口小口地吞食着冰激凌清冽又柔软的甜，然后，心里的种种情绪被安抚、归位。

像夜行的旅人，不用去介意夜色浓淡，只需勇敢地走，黑夜的对面，终究铺满了光。

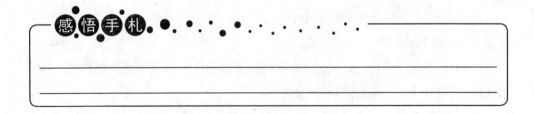

青春的篝火

赵蕊

那年我刚上大一，孤身求学于陌生的城市。第一学期期末考试前，面对人满为患的图书馆我认了输，一个人躲到学校附近的咖啡店。听说那里是刚毕业的几个学长开的，服务员也都是由在校生兼职。

点一杯咖啡撑不了太久，天冷，咖啡易凉，喝净了便不好意思久坐，但这里的安适环境实在很适合复习。正犹豫着是否要离开，刚给邻桌男生续完热水的服务员顺手把我的杯子也续满了。我心头一暖，再抬头看时，那个服务员已经走开了。

他的举手之劳在我心底埋了一颗花种子。那种子随着时间萌芽、生长，长出了花骨朵。

终于，我忍不住偷偷向咖啡店里略微熟识的一位同学打听了那天的服务员，那是我第一次听到"林岩"这个名字。

虽然我一再叮嘱同学不要对林岩提起我问他名字这件事，但同学似乎还是对他说了。因为待我再次去咖啡店的时候，林岩竟然主动对我微笑示意。我几乎能感受到，心底的那朵花绽放了。

我们似乎是自然而然地走到了一起，也可能是独在异乡的寂寞感促使我们互相依偎。那个冬天果然没有想象中那么冷了。

　　然而冬雪还是如约而至。作为一个南方人，我对下雪充满了期待。第一场大雪过后，我拉着林岩在校园的每一个角落拍照，也在手机里留下了我们的第一张合影。

　　大二那年暑假，林岩提出要带我到他的家乡旅游。我手忙脚乱地买了很多礼物，托林岩带给他父母。林岩阻止无果，只好帮我背了一路的行李。事后听说他父母一个劲儿夸我，说我懂礼。但在他家乡的那一个多星期，我始终没敢和他的家人见面。

　　同样，林岩也从来没见过我父母，甚至连我的家乡都没有去过，直到大四的寒假，他还在感慨没有陪我回过家。

　　当时，我在学校当地实习，而他是准备毕了业就回家乡的，听说他的一个亲戚已经帮他找好了工作。我们终究是要分开的，彼此都心知肚明，只不过还不愿这么早说破。毕业就分手，狗血却很现实，我们逃不掉。

　　大学期间，我们始终是令人羡慕的一对，很少有矛盾，更不用说吵架。至多也只是在观点不一致的情况下理论一番，但很快又心平气和地解决问题。在旁人看来很是和谐，但如今回想起来，那应该是彼此都对自己的负面性格有所保留，没办法完完全全地暴露自我。

　　分手两个字是我说出来的，但我知道他也有这个意思。他不说，只是想把这个权利留给我，他或许觉得这样便是我甩了他，我不至于丢面子。实际上，毕业季的大家都忙着分手和找工作，谁又在乎谁的面子呢。偏偏他想到了这些，让我不得不有一丝动容，但我还是如他所愿提出了分手。我知道，我对他的感激多于感情。

　　多年后再相见，我们一起吃了饭，气氛融洽，仿佛之前只是暂时分开，就像当年的那些寒暑假一样。只不过，我们再也等不到开学了。

　　我们用橙汁碰了杯，纪念曾经的我们，也祝福我们的未来。林岩喝了一大口橙汁，然后对我说抱歉。那时明明是我提出的分手，而现在道歉的却是他。

　　我摇摇头，很平静地总结我们的感情："与其说是互相吸引，不如说是互相取暖。虽然结局并不美好，但至少也曾经温暖过彼此，在对方心中点燃过一根蜡烛。"

林岩也摇摇头："不是蜡烛，烛光太微弱。我们曾点燃的，是篝火，青春的篝火。"

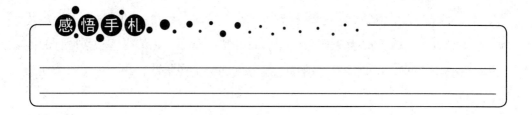

某一刻，你的光照亮我

鸦鸦

因为是艺术生的缘故，高三下半学期我才重新回到学校上课，学校还十分不留情面地把各个艺术生按艺考成绩重新分了班。糟糕的艺考成绩，陌生的宿舍和班级，让我的情绪长期处于紧绷状态，我一边要自我催眠、自我激励，一边又忍不住自我嫌弃，想要破罐子破摔。

大家似乎看起来都很忙，一大堆的书要看，一大堆的题得做，我只好把这些情绪全部藏起来，装作若无其事的样子，一个人慢慢消化，在睡不着的夜里偷偷通过眼泪排泄出来。

日子就这么推着挤着往前走。直到有一天，以前同班同宿的舍长带着几个舍友兴冲冲地跑到我宿舍，二话不说就开始往外搬东西。半天没反应过来的我忙问是怎么回事，舍长说，她们宿舍有人搬回家复习了，空出一个床位，不管怎么样，我得搬回去住。就是这么简简单单的一句，听得我鼻头一酸，差点儿落下泪来。

在这群小伙伴的陪伴下，我走上了另一段人生轨迹。

即使我们不在一个班，但只要逮着自习课，就会约在一起背书，校园的各处角落都曾出现我们的身影。实在学不进去了就一起逃课，逛商场减压，虽然只看不买，但是乐在其中。

很奇怪，高中三年，在临近毕业的这段日子，我才后知后觉地感受到了友谊的可贵，这大概就是传说中的身在福中不知福吧。

毕业拍班级合照的时候，我看着所在的临时东拼西凑出来的班集体，不禁有一丝遗憾浮上心头。轮到舍长所在的班级，也就是我的原班级拍照时，舍长过来悄悄问我要不要一起拍，我犹豫了半晌，选择了拒绝。

几天以后，舍长拿着个快递盒子走进宿舍，拆开来一看，居然是一台卡片相机！于是我们几个在午休时，浩浩荡荡地把学校每个区域都拍了个遍。我们对着手机上搜出来的毕业照姿势大全，不厌其烦地一张张照着摆拍，看起来很傻，可我从没有这样快乐过。

好不容易赶在午休结束前躺上了床，没多久，学校的广播就响起了起床号，接下来照例是播放音乐，大家都赖在床上没有动。

午后的阳光透过窗帘照进来，楼下的喷水池不断往外冒着水，教职工的孩子们叽叽喳喳地在校园里奔跑着，广播站恰好切到一首去年夏天的大热门歌曲，"我可以跟在你身后，像影子追着光梦游……"

歌声应景，旋律一起，时间似乎被按下了暂停键。明明我们才兴高采烈地拍完了毕业照，可我此刻竟然有点儿想不起我们摆过什么姿势，到过哪些角落。

我在床上翻了个身，一个一个仔细地打量着这些与我共处一室的可爱姑娘们，是她们，在我彷徨无措的时候，用自己的光照亮了我。而我，就像是歌里的影子一样，跟着她们，跟着光源，再也不孤单。

大家都说这个世界很残酷，无论走到哪里都存在竞争，在学校会根据成绩来定高低，在公司会根据 KPI 来考核能力。可是，经历过轰轰烈烈的高考，在毕业这一刻，因为身边有了这些可爱的人，我明白了，有些人即使好久不见，再见时仍然能够携手同游，笑对人生。

感悟手札

那些温暖我的"小贿赂"

张亚凌

眨眼间，我已经做了20多年的教师。坦诚地说，我没有清廉到不拿家长或孩子的一针一线。那些曾经收受过的"小贿赂"成了我教学生涯中最美的风景。

20世纪90年代初，我被分配到远离县城的一所乡村学校。当时我住的是宿办合一的房子，每周小镇有集会时我都会买些蔬菜自己做饭。

那时的孩子们呢？

家在小镇上的，吃住都在自己家里。别的十里八乡的孩子们则是自带干粮，吃住都在学校。有的孩子吃饭没计划，没到周末就将带的干粮吃完了，我便邀他们来我房子里吃饭。小铁炉、小铁锅，有孩子时我就做炒菜面，白萝卜、洋芋、白菜，大杂烩。这种饭连吃带喝，我们师生才能都吃饱。

一个周日下午，孩子们陆续返校了，收拾完房间我开始做下周的课前准备。

突然听到一声响亮的"报告"，我还没反应过来，门帘便被揭开了。李挺很滑稽地站在我的面前：怀里抱着一棵用塑料袋装着的大白菜，两肩各斜挎一个鼓囊囊的大布包。

我忙问他："怎么了？"

一向调皮的他先是咧嘴一笑，然后放下大白菜，再卸下一个大布包，开始往外掏东西：南瓜、白萝卜、青椒。原来是听李挺说我平时都是买菜吃后，他妈妈过意不去，就装了这么多菜让他带来了。

他就那样很狼狈地走了八里路。看着他离去的身影，我的脑子里像放电影般闪现出一些画面：

他有些调皮捣蛋，我为此头疼不已，没少敲打他；他又很聪明，热心地为班级服务，有时又像我的小助手，我很感激；他一度沉迷于武侠小说，连上课时都看，盛怒之下我拧了他的耳朵，不分青红皂白地将他借来的书撕得粉碎……训斥他时我竟然把自己气哭了，好在他再也没有在课堂上看过武侠小说。

李挺没有来我这里蹭过饭，我却蹭了他家的菜。这是我从教生涯中第一次接受"贿赂"。多年之后，已定居深圳的李挺将六岁的儿子带到我跟前说："叫师奶，她是爸爸最害怕又最不害怕的老师。"小家伙歪着脑袋表示没听懂。我们都笑了。

记忆这东西很奇怪，具有隐蔽性，潜滋暗长；又具有比植物更高级的生长性，无须风雨也能蓬蓬勃勃。

我接受的第二个"贿赂"是一双大红花布做的手套。

贾茹不知是营养不良还是体质不好，上课时总是没精打采的，给所有老师留下的印象都是迷迷瞪瞪，不用心听讲。她家距离学校也不远，五六里路。提前打听好地址，我骑车去了她家。她家条件不好：父母都是地道的农民，没有任何副业收入；爷爷年龄不是很大但身体不好，不能帮衬着干活，还时常生病；她家孩子也多，她的三个姐姐都辍学了，还有一个妹妹。

从她家出来时我就打起小算盘：得先帮她把学习搞好，用耀眼的成绩给父母以希望，绝不能让她步姐姐们的后尘。

每天下了晚自习，教室熄灯了，我就让她在我的房间里再做点额外的练习，顺带预习一下第二天的功课。同一张桌子，我备课、批改作业，她做我布置的习题。到期末时，贾茹考进了全班前15名，得到了一张奖状。放寒假那天，她跑到我的房子里，从布包里掏出一双大红花布做的棉手套。她说看到我手上有冻疮，所以专门让她外婆做了一双。见我不收，贾茹急了，套在自己手上给我看，说她戴着不合适，就是专门给我做的。

还有一袋小米也该算"贿赂"吧，那是郝云龙送来的。那时我已离开乡村中学，被调进了城里的学校。

郝云龙名字很霸气，人却安静少言，参加任何活动都藏在其他孩子的后面。我能感受到他深藏着的自卑。

一次，我让孩子们以"母爱"为主题写一篇作文，郝云龙写的是奶奶，像妈妈一样疼爱他的奶奶。我找到他，装着很随意地跟他聊起家庭、聊起家人，才知道他没有妈妈。确切地说，他对妈妈连模糊的印象也没有，而且一直没有继母。

郝云龙很努力，是那种憋着劲儿的努力，跟自己或跟一切较劲的努力。我看着心疼，他不是那种很聪明的孩子，却给自己定了较高的目标，他的努力使得自己很辛苦。我常有意无意地跟他交流，我想传递给他的信息是"尽力就是最好的"。我害怕他有太多的压力。我一直觉得，对于一个孩子来说，朝着目标快乐前行才是最重要的。

学校举办歌咏比赛，班里统一着装，每个学生要交80元服装费。郝云龙的那份是我代付的，我给他的解释是："这是老师奖励你的，因为你的勤奋。如果你能快乐而勤奋，老师会继续奖励你。"

后来，我也找了各种理由送给他一些书及学习用具，小而不张扬，不至于让他觉得欠了我什么而有心理负担。

一天，我正在二楼的出租屋里做饭，听到院子里有人喊"张老师"，便赶紧出去，只见郝云龙站在院子里，怀里抱着一个塑料袋。"张老师，这是我奶奶让我给你拿的小米，我家地里产的。"说着郝云龙就往楼上走。他走得很急，脚下一绊，摔倒了。袋子破了，黄澄澄的小米撒了一楼梯。

他一下子蒙了，很尴尬地呆立在那里。我说"没事没事"，就拿了个盆赶过去跟他一起捡拾。我说："你看，咱俩一粒一粒地捡起来，意义就不一样了，粒粒皆辛苦啊，老师还没收到过这么金贵的礼物，回去后替我谢谢奶奶。"那天，我跟郝云龙捡了很长时间。我们边捡拾边聊天，在我面前，他还从来没有那么放松过。

他后来考上了高中、大学，也参加了工作，一切都很顺利。只是我还常常想起跟他在楼梯捡小米的情形。

还有各种书签，铜的、竹的、玉的，都是仵琳送的。她知道我喜欢读书，走到哪里遇到漂亮的书签就替我买回来。紫砂壶是志峰去宜兴专门为我定做的，他觉得写作与喝茶是绝配，喝茶就得用上好的紫砂壶。龙凯去法国时，专门跑到巴黎圣母院附近为我淘小玩意儿……

我不敢细细反省，收到的"贿赂"真是不少。

每次想起这些"贿赂"，爱就在心里流淌，很是温暖，也一次次地让我做老师的热情与信念更加饱满。

我与孩子们，相互为灯，彼此照亮。

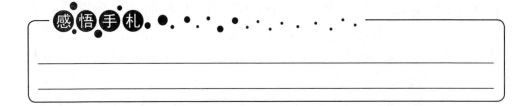

我的弟弟叫"二信"

南方丸子

我开始为他的前途深深地担忧

我大名林莹，我弟弟的名字是林信。家里人亲昵地叫我莹莹，但是没法喊我弟弟一个男生信信，于是从小大家都连名带姓地喊他林信。

考虑到我们之间深刻的血缘关系，我觉得有必要更亲密一些，便按照他在家排行老二的地位喊他二信。很多年后"二"字被赋予了另一种更深层次的含义，二信无缘无故被扣上了一顶跟自己高冷气息不怎么搭的帽子，为此他忧郁了很长一段时间。当然，这都是后话了。

二信小我五岁，因为妈妈怀他时贫血，他自小便瘦成一道闪电，但是五官清秀性格孤僻，意外地在女生中很有人缘。五岁上幼儿园就有女生强抱他，他冷着脸推开人家小女生说："你胖你走开。"那个女生跑到栏杆边哭得肝肠寸断。之后二信回家一脸严肃地跟我说了这件事，我只是默默向他伸出了大拇指。

我并不是在鼓励二信要这么残忍，我只是被他的酷劲儿征服了。

当然二信的非凡魅力并不仅仅体现在冷酷这点上。

初二那年我陷入了"早恋"的苦恼中，班上有个男生坐在教室最后一排，头发是当年很流行的发廊风，他站在栏杆边学着大人的模样吞云吐雾，嘴角边始终僵持着一抹故作邪气的微笑。我想他一定觉得自己格外帅。

这位帅哥定时在栏杆边拦我已经成了每日必修课，只是我觉得他故作成熟的姿态除了"蠢"再找不出第二字来形容。我跳着脚要将这朵烂桃花从我青春的花园里连根拔除，却一直无法如愿。

我跟二信吞吞吐吐地说出这段孽缘时，他的脸上凝结着一种超出年龄的忧郁，颇有种"同是天涯沦落人"的惆怅感，这让我格外好奇。不多时日之后，我软硬兼施终于从二信嘴里知道了事情的真相。

一枝独秀的学霸二信那段时间很不愉快，因为班上有三个小女生每天轮流对他进行情书电话轰炸，在得不到二信的回应之后便妄加揣测，逼问二信是不是喜欢其他人。于是在某一天被逼急了的二信忍无可忍，冷冷甩下一句"我喜欢我姐姐那样的女生"。

听到这里我忍不住咳嗽了一声，心怀得意的同时有点担忧，我说："二信，你这样别人会误以为你是个长不大依恋着姐姐的小孩的。"

二信翻着白眼看了我一眼，就是这一眼，让我觉得画风有变。果然他异常平静地说："你较什么真，我只是随便撒了个谎骗她们的，谁会喜欢你这样的胖子。"

我撩起袖子就冲了上去。

不过我想二信小学就这么受欢迎了，那等他长大了，不知要祸害多少无辜少女。

我开始为他的前途感到深深的担忧。

你说他们配不上我

二信上了初中之后便像是过分汲取了阳光的麦子，我几乎每天都能听到他"哔哔剥剥"的拔节声，他在初二那年，成功地高了我一个头。

如我所料，二信的五官越长越精致，加上他天生一副死鱼眼和孤傲的性格，在一群男生中总有那么点鹤立鸡群的味道，大受女生欢迎。正当我担心他会不会因为异性缘太好性格又孤僻被人群殴时，二信却带头操着凳子带领全班男生跟隔壁班干了一架。

听到这个消息的我悲喜交加。

我瞒过远在市区工作的爸爸妈妈，一个人默默地从办公室里领回了二信。他慈眉善目的班主任看见竟然是一个还在上高中的丫头来找二信时，眼中的惊讶溢于言表。不过看高我一头的二信在我面前低眉顺眼，还是默许地点了点头，大手一挥赦免了他。

我想应该是二信平日里积攒的好声誉此时发挥了关键作用，不然哪能这么轻易放过他。

回家后我二话不说，撩起二信的衣服就给他上药，二信在我的蹂躏下龇牙咧嘴，但硬是半声没吭，随后他终于忍不住抬起头看着我。

"你不说点什么吗？"

我放下他的衣服有些奇怪："说什么？"

二信一副看傻瓜的表情看着我，随后叹了口气。

我有些发笑，伸手揉了揉他的头发，我的语气很轻松："人不热血枉少年，我相信你不是蛮不讲理的人，一定是有忍无可忍的理由才会动手的。"

二信闻言不吭声，半晌之后，他的眸子闪闪烁烁："姐，你从小就这么奇怪。"我愣了一下，正疑惑这句话是夸我还是损我时，却看见二信微微勾起嘴角："不过挺好的。"

微小的声音掠过心尖，我突然很想抱抱我亲爱的二信。

二信的打架事件慢慢淡去之后，我重新将目光放回了自己的生活。在那段时间里，我迷恋上了理科班的一个男生。

那个男生长了一张小言情文男主的脸，干净斯文，衣服除了白色几乎只剩黑色，每天安静地经过文科班的窗前时，俊美的侧脸不知道迷倒多少女生，我也没能幸免。

百转千回使尽手段之后，我知道了男生叫窦唯，单身帅哥一枚，喜欢打剑三。

从小不擅长玩游戏的我摩拳擦掌，准备在游戏里成功虏获他的芳心与他共结良缘。只是没想到这种网络游戏比超级玛丽复杂太多，经验不足、智商不够的我果断拉来二信做辅助，二信对游戏有着神一般的天赋，上手之后基本没我啥事了。我待在旁边让二信用我的号拜窦唯为师，成功之后有事没事就去找他聊聊天传传功，然后找了一个合适的时机挑明了身份，制造了一场"偶遇"，成功让窦唯知道了我这么个校友的存在。

我在窦唯面前连刷了三个星期的存在感之后，窦唯也对我有些上心了，最明显的表现是他在校园里碰见我时会勾起一抹暧昧的笑，我激动得心肝乱颤。这一切二信功不可没，可是正当我准备好好感谢二信时，他却一脸便秘的表情跑到我面前说："姐，你的事可能黄了。"

我的嘴巴张成了"O"形。

事情是这样的，二信打游戏上心了之后便不太关注我与窦唯的发展，那天窦唯发来消息窗暧昧地问我喜欢什么样的男生时，二信一时没注意以为是哪个无聊的人，就果断地回了一句"out"，然后，就没有然后了。

我终于找到了窦唯最近几天不理睬我的原因。

周末晚上我将二信拖到了楼下的小饭馆，准备以吃死来祭奠我死在襁褓中的爱情，然后也成功了。深夜时候，我摸着肚子扶着二信，蹲在马路边"哗啦啦"

吐了一地。

二信在一旁默默地给我拍着背，动了动嘴角想说点什么，可是最终认命地将我拉上了背。我一脸四十五度的忧伤，趴在二信的背上默默数着路边闪闪烁烁的霓虹灯，眼泪哗啦啦流了一地。

那段时间郭敬明的小说特别火，我当时想起了一句话叫"悲伤逆流成河"，真的太应景了。

"二信你知道吗？原来窦唯有女朋友。"

二信不吭声，只是背着我的脚步走得越发坚定。

"你说我怎么总碰到一些烂桃花？以后我嫁不出去就赖在家里，你不能赶我走。"

我趴在二信的背上闷闷出声，脸颊贴着他消瘦的脊背，眼角又开始泛红。一路沉默的二信突然开了口，他的声音透过胸腔传到我的耳边，带着安定人心的温暖。

"你想待多久就待多久。"沉默了一会儿，他的声音再次低低传来，"姐，他们配不上你。"

我将脸埋在二信不算宽阔的后背上，在他白色的衬衫上慢慢晕开一朵水色的花，因为二信一句真切动人的话，我再次泪崩了。

这个名为"弟弟"的少年，说那些男生配不上我，我第一次觉得他异常有眼光。

如果离开会不会流泪

古语说"塞翁失马，焉知非福"，窦唯事件很好地体现了这句话的精髓。

我沉浸在失恋痛苦的一个星期中，将自己乱七八糟的情绪拼拼凑凑写成了一篇小说投给了杂志社，没想到几天后竟然通知我过了初审，围姐暧昧地跟我说："我觉得你是走这条路的料。"

因为她这句话，我当即摩拳擦掌满血复活，准备转战文坛，只是这条路没有想象中那么好走。

写作是件痛并快乐的事情，当然多数情况下还是痛更多一些。没有灵感卡文时，我便像是被踩了尾巴的猫，一个人上蹿下跳疯狂地扯着头发，当然我不能一个人疯。

二信这种时候就也跟着遭殃，我不记得多少次在凌晨时候将睡得迷迷糊糊的二信从被窝里拖了出来，然后站在他面前理直气壮地翘起兰花指说："我饿了，去给我煮夜宵。"

其实二信的脾气不是很好，但是从小到大在我面前很乖。所以这种时候他默不吭声地穿上拖鞋，挽起袖子走进厨房，不多时候，就会端出一碗香喷喷的面条或者蛋炒饭。

那一年二信的厨艺进步神速，我着实胖了十斤，成为了老师口中"高三压力大，同学们体重都会下降"的一个活生生的反例。这一切二信功不可没。

按照这种有些神经质的状态，我高考意料之中地进了一所三流大学。虽然离家只有三个小时的火车，但是爸爸妈妈依旧很舍不得，送别的时候万般嘱咐，只有二信站在一旁低着头不吭声。在火车快要到来的时候，二信才走到我面前闷闷的，欲言又止。我伸手揉了揉他的短发，说："我不在家时，你要好好听爸爸妈妈的话，别让他们担心。"

二信不出声，然后他抬起头看着我："你别吃夜宵了，再胖就不好看了。"

岁月开出花

大学的时光过得慵懒散漫，我一个星期打一次电话，偶尔回一次家，我听见二信的声音愈发成熟低沉，也看见他的轮廓越发分明。

大三的时候有一次回家，二信正光着脚坐在地板上翻着参考书，手里拿着笔，脸上架着眼镜，为高考做准备。

他真的开始长大了。

他抬起眼，看见我的目光时，淡淡一笑。就是这个微小的弧度，我看见过去与他相处将近20年的时光，又开始鲜活起来。只是曾经拼命在乎的，现在不过是可有可无。

或许这就是成长。

我们没有那些抵死纠缠深夜徘徊的残酷青春，也没有作茧自缚反抗世界的极端心境。

我们在小心翼翼的成长过程中，发现了彼此血脉交集的羁绊，磕磕绊绊互相取暖，成为更加温暖的人。而空气中飘散的那些残缺的青春碎片，如愿开出了温柔的花。

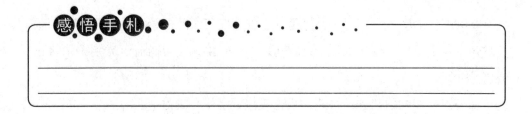

谢谢推我去向更好的生活轨道

耶雅亿

离开杭州的前一天，我又去了西湖，在武林门 CBD 的大广场上坐了很久。我下定决心回去好好读书，实在不行再复读一年。我希望高考能考上杭州的大学，以另一种身份来拥抱杭州。

"城中村"，见证年轻人最初的奋斗

我读高二的时候，恰逢杨超越出道——看到这个便利店打工的女孩因为参加选秀而一夜成名，我心里也痒痒的。

跟她一样，我出生在西部农村，务农的父母供我读高中都觉得辛苦。每学期，看他们割肉般交出学费，我于心不忍。高二那年暑假，村里在外面打工的姐妹回来了。

"反正你这样也考不上什么好大学，要不要跟我们出去看看？"看着她们光鲜亮丽的衣着与妆容，我动摇了。

就这样，我跟着她们来到了杭州，住在"城中村"的农户自建楼里。第一天下火车就顺路游览西湖，被人间天堂的美景深深吸引。夜里，来到"城中村"，屋内是水泥地，浴室的墙角长着青苔，厨房的水管和水龙头像青筋一样暴露在外面。水龙头上必须要有过滤网，不然流出来的都是铁锈。

租金便宜的"城中村"最大的优点是年轻人多，交友便利。我们住的是传说中的"握手楼"，两栋楼近得不到一米的距离，楼里的人开着窗户就可以握手。房子离得太近，完全没有隐私，能不能睡好，取决于对面楼的邻居打不打呼噜。我新买的被子被偷过，连老家寄来的挂在窗子外面的腊肉，也不知被哪家顺手牵走了。

不过隔着窗户，我认识了大伟。他是对面"握手楼"里的租客，六个男生挤在一间房里，跟我们隔窗相对。

大伟人不错，偶尔下雨时，帮我收过衣服。大伟是快递员，月薪在6000元左右。跟他比起来，我每月在美发店里实习的工资只有他的一半。

隔着窗户，我们有时候会聊几句。我问他为什么不搬到好一点的地方住，他说："家里负担重。再说，本地地道的生活都在村里。"

对面几个送快递的男孩，让我意识到快递物流行业是多么辛苦。他们的 T 恤都是黄色的，常年有汗渍浸染的痕迹。但是，他们喜欢这"城中村"。或许是这里见证着年轻人最初的奋斗，有梦想最初的样子，也是他们在大城市闻到的第一缕烟火气，收获的第一份归属感吧。

让日子一天天明朗起来

大伟每个月只能休息一天。那一天，他基本上都是捧着手机与书，坐在窗前读英语。听他蹩脚的发音，我很想笑。不过，他很认真地跟我说："'城中村'是年轻人闯荡大城市的起点，搬离它的速度取决于你学英语的速度。"

我对他的学习精神嗤之以鼻，他却告诉我，英语好的快递员可以换岗位，是那种不用出那么多汗却能得高薪资的岗位。

"我还要学电脑、学编程。"大伟说，"就是工作太累。每天回来倒头就睡，很有负罪感。"

我所在的理发店比较高端，前来理发的人可以边品尝咖啡边上网。上班的时候我没遇到太过奇葩的客人，只是会因为我做事不太熟练被顾客嫌弃，被骂哭是常有的事。

一天，我又被骂哭回家，看着自己泡肿的手，真想一走了之。那天，大伟从窗口递给我打包的小龙虾，安慰我说："也许现在是你在这个城市所能遇到的最差的生活，但只要你有耐心，积极向上，努力奋斗，日子会一天天明朗起来的。"

那天，我发现大伟拿着一本法律书。他说："我在外打工的大妹，遇到劳资纠纷。一群小姑娘被拖欠工资，不知道该怎么办。她们远在东莞，我又请不下假，只能帮她们看看法律……"大伟顿了一下，看看我说，"我觉得女孩子还是要多读一点书。你的家境还没有苦到必须出来打工的程度。我大妹已经出来三年了，我就想着多赚钱，让我小妹可以读到大学。"

大伟说这些话的时候很真诚，仿佛我就是他的亲妹妹一样，突然想起远在北京打工的姐姐也对我说过同样的话。我来杭州后，她几乎天天打电话催我回去念书，让我不要挂心家里的经济负担。不过，我对姐姐向来心存逆反情绪，倒是那天大伟的话说到了我的心里。

那天，我们一起去吃楼下的麻辣烫，偶遇大伟的中学同学。同住一个"城中村"，那个同学因为读了大专，所以一个人租了一间房。他一边吃，一边跟我们聊他所在的电子商务行业的事情，我们几乎搭不上话，气氛尴尬。

同学走后，大伟跟我说："你知道我跟这个同学最大的区别是什么吗？"

我摇摇头。

大伟说："那些念过更多书的人，哪怕肉体吃再多的苦，精神也是明亮的。因为圈子够大，所以有那种踮一踮脚就能够得到的希望感。我们却经常忙得昏天黑地，找不到上升的门路。"

默默推你去更好的人生轨道

与大伟的那次深聊之后，我觉得自己变了。大伟大概是我遇到的最正派、最上进的同龄人。

过去，因为没钱出去玩，我和室友每天最大的娱乐就是在村子里喂流浪猫，去村口吃20块的麻辣烫。后来，我开始跟着大伟往村子外跑，去看那繁华的CBD，去看商厦橱窗里自己买不起的好东西，幻想有一天也可以在里面买买买，也可以穿着OL的衣服刷卡走进写字楼。

试用期满两个月的时候，我辞职了。虽然老板要给我转正涨薪，但我心中没有一点留恋。我准备要走的那些天，大伟一直鼓励我。他说，终有一天他也要搬到更好的小区，去过更好的生活。

我欣赏地看着这个人，虽然他出身穷苦，但很有志气，我相信他未来的日子一定不会太差。

离开杭州的前一天，我又去了西湖，在武林门CBD的大广场上坐了很久。我下定决心回去好好读书，实在不行再复读一年。我希望高考能考上杭州的大学，以另一种身份来拥抱杭州。

我走的时候，大伟没有来送我，他说怕自己会舍不得。不过我还是很感激与他的这次相遇，谢谢他推我去向更好的人生轨道。

感悟手札

你陪我看过满天星光

陈小艾

高二那年，我像个巨大的谜团被塞进那个班级。小城的那所中学狭小、闭塞，仿佛终年都不会有什么大事发生，因此我这样一个转学生很快便成了全校的焦点。平日走在校园里，我时常会觉得周围探询的目光快把我戳成蜂窝煤了。

我的穿衣打扮在一堆裹着宽大校服的学生里格外惹眼，体育课上我新潮的运动鞋也时常会引得周围人艳羡。很快便传出流言，说我原本在市区最好的中学就读，由于父母离异无人照看才被送回小城的奶奶家。我对这些流言并不在意，依旧每日沉默且本分地读书学习，并且很快度过了转学的不适应期，轻松成为站在红榜顶端傲视群雄的人。

教我们语文的王老师刚刚大学毕业，讲课风趣幽默、不墨守成规，人又仪表堂堂，深受大家喜欢。王老师跟大家也都打成一片，对班上的一名女生尤其青睐。那个女生坐在倒数第二排，上语文课时，很多时候王老师直接搬个凳子坐在她旁边讲课，这导致班里有一大部分人听不清他讲的内容，其中便包括坐在教室前排的我。

"老师，您在那里讲课我们听不到，讲台才是您应该待的位置。"那堂语文课上，我不知道从哪里冒出来的勇气，从座位上站起来以一种伸张正义的大无畏姿态向王老师正式"宣战"了。原本闹哄哄的课堂瞬间鸦雀无声，同桌沈峰川悄悄拉了拉我的衣角，示意我坐下，可我依旧微仰着头固执地站在那里，直到看着王老师从教室后排慢慢地挪到讲台上，我才坐下。

那个时候只有16岁的我尚不明白，在这样一件大家早已司空见惯的事情上，每个人都已经习惯了沉默，而我这个后来者却像个异类一样打破了这种沉默，成为他们平静生活的擅闯者。

似乎是一夜之间，我发现身边几乎所有人开始有意无意地疏远我、孤立我。王老师依旧是大家最喜欢的年轻老师，甚至连他格外偏爱的那个女生也并未受到什么影响，唯独我的生活全然被改变了。那种感觉就好像是，我正努力尝试融入他们的生活，却忽然被告知，通向新世界的门被关上了，而且永远不会再为我打开。

北方小城的冬天来得极早，仿佛打了个盹儿的工夫秋天就一下子被老天收走了。我骑着自行车在小城冷风萧瑟的街上漫无目的地游荡，并不打算回家，只是望着道路两旁灰扑扑的屋舍和光秃秃的田野发呆。我忽然没来由地生出一种对小城的厌弃，我厌弃它那么闭塞、狭小，厌弃这里到处都是习惯了逆来顺受、束手束脚的人。

我变得更加沉默，像一只密封完好的罐子，里面存放了满满当当的心事，我却并不急于与任何人分享，仿佛全世界只剩下读书这一件值得我拼尽全力的事。很快我便坐稳了年级第一的位子，而且每次都以超出第二名几十分的绝对优势遥遥领先。那时我勤学苦读的目的简单又纯粹，我想离开小城去看看外面的大千世界。于是，好成绩像是某种呐喊，好像只有通过这种方式，我才能拥有短暂的宁静。

可破坏旧秩序的人总要付出代价。我曾天真地以为之前那一页早已翻过去了，却总有人要跳进我平静的生活来搅动我那份来之不易的宁静。

作文课上，王老师笑意盈盈地走上讲台，在黑板上写下这样一个半命题"____之心要不得"，前面那条下划线是给大家自由发挥的余地。但他一反常态，并未让我们在作文纸上按要求书写，而是挨个儿点名让大家站起来根据这个题目即兴演讲。在几个同学演讲完"虚荣之心要不得""懦弱之心要不得"之类的话题后，班里有几个同学像是提前约好了一样，都聊到了"嫉妒之心要不得"这个话题。王老师显然对他们这个话题更感兴趣，颇有兴致地挨个儿为他们点评，到最后忽然点到我的名字，问我怎么看。

我永远都忘不了那一幕，所有人的目光齐刷刷地一下子投向我。那一刻好像所有人都认定，此前我在语文课上公然"挑衅"王老师的行为是因为嫉妒那个被他偏爱的女生。我孤独且无助，眼前王老师那张脸上的表情瞬息万变，我猜不透他心底的真实想法。他是故意要我在众人面前难堪，还是真的只不过是一堂寻常的作文课。一种无力感涌上心头，我能做的只是倔强地站在那里，不发一言。

后来，王老师总能找到"卷面书写不够认真""粗心做错了不该做错的题目""文言文背诵得不够流利"等形形色色的理由惩罚我。于是，高二下学期那段时间，我经常在语文课上收到"逐客令"，被要求站在走廊里不准听他的语文课。那段时间，到了语文课，我总是一个人站在教室外面，走廊里空无一人，课堂上时常传出来的笑声将我的孤独拉得格外长，仿佛连落在地上的影子都在喊着寂寞。

我不是没有偷偷流过泪，在深夜我蒙着被子哭得撕心裂肺，那些嘲讽和冷落像一柄柄捅进我心里的锋利刀子。那时，年少的我不明白，为什么我做了一件在我看来应该做的事，所有人就突然都站到了我的对立面，每个人都争先恐后地凑上来在我身上踩上几脚。

我觉得没有人理解我、体谅我、支持我，我变得越发孤僻，随时随地保持一副拒人于千里之外的样子。从我转学到这个班里开始，沈峰川便一直是我的同桌，他愿意一直做我的同桌，是我转学以来仅有的几件让我感到温暖的事之一。在我每日沉默地埋头苦读时，他时常会在一旁默默地注视着我，有时也会将写得工工整整的语文笔记递给我，目光清亮而幽深，就只是静静地坐在一旁，以这样一种我们都舒服的方式陪伴着我。

可我并未打算接纳他做我的朋友，我想他也没有做好准备迎接我进入他的人生。毕竟在那个年纪，他并没有勇气和能力凭一己之力帮我摆脱那个糟糕的处境。所以在我们每日难得的几句交谈中，他淡淡的语气中好像总是裹着遗憾。

高二升高三的那个暑假，有一件大事发生，期末考试我不仅再次取得了全年级第一名的好成绩，而且在全市八校联考中也排在了前五名。我凭借亮眼的成绩获得了更多老师的关注和厚爱，班里同学对我的态度也和善了不少，经常会有人围在我身边跟我讨论问题。

高三开始，王老师不再担任我们班的语文老师，新语文老师李老师是个笑起来眉眼弯弯、脾气温和的女老师。她欣赏我的文笔和才气，兴许是因为从别处听说了我之前的"遭遇"，私下里对我总会多一些关心和爱护。她会偷偷塞给我一些对阅读和写作有益的课外书，也会在我成绩出现起伏、情绪焦虑不安时开导我。她的到来，一点点补全了我原本残缺不全的世界，让我不再像个突兀的异类一样支棱在热闹的人群之外。

李老师教会我很多，是她让我发现自己身上除成绩好之外还有很多闪光点，是她教会我在生活里恰当地面对得失。

高考前的最后一个月，在众人的殷殷期待中，我因为倍感压力而状态很差，经常一打开课本就觉得头痛。李老师都看在眼里。某天晚自习后，她将我和沈峰川带到操场西南角那块僻静的空地上，同我们聊了很久，用她高考前调适心态的方法来鼓励我、启发我。

那晚天上的星星密密匝匝的，后来我们就那么静静地坐着。"你那么美好，一定会有闪耀的人生。"李老师这句话让我泪流满面，那一刻我忽然原谅了种种过往。

不久后，我便跳上绿皮火车，离开了那座曾带给我巨大失意和挫败感的小城，心中并没有太多波澜。后来，我收到沈峰川发来的消息，他说："我一直很喜欢你，我知道你总有一天会成为更好的人，拥有亮闪闪的人生，所以喜欢你这件事，我一直在学着努力藏好。"

也许今生我们鲜有机会再聚首，但我永远不会忘记同他们在一起的那段时光，那亦是我无比珍视的闪光回忆。

感·悟·手·札

旅 行 少 年

（日）松浦弥太郎

小学五年级时，我因故离开父母亲身边，到新潟县妙高高原的农家住了一个夏天。在那里遇见了《银河铁道之夜》（作者宫泽贤治）的主角——少年乔凡尼。

白天帮忙做田里的工作，晚上一个人缩在被窝里，就能深刻感受到在妙高高原的生活有多孤单，或许没有其他朋友，最后只能靠阅读来稍稍减缓寂寞。当时我很怕夜晚，所以每到晚上就得读书。把故事念出来之后，恐惧竟然莫名其妙地就降低了。如果有那张宇宙中哪里都能去的绿色车票，我也想踏上旅途啊！我对乔凡尼简直羡慕得不得了。

直到 15 岁，我才有自己的房间。墙上贴着跑车在环状跑道上奔驰的海报，枕边摆了一台小晶体管收音机。光是这样，就感觉自己有点像大人了。每到夜晚，在房间里幻想的，是莫里斯·桑达克的绘本《野兽国》的故事。内容叙述调皮捣蛋被妈妈骂的麦克斯，把自己关在房间里，结果竟然有一艘游艇驶进他的房间，于是麦克斯搭上游艇展开旅程。我每天晚上关掉电灯，都感到雀跃不已，不知道哪天会不会也有游艇开进这个房间，然后我就能搭上游艇到野兽栖息的岛屿去。我在内心祈祷，就算是梦也好，真想出去旅行啊！

朋友总在旅途中相识，这个道理是马克·吐温《顽童流浪记》里的哈克告诉我的。就像哈克拥有吉姆和汤姆两个好朋友一样，我想：如果我踏上旅程，应该也会认识朋友吧！

18 岁那年秋天，我第一次到美国旧金山时，心中想的倒不是要看些什么，要去哪些地方，最强烈的念头是想交朋友。在陌生土地上遇到各种困难或麻烦，都可以和朋友一起携手克服。

旅行时，我从来不忘随身携带书，就像保罗·科艾略《牧羊少年奇幻之旅》的主角——牧羊少年圣地亚哥，我从小的习惯就是把刚读完的书放在枕边睡觉，然后也跟圣地亚哥一样，自言自语说着下次要找一本更厚的书来读。圣地亚哥的人生目的就是旅行，那么，我的人生目的是什么呢？如果我的人生目的也是旅行，那该多好。我总这么想。

出生于加拿大的鞋子设计师保罗·哈尔顿，目前在距离伦敦一小时车程的一处叫作布莱顿的海边城市，拥有自己的品牌——"Paul Harnden"工作室及住家。三年前，我在温哥华的旅程中认识了他。当时他随身携带着《丁丁历险记》。

"为什么会带着丁丁到处走呢？"我问他。

他告诉我："你问我为什么？因为丁丁是我的朋友呀！""你知道鲨鱼潜水艇吗？就是那艘鲨鱼形的潜水艇。""当然啊，我的梦想就是搭上那艘潜水艇啊！"我们一整夜就聊着这些梦想。

一年之后，我收到一个他寄来的大包裹。打开一看，是一件他亲手做的短大衣。包裹附的信上写着："这件大衣送你，这个款式跟丁丁穿的大衣一样。只要穿上它，我跟你都能变成丁丁。"我穿上大衣，心想：成为少年记者的梦想总算实现了。

我的发小是个奇才

刘华剑

一

方小君是我的发小，也是最值得我吹嘘的哥们儿。

简单来说，他很聪明，聪明到了某种诡异的地步。初中的时候考数学，试卷里一道几何图形题上的数字印错了，大家都按照老师教的方法算，结果算出来的答案五花八门，有的人干脆就没有做。如预想的一样，这道题大家都没得分，但方小君居然得了满分。

当时就有同学拍桌子反驳："不可能，题目都出错了他怎么可能答对？"

老师说："他把题目上的那个数字改对了，所以得出了正确答案。"

那个同学还是不服气："他怎么知道题目上的那个数字是多少？除非他之前做过这道题。"

教室里一片哗然，同学们纷纷表示有道理。

方小君把卷子放下，走上讲台拿起粉笔开始画那个几何图形，然后说明这道题要考的几个知识点，根据已有的信息进行逆推，以缜密的逻辑把出题老师的意图推导出来，继而改正了题目上的错误。当时我们那位号称"三环陈景润"的数学老师都惊呆了，抓了抓头上为数不多的头发，断言"此子前途不可限量"。

其实我们也知道是题目出错了，但大家都在抱怨和自暴自弃，没有一个人想着去把题目改对，所以我们只能在抄试卷答案中发出惊叹，而方小君站在舞台中央。

二

方小君这个人很怪，他的想法从来都和别人的不一样。

高考后我们几个哥们儿一起去做兼职打零工，无非是想赚点钱买东西、玩游戏。我们打零工的那家公司特别"奇葩"，每个星期都要组织培训，哪怕你是短期工也得参加。刚开始大家还敷衍地去过几次，后来慢慢地就都请假不去了；但方小君不一样，每次去都拿着本子和笔，比在学校听课还认真。

大家都问他："那么无聊的讲座你是怎么坚持听完的？"

他摇摇头："我其实也没听讲座。"

大家惊得下巴都掉了下来："那你每次这么重视干吗，还带这些东西？"

他翻开本子说："这些都是我和那个讲师私下聊天时的内容，我觉得挺有用的，就记下来了。"

我们搞清楚了，原来方小君每次等讲座结束后都会和那个讲师聊天，据说那个讲师是个营销大师，以前在上海的大公司做事。方小君在课后给他买饮料，问他一些关于营销管理的问题。那个讲师看这小伙子挺上进好学，就有问必答，两个人成了忘年交。

我翻了翻本子，上面都是一些"营销视野""塑造市场供应品"之类的话。我把本子还给他时说："学这些东西有什么用？都是浪费时间！"

方小君笑了笑，说："学的东西，总有一天会有用。"

是的，那一天很快就来临了。进入大学，我整天上网、交友、烫发、文身，觉得生活很有意思，期末挂科的时候也毫不在意，反正有补考的机会。方小君却和我截然不同，不仅每年都能拿奖学金，还在大学里疯狂地赚钱。你难以想象，一个学生在上大学期间居然能挣数十万元。

最开始，他在宿舍开小卖部，慢慢地储存资金。有了本钱后，他又和两个朋友做起电话卡的生意。靠这个生意，方小君赚了一大笔钱，随后，他把生意扩展到了附近的学校。接着，他找到一个校园乐队，说："你们玩音乐也需要观众，我可以帮你们在学校开演唱会。"

就这样，他花钱租了场地，简单布置了舞台，找了个便宜的灯光师，去广播站和校报做宣传，然后一张票卖20块钱，也就是买几支雪糕的钱，大学生还是消费得起的。一场演出办下来，可以赚几千元，而且反响很不错。演出办火了之后，校外很多玩音乐的人慕名而来，出高价想上台露个脸。

三

毕业的时候，我论文答辩了两次，在大汗淋漓中拿到毕业证书，未来对我而言无限渺茫。而方小君已经买了人生中的第一辆车，并且找到一份很好的工作。

我终于明白是我错了，去夜店、文身、打耳洞这些东西只是看起来很酷，其实没有一点难度，只要你愿意都可以做到。而更酷的是那些不容易做到的，比如读书、锻炼、赚钱，这些在常人看来很无趣的事。

我们还是在同一座城市，我每天都在抱怨老板刻薄、工资太低、手上的钱永远都不够用，而方小君每天却很忙碌。我本来以为他会自己创业，他却说自己的能力还不足，于是去了一家公司做项目，下班后就到处听讲座、看话剧，认识一些比自己厉害的人。

我们过着平行且不相交的生活，但至少有一点是相同的，那就是三年前的春节，我们都很倒霉。

我被老板炒了鱿鱼，成了无业游民。而方小君和同事加班加点做项目，到了紧要关头，老板居然拿着钱跑路了。当时他所在公司的员工愤慨不已，好几个人都喊着要散伙，把电脑往自己家里搬，只当抵工资了，虽然远远不够。

方小君制止了他们，他说："我们要把项目做完。"

同事们怒道："钱都没有，还做什么啊！"

方小君说："项目做完了我去卖，一定让大家都能拿到钱。"

同事们不信："你说能拿到就能拿到？你算老几啊？"

方小君异常镇定，那天下午就把买了不到一年的车卖了，拿着卖车的钱给大家发了工资，然后鼓励大家继续把项目做完。那年的除夕夜，我百无聊赖地躺在沙发上，不知道自己还能干什么；而方小君却和同事们热火朝天地加班，他很清楚自己要干什么。

正月初五，方小君成功了，他不仅高价卖掉了做完的项目，还有了一个忠诚可靠的团队。那些同事唯他马首是瞻，愿意跟随他去深圳开公司。临行前，他和我吃了顿饭，他很兴奋，说了很多话，我则强颜欢笑。对于这个朋友我是爱恨交加，他总是那么优秀，把别人比得一文不值。

他看我闷闷不乐："你怎么了，是不是有事？"

我苦涩地笑笑："没事，喝酒吧。"

分别的时候，我看他又买了新车，他摇下车窗对我说："你也很厉害，就是少了点斗志而已，只要你愿意，一定可以比我强。"

他说这话时的表情很严肃，不像是开玩笑。我笑了笑，冲他挥了挥手。

半年后，我收到了他的快递，里面只有一张卡和一张字条，字条上写着：30万创业基金，你不是一直想开咖啡馆吗？我相信你一定能成功。

字条下方龙飞凤舞的"方小君"三个字让我眼眶微红，想不到他还记得我的梦想。

四

是的，我一直想开咖啡馆，但也仅是想想而已。只要想到具体细节，我就头疼欲裂，也许这就是梦想和幻想的差别吧。梦想，是一个让人永远不会嫌麻烦的东西。

怀揣着兴奋和不安，我开始了筹备工作，租店面、搞装修、买设施、招员工，忙得不亦乐乎。明明这地方客流量还行，装修得也挺精致，可生意就是做不起来。我有点苦恼，不知道哪里出了问题，只能等方小君回来的时候再向他请教。

他开着车绕咖啡店逛了一圈，说："你的店没有特色，门口除了招牌什么都没有。别人的咖啡店门口都有标志性的东西，你看那些榕树和花园，看着就很有文艺范儿，年轻人都爱去这种地方。"

我挠挠头："我这儿怎么搞特色啊，没山没水的。"

方小君把车停在我的店门口，思考了几分钟，指了指旁边的一面长墙说："就在这儿弄。"

方小君真是个奇才，随时随地都有新点子。听从他的建议，我组织了一场涂鸦大赛，欢迎所有爱好涂鸦的年轻人过来展示自己的作品，第一名有奖金可以拿，并且所有参赛的人喝咖啡都是半价。想不到这个活动一下子就火了，一个星期后，那面墙成了这里最有特色的东西，引来很多年轻人拍照围观。店里的生意也有了好转，慢慢开始盈利了。

方小君回来过节，马上又要回深圳，他的公司越开越大，据说已经拉到融资了。分别时，我不好意思地说："哥们儿，你借给我的钱，我暂时还不上。"

他笑着说："你把我当周扒皮呢？有时间过去找我玩，我请你吃海鲜。"

他冲我挥挥手，慢慢消失在人海之中。那一瞬间，我好像看到那个 13 岁的少年，在其他人都在抱怨和愤慨时，坚定地改正了题目中的错误，也许在那一刻，他就已经谱写了不凡的未来。

感·悟·手·札

我相信我们最终会获得胜利

鹅打

一

我经常会想到耿望，他在我心里的存在仿佛是日常的、渗透的、结构性的。

更多是在被生活击倒的时刻，我想到他当时握着我的手，我们手心受潮，连带着硬腭都发着酸。耿望看着我，眼神坚定又坚定，并且这坚定，使得他的那句话成为我多年以来唯一的支撑。

他说："不用怕，我相信我们一定会获得胜利。"

二

高三那年，学校取消了年级前 20 名同学的晚自习，凑成了一个小班。每天晚上，走廊尽头的空教室里，我们聚在一起上提高课，目标不是为了达线，而是有可能去争市里的第一第二。

我和耿望都在班里，并且很早前就知道对方的存在。耿望成绩很好，是那种特别突出的好，他的答案会被看作范本，思路能被当成方向，解题的逻辑清晰、利落，仿佛从来滴水不漏。

就像他本人那样。

小班的座位比较随意，第一天上课，我挑了个靠边的后排，想先吃完用来充当晚饭的面包。突然，一个男生拍拍我的肩膀，抓着书包坐在我的旁边："兄弟，这边没人吧？"

对于这种情况，我早已见怪不怪，于是慢条斯理地擦擦嘴边的油，打算教导这位同学一些人生道理，没想到一抬头，愣了。

"哈——你是那个第一名？"

"哈——你是那个光头？"

耿望眯起眼睛，而我沉默三秒。"光你个大头啊？我有头发的好吧！"

忘了讲，耿望出名是因为他成绩够好，而我出名，是因为我是全年级唯一一个剃成寸头的女孩。用别人的话来讲，那个硬核又古怪的女孩。

就这样，耿望成为我的同桌，因为觊觎我这颗稀有的头。

我一自闭儿童，朋友少，也没什么同学愿意和我亲近，平时去女厕所都要趁着自习课人少的时候。所以我想不通他为什么要和我坐在一起，做题做了一半，我碰碰身边的耿望，问他干吗要坐我旁边。

"光头比较亮，好找。"

"……再说一遍，我、有、头、发。"我咬牙切齿地回道。

成绩好有什么用，耿望这个人是真的晦气，并且别扭。我有时候会去请教他题目："第一名，能不能教我一下这道变量题？""那你头给我摸三分钟。"

耿望支着下巴，侧过来瞄了一眼试卷，又慢慢转了回去，让人恨得牙痒痒。

但能屈能伸是一种优秀品质，我又琢磨了半天这倒霉函数，无果，只能屁颠屁颠凑过去跟耿望砍价，"一分钟？"

"五分钟。"

我气不过，索性背过身去。过了会儿，旁边递了张写着解题过程的草稿纸过来，答案详细、思路清晰，重点处用五角星标了出来，草稿纸下方还画着一个气鼓鼓的小光头。

那段时间，我和耿望都学习得非常努力，基本上每次都是教室里最后走的同学。

我完全是抱着必胜的决心在学习，我性格执拗，高二时因为成绩下降，和父母大吵一架，当晚就在楼下发廊剃了个寸头回来。并且在父母面前立下狠誓，考不上理想的大学，绝不蓄长发。

"虽然彪悍了一点，但好歹还是个女孩。"耿望讲这话时一副才反应过来我是女孩的模样。

耿望家离我家有段距离，有时候我俩走得晚了，他就一定要送我回家。这一来一回，他到家就快凌晨了。

"太耽误你时间了，你要高考没考好，我可不负责。"

"你很怕高考考不好吗？"

"嗯，很怕。"我点点头承认，抓着书包带的手都紧上几分，因为我知道高考是唯一的出路。

"我连寸头都剃了，就这样还考不好，真的是要疯了。"我指指自己的脑袋，但当时的心情其实格外平静，我们的步伐变得缓慢，路变得平坦，连灯光都变得明亮起来，这一刻像是从哪里偷来的，所以我们丝毫不用着急。我没忍住，甚至向耿望倒起苦水来。

"因为这寸头，我可吃了不少苦，大家都拿我当怪物看。"

耿望抿了抿嘴，又看看我，没有讲话。

过了几天，我在教室里见到耿望，发现他也剃了一个板寸。他剃得比我还短，鬓角利落，脑门倍儿亮，后脑勺圆溜溜的，硬朗。看见我看着他，耿望不好意思地摸摸脑壳，整个人都显得粗粝起来，透着一股腥热的火药味。

我知道那火药味来自哪里，在那一眼中，我脑内的扳机扣响，有什么感情在那刻彻彻底底地实现了决裂。我想到曾经读过的那段话：我毫无阅历，毫无准备，我一头栽进我的命运，就像跌进一个深渊。

那是我见过最英俊的寸头。

三

我渐渐不再否认耿望的好，考得最差的那次，他给我讲了两个小时的题，虽然他说是因为我在旁边哭得太烦人了。

讲完题后，我小心翼翼地向耿望道谢，因为我知道在争分夺秒的备考中，整整两个小时代表着多少分数的可能性。而耿望只是挠挠脑袋，说："那请我吃夜宵吧。"然后全校第一名就带着我一起逃了课。

我们绕了一整条街，来到大学城旁的夜市，两个寸头凑在一张脏兮兮的小桌上，吃着一碗热腾腾的牛肉粉。啊，我后来再也没吃过那么那么好吃的牛肉粉。

回家的路上，耿望还在和我讲着数学最后一道大题的思路："你要有构造函数的意识，懂得利用函数的单调性，一切就会变得简单。"但我听着听着就萎靡起来，耿望看着我失去精气神的没劲样儿，走过来牵住我的手。

"不用怕，就像数学题一定会有正确答案一样。"他看着我，"我相信我们一定会获得胜利。"

我看着耿望笃定的眼神，视野狭窄起来，眼前的路仿佛不再孤单，而是鬼使神差地拥有了依靠，迷迷糊糊就点了点头。

第二天，我们回到教室，仿佛什么都没有发生，那个牵手被我们默认为友情鼓励的象征，因为我们都知道目前最重要的是什么。

后来，这个临时的小班在高考前的三个月取消了。我和耿望回到各自的班级上课，开动员大会时我在操场上再次看见了他，那时他的头发已经长得很长了。

又后来，高考结束，每个班级报考的时间都不一致，我们一直都没有机会再见一面。我和班里同学的关系照样不好，没有辗转打听耿望消息的渠道，遂作罢。

再后来，他去向未知的城市，开始新的生活。我留了长发，烫卷，又拉直，只是再也没有剪短过。

但这么多年来，我总是会经常地想到耿望。想到曾经有个男孩为了我剃成寸头，想到他是如何鼓励我，想到他的那句话让我在很多个难堪的时刻存活下来。

我真的好想念他。真的。

感·悟·手·札·

七月七日长生殿，再无人陪我

夜半私语

一羽

12岁，在那个傻到认为学习成绩就是一切的年纪，迫于就近入学原则与各位叔叔阿姨的建议，我进入了那所被我爸称为"渣滓洞"的初中。懵懂无知的我就此开启了中学时代。

其实我早该在听到"渣滓洞"这个"威名"的时候，就抱着我爸的大腿哭着坚持不去这所学校的，但当时的我在最不应该的时候发扬了明知不可为而为之的精神。

我们的学校极具特色。当你看到一群手插裤兜、斜靠着墙还不时甩甩斜刘海的流里流气的青年的时候，你便能够准确地知道学校大门的位置，并且判断出我们快放学了。

不论风吹日晒，总有这么一帮人立在这儿，雷打不动，像一尊尊神像等着我们这群初中生瞻仰。他们五彩的头发和同样缤纷的摩托车几乎成了学校门口一道独特的风景。至于他们为什么爱站在这儿，很可能是为了讹我们的钱，而我从没被讹过，其中很大的原因可能是我没钱。因此我认为他们站在这里最大的作用，就是为老师提供教育我们的反面教材。

比起学校门口这群"妖魔鬼怪"，我觉得校内更为可怕。校内有上学第一个星期就把我的衣服撕破的后桌，有上课时一直晃凳子影响我听课的前桌，还有在学校遍地是姐妹的女同桌。在学校与我有直接接触的只有他们几个，而他们几个承包了我对学校所有的恐惧。

我很乐意有一个女同桌，我觉得"男女授受不亲"对我来讲并不算什么，因为我觉得男男之间的授受最好也不要有肢体接触，但我之前的男同桌好像并不明白这个道理。所以我更希望有一个女同桌，这样就可以极大地减少我和同桌之间的身体接触机会。

但我很快就发现，事情并不像我想的那么简单。

我们两个人的桌子靠窗，我觉得这里的光线比较好，有利于我学习。但从我的女同桌搬到我旁边的那一刻起，这扇窗子便多了一个神奇的魔力：只要她不在座位上，窗户外就会伸进一只手放下一些零食。根据我对人手的了解以及对那只手外形的分析，我断定那是一只男生的手。

直到现在，我还有点替那个不幸的男生感到悲伤。

那是清风微凉、阳光温暖的一天，我同那个男生一样，认为那是表白的最佳时机。丘比特亦认为如此，于是它吹响发起总攻的号角。我仍记得那双手是多么温柔地递过一杯奶茶，而同桌是多么粗暴地将杯子拿过来塞到我手里。当她进行这一套行云流水般的操作时，一张小纸片掉在了地上，这应该是那个可怜的男生写的情书。我不知道那份情书写得有多么真挚动人，但我可以告诉你，那杯奶茶真的很香甜、很好喝。

或许就是从"奶茶事件"起，我发现我的同桌其实有点可爱。我发现她喜欢抠橡皮，喜欢在干干净净的作业本上写字，有时也喜欢抬头看看窗外，太阳会照在她身上，也会照在她的作业本上，都很好看。但我并不认为这代表我喜欢她，因为我知道"发乎情止乎礼"，一个好学生是不可以早恋的。至于觉得她可爱，当时我把这归于"抢饭定理"：女孩总是追的人越多越好，这和饭有人抢着吃更香是一个道理。

可抢这碗饭的人着实有点多，这也代表我能蹭到更多的零食。

我们之间"零食关系"的终结始于一个事故，那真的是一个事故——我忘了记作业。或许出于偶然，或许是因为想起了她总一丝不苟地把作业写在笔记本上，或许是想起了窗外温暖的太阳。总之，茫然无措的我在 QQ 上找到了她，自那以后我的记忆力便好像下降了许多，尤其是在记作业方面。

我开始觉得自己像一个伪君子，白天道貌岸然、不乱分寸，晚上却跟不良少女天天聊到深夜。说她是不良少女，是因为她有着不良少女所拥有的一切特征：斜刘海，帆布鞋，宽大的校服上画着涂鸦，整日风风火火地和姐妹们逛来逛去，或是和那些不良少年对骂。我也一直认为她可能正追求着自己热爱的生活：年少轻狂并且乐在其中。

"道貌岸然"的我在"渣滓洞"里也有自己的生活方式。我让那些不良少年抄作业便没人敢欺负我。可像她那样的女生被欺负了又有谁能替她出头？我清清楚楚地记得，那个总借我作业抄的男生边勾着我的脖子边抽着烟，嚣张地跟我说："你摸过你同桌没？真软。"我是个处于青春期的男生，我明白他的意思，也明白他们总是去招惹那些女生的原因。但我没说什么，他们需要我的作业，而我需要他们保证我不被打扰。

那是第一次有女孩在我面前哭，我不知道该怎么做。她的姐妹们安慰着她，我只能在旁边呆呆地看着。等到上课时，她不再哭，坐得仍那样端正，仍诚恳地问我题目，可我看着她，脸上的泪痕清晰可见。那天她发了一条滥俗至极的"说说"："我抽烟、喝酒、骂人，但我是个好女孩。"我知道她不抽烟，因为她身上没有那种可憎的气味，我也知道她不喝酒，喝酒的人眼神不可能那样清澈，她老骂我，笑着骂。

我讨厌那群自私无趣的男生，我讨厌嘴上永远挂着"一个巴掌拍不响"以致我想给他一巴掌的班主任，我讨厌懦弱无力的自己。她只是个漂亮的女孩，"匹夫无罪，怀璧其罪"，如果只是因为她比别人漂亮可爱就要受到更多伤害的话，那么，我讨厌这个世界。

我们白天仍保持着距离，晚上却亲密无间。她发给我的语音我总会翻来覆去地听好多遍，回复给她的文字我也会细细揣摩。在夜晚，在 QQ 上，我觉得那才是一个真实的她：一个父母的乖女儿，一个弟弟的好姐姐，一个老师的俏皮学生，一个非常好的同桌……

没有表白，没有情话，只有每天平平淡淡的生活趣事，我们的关系就靠着手机与网络维系着，很美好，也很脆弱。

我们最后一次联系仍是在 QQ 上。毕业季，七月七。我们聊到半夜，12 点整她突然顿住不再讲话，说要睡觉。我道晚安，下线。次日清晨，我醒来，手机上有一条消息："傻瓜。"

那天我在 QQ 空间写下一条"说说"："七月七日长生殿。"

后来我习惯了早睡，再没人陪我夜半私语。她是对的，她是个好女孩，而我是个傻瓜。

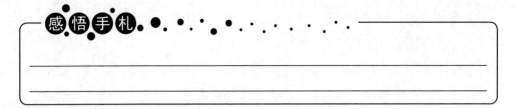

少 年 三 章

肖复兴

15 岁那年的暑假，雨下得格外勤。那时，我最盼望的就是雨赶紧停下来，我就可以出去找朋友玩。当然，这个朋友，指的是她。那时候，她住在和我一条街的另一座大院里，走不了几步就到，但是，雨阻隔了我们。

冒着大雨出现在一个不是自家的大院里，找一个女孩子，总是招人耳目的。

那时候，我不如她的胆子大。整个暑假，她常常跑到我们院子里找我。在我家窄小的桌前，一聊聊上半天。我们聊得最多的，是物理和文学，是居里夫人，是契诃夫和冰心。

等到屋子里变暗，父亲或母亲将灯点亮，她才会离开我家。

雨由大变小的时候，我常常会产生一种幻想：她撑着一把雨伞，突然走进我们大院，走过那条长长的甬道，走到我家的窗前。那种幻觉，就像刚刚读过的戴望舒的《雨巷》，她就是那个紫丁香姑娘。少年的心思，是多么可笑，又是多么美好。

下雨前，她刚从我这里拿走一本长篇小说《晋阳秋》。这场一连下了好多天的雨，终于停了。蜗牛和太阳一起出来，爬上我们大院的墙头。她却没有出现在我们大院里。我想，可能还要等一天吧，女孩子矜持。可是，等了两天，她还没有来。我想，可能还要再等几天吧，《晋阳秋》这本书挺厚的，她还没有看完。可是，又等了好几天，她还是没有来。

我有些沉不住气了。倒不仅仅是《晋阳秋》是我借来的，该到了还人家的时候。而是，为什么这么多天过去了，她还没有出现在我们大院里？雨，早停了。

我很想找她，几次走到她家大院的大门前，又止住了脚步。浅薄的自尊心和虚荣心，比雨还要厉害地阻止了我的脚步。

直到暑假快结束的前一天下午，她才出现在我的家里。那天，天又下起了雨，不大，如丝似缕，却很密，没有一点停的意思。她撑着一把伞，走到我家的门前。那时，我正坐在我家门前的马扎上，就着外面的光亮，往笔记本上抄诗，我一见到她，这么多天对她的埋怨，立刻一扫而空。她不好意思地对我说："真对不起，我把书弄湿了，你还能还给人家吗？这几天，我本想买一本新书的，可是，我到了好几家新华书店，都没有买到这本书。"

原来是这样，她一直不好意思来找我。是下雨天，她坐在自家走廊前看这本书，不小心，书掉在地上，正好落在院子里的雨水里。书真的被弄得挺狼狈的，书页湿了又干，都打了卷。我拿过书，对她说："这你得受罚！"

她望着我问："怎么个罚法？"

我把手中的笔记本递给她，罚她帮我抄一首诗。

她笑了，坐在马扎上，问我抄什么诗。我回身递给她一本《杜甫诗选》，对她说就抄杜甫的，随便你选。她说了句，"我可没有你的字写得好看"，就开始在笔记本上抄诗。她抄的是《登高》。抄完之后，她忙着站起来，笔记本掉在门外的地上，幸亏雨不大，只打湿了"无边落木萧萧下，不尽长江滚滚来"的那句。她不好意思地对我说："你看我，在同一个地方摔倒了两次。"

其实，我罚她抄诗，并不是一时兴起。整个暑假，我都惦记着这件事，我希望她在我的笔记本上抄下一首诗，我想留下她的字迹，留下一份纪念。那时，小孩子的心思，就是这样"诡计多端"。

读高中后，她住校，我和她开始通信，一直通到我们分别都去插队。字的留念，再不是诗的短短几行，而是如长长的流水，流过我们整个青春岁月。只是，如今那些信已经不见了，一个字都没有保存下来。倒是这个笔记本幸运存活到了现在。那首《登高》被雨打湿的痕迹清晰还在，好像 50 多年的时间没有流逝，那个暑假的雨，依然扑打在我们的身上和杜甫的诗上。

感·悟·手·札

15岁的白月光

淡蓝蓝蓝

小椿 15 岁那年生了一场病，一直断断续续地咳嗽，起初以为是感冒，但很久也不见好。后来拖得严重了，去医院检查，是重度肺炎。

那个春天真是难熬，就像窗外没完没了的沙尘暴。

刚入院的时候，会有朋友来看她，叽叽喳喳的，被护士赶了出去。时间久了，大家都忙功课，便只是打电话和她八卦一小会儿。

大多数时间，她就半躺在那里，看着透明的药水一点点进入自己的血管，像寂寞无语的青春期。

窗外的春天快过完的时候，小椿床边的窗台上出现了一盆花，有小小的粉白色的花蕾。她问了护士、护工和病友，没有人知道是谁放的。她就每天给那花浇浇水、松松土，盼着盼着，花就开了。

过了几天，窗台上又多了一个鱼缸，巴掌大小，只有两条小鱼。她照例去问了，还是没人知道鱼缸的主人是谁。她反正没事可做，看书之余就伺候那两条小鱼，换水喂食。

诡异的事情一再发生：一条鱼明明要死掉了，却在第二天下午又奇迹般地活蹦乱跳了。小椿仔细观察过，那条鱼分明是被人给换掉了。

小椿一下子觉得日子有趣起来，她猜测着鱼和花的来源，脑袋里有种种故事，就连去卫生间也会加快回病房的脚步。

有一天，她做雾化回来，邻病房的老奶奶急忙喊她："小椿啊，我看见有个男孩刚刚从你的病房出去了。"小椿一个箭步冲向电梯。身后几个老病友乐呵呵地笑，说看起来这姑娘的病好得差不多了。

她抢在最后一刻挤进电梯，里面有五六个人，用排除法，她把目标锁定在角落里那个穿帽衫的男生身上。看起来和她年龄相仿的男生，个子高高的，耳朵里塞着耳机，帽子遮住了小半张脸。

小椿在他旁边站定，用眼睛瞄他。男生仿佛毫无察觉，只安静地听歌。

她想，他长得还挺好看的，有种干净的气质。

在他走出电梯门的一刹那，小椿伸手扯住他的胳膊。

——喂，花和鱼缸是你送来的吗？

男生吓了一跳，脸都红了。

——哈哈，果然和我想象的一样，是送给你暗恋的女生的吧？不过你送错房间了，傻瓜。

15岁是一个怎样的年纪呢？她可以情窦初开，像一枚酸酸甜甜的果子；她也可以纯白天真，仍如一张没有涂抹过的画纸。

15岁的小椿，显然是后者。迟钝、简单，只钟情于好吃的和好玩的。

男生在小椿大方热情的注视下显得有些手足无措，最后只闷闷地"哦"了一声，落荒而逃。

惆怅的小椿回到病房，看见自己的床头放着一本初三的学习笔记，应该是那个男生之前送来的。小椿抱着花和鱼缸，胳膊下夹着学习笔记，挨个房间走，寻找着和自己一样读初三的女生。

但是，直到出院之前，她也没有找到那个女生。

而那个男生，再也没有在医院出现过。

春天就这么过去了，带着一点儿悬疑，以及由此而来的快乐。而夏天的开场，就是小椿要参加的中考。因为落了太久的功课，成绩自然惨淡。但放榜那天，她在状元榜上看见了那个男生的照片，原来他们还是校友呢。

小椿没有去任何一所高中读书，她尚在病中的时候，父母就已经着手为她办理了留学手续。她的未来在伯明翰，做孤独又坚强的小留学生。

15 岁终究会过去的。

16 岁、17 岁、18 岁，当青春渐渐浓郁，女孩们在一起谈论"最浪漫的事"时，小椿总会想起那个走错病房的男生，想起那些没有送到主人手里的花、鱼缸和学习笔记。想到也许会有一段故事因为男生的失误而没来得及开场，小椿还会觉得有点儿遗憾呢。

后来，那一段小小的记忆也在时光中渐渐模糊了。

只是，她永远不会知道，如果她当时把那本笔记翻到最后一页，一定会看到一行钢笔字。

——罗小椿，我可以在 A 中等你吗？

15 岁的许多故事，都没有回声。

感·悟·手·札

落在年少记忆里的星星

Summer

老谭之所以叫老谭，是因为他觉得谭静文这个名字一点也不符合他高大雄健的气质。所以初中三年里，他一直胁迫我们叫他老谭。直到真正的老谭来给他开家长会，听见我们口口声声喊"老谭，今天老师又要批评你没完成作业的事了""老谭，今天老师又要说你偷跑出去打篮球的事了"的时候满脸疑惑，他才嘿嘿直笑着冲出来对我们说"低调，低调"。

老谭有点胖，圆圆的脸上总是带着活泼机灵的笑容。我们做了三年同桌，和我这个成绩不好不坏的老实人不同，他很聪明，也很懒惰。他非常不喜欢写作业，经常被老师罚写悔过书。因为悔过书写得太"经典"，所以常常被老师拉到讲台上朗读。每次他都一本正经地走上台，摇头晃脑地开始念自己的悔过书：

"在这个天朗气清、晴空万里、万里无云的日子，我沉重地忏悔我昨天没有完成数学作业、语文作业、英语作业等一系列作业的错误。究其原因，是我在昨天那个月黑风高、伸手不见五指的晚上意志力太薄弱，一点没有祖国接班人的忍耐力。昨晚，我在晚自习过后，一个人迈着方步往家走，路灯把我的影子拉得好长好长。于是，我就跟我的影子玩了一会儿。它躲，我踩，它再躲，我再踩……突然，我听见几个骑自行车的高年级学长在我身后喊道：'赶快回家看NBA啦！'我这才想起今天的重要性，连忙加快了脚步……"

他每次都把我们逗得前仰后合。不过他真的很爱篮球。身为他的同桌，我经常强行被他灌输一些篮球知识。虽然在我的印象里，NBA的球员都长得差不多。

"你最喜欢的球员是罗丹，对吧？"我问他。

他险些栽倒："罗丹？还罗素呢。你说的是乔丹吧？"

"对、对、对，就是乔丹。"我猛点头表示肯定。

他看见我的样子，无奈地边用头撞桌子边哀号："对什么对，我喜欢的是科比。"

"哦！"我又点头。

他恨铁不成钢地看着我，痛心疾首地说："刘馥容，你的记忆力呢？被狗吃了吗？"

我确实不太聪明，成绩总是不上不下，却胜在生性老实，不让老师费心。有很长一段时间我都喜欢透过窗子向外看，看阳光越过对面的高楼，斜照在宽敞的操场上，看左边树荫下的阴凉，看右边篮球架下嬉笑的学生。有时一阵风呼啸而过，我的视线就会随着一片掉落的树叶翻转飘荡好久。那是我最自由的时刻。

老谭暗暗用手肘戳我。我回过神来后，他会悄悄对我说："这道题是重点，赶快听。"

他总说我不专心。所以，专心却不完成作业的他，数学能考 148 分；而认真完成作业却不够专心的我，数学只能考 68 分。我讨厌数学，我厌恶那长长短短的方程式，以及左伸右展的象限图。数学大概是感应到了我的讨厌，所以它也很讨厌我。

初三第一学期的期中考试，我望着数学试卷上一片红红的"×"，连哭的力气都没有。老师在讲台上说哪道题不会，可以举手提出来，她好着重讲。我的手缩在课桌里，像是负了千斤石，怎么也鼓不起勇气抬起来。

"老师，第二题我不会。"老谭突然举手喊道。

老师和我都讶异地看向他。老师大概吃惊于他居然连这么简单的题都不会，而我吃惊于那道题他明明对了，错的其实是我。从第二题开始，他按照我的错题一个一个地举手提问。

老师终于忍不住了："谭静文，你故意捣乱吧？这么简单的题你不会？我怎么记得你只有最后一道大题因为步骤错扣了两分。"

老谭做出了一个特别无辜的表情："我当时蒙的，也不能确定思路对不对。辛苦老师了！"说完，他还郑重其事地朝老师鞠了一躬。

老师被他的行为逗笑，只好继续讲下去。

我小声地对他说："谢谢。"

他朝我笑了一下说："也不单单是因为你，肯定还有其他同学不敢问问题。因为不敢问而放弃学习，多不值得！"

那一刻，我甚至觉得他的眼睛里有星星。

中考结束，老谭顺利考上了省实验中学。老师说，进入"省实验"就相当于一只脚踏进了一本的大门。我想，只要他不再痴迷于打篮球，基本上两只脚都在大门里了。临走的时候，他老气横秋地拍了拍我的肩膀："小刘，要自信啊！你要相信，你不会的别人也不会，放心大胆地去问吧，实在不行就给我打电话。老谭热线随时等你来电！"

后来，我进了一所普通高中，学了文科。班里同学的数学水平的确跟我差不多。每次想到老谭对我说的话，我都会勇敢地举起手来。

临近高考时，老谭突然给我打来电话，声音还是那样洒脱："怎么样小刘，高考有没有信心？"

我满脑子的函数、立体几何，看着《五年高考三年模拟》上的题目发呆的同时回他："注定惨死在数学上。以后每逢高考，出于同桌之谊，你就在远方祭奠我那逝去的青春岁月吧。"

他咳了一声，笑着对我说："三顿快餐换本大神的数学锦囊怎么样？"

我想都不想："一顿。"

"哎？面对学习这么庄严的事你怎么能杀价呢？"

我笑道："就一顿。"

他的思想仿佛陷入了一场激烈的斗争。最终，他咬着牙回我："成交。"

我深知他的小心思，得意地问："怎么？阿姨又不让你吃快餐了吧？谭胖子。"

"我哪里胖？我这是强壮好吗？你跟我妈都不懂我强壮的肌肉只是隐藏在——"

"肥肉之下。"这种说辞我已经听过上百次。

在老谭的数学锦囊的帮助下，我考上了一所还不错的大学，学中文。老谭则去了北京，在某知名学府深造，每天穿着白大褂做实验，自诩帅气无边，能够迷倒万千美少女。我总在他的朋友圈里留言攻击他：明明就是个着装整洁的食堂大爷。

寒假里，我在学校附近遇见了他。我们俩站在雪地里闲聊。他瘦了不少，确实有了些迷倒少女的资本。他说学校有一个出国交流的机会，他报了名。我说多好，以后我就有海外同学了，说出去多有面子。

道别后，我们朝相反的方向走，我回头望去，发现雪地上尽是我俩的脚印。那一串串深而窄的印记，仿佛是我们三年同窗记忆的见证。回到家后才想起，我忘了对他说声"谢谢"。

总要感谢少年时遇见的一些人，他们热情且善良，率真且明朗，不嫌弃你的笨拙孤僻，愿意带着你一同奔向光明的方向。

感·悟·手·札

初恋的平行宇宙

闫晗

梦见去他家里，见到他妈妈——许多次拨打那个号码，都是他妈妈接起的，每次听到那个声音她都很紧张：我找某某……有时候勇气不足，甚至会紧张地把电话挂掉。

有一次，她在校园的电话亭打给他，他又不在家，他妈妈问：你是 ×× 吗？一个全然陌生的女孩名字，她匆匆地说了句"不是"，然后挂掉。慌张又失落，那个常给他打电话的女孩是谁？他新交往的女朋友吗？

梦中的他突然把手臂搭在她的肩膀上，右手很自然地握住她的手，很娴熟地，仿佛这个动作做过多次。可她知道，这是第一次，当着其他人的面的牵手，像是对他们关系的一种无声的宣布。都没有问我愿不愿意做他女朋友呢？然而似乎是不必问的，愿意，等待这一刻已经许久了。

惊诧、温暖、委屈、羞赧，种种复杂的感受一齐涌来，有眩晕的感觉。然而她哭了起来，很小声地。他温柔地摸摸她的头发。

梦突然醒了，似乎睡着的自己察觉了这是一场梦，他仍然是 17 岁那年的模样。她喜欢他，他也知道她的喜欢，他和她之间只差一句：我也喜欢你。倘若有了这一句，情况便大不同，那喜悦让她可以对抗全世界，她或许会奋不顾身地坚持。可是没有这一个开始，她只能小心翼翼地否认，抹去那些爱慕的痕迹，装成友情，装作云淡风轻的样子。青春里读过的书中，出现跟他外貌、性情相似的人物，出现他名字中的那个字，都会拎出来反复揣摩，是一种私藏的秘密。

那时候的她太自卑了，虽然成绩不错，足以考上一所好大学，可总觉得自己不漂亮，不会被喜欢。可他有一阵交往的女朋友也不怎么好看呢。他也并不是太在意外表的人，大概是因为他是从小好看到大的吧。有一次聊天，他说起替做小学教师的妈妈去监考，走进教室，一排一年级的小脑袋抬起来，发出"哇"的惊叹。他说，或许是觉得我很高吧，没有见过一米八几的男老师。她笑笑，不作声，不想当面夸他：估计也没有见过这么帅气的大哥哥吧。

多年后，有个女孩还在她的文章后面留言：你让我想起许多已经忘记的事情。尽管用的是网名，可她一下子猜到了是谁——是他当时的那个女朋友吧。还是谨慎地问了一句：你是？那边便不响了，再没有收到回应。说得太详细会彼此尴尬吧。

其实她想要知道他们的故事，从那个女孩的视角。她们的青春里有关于他的交集。在另一个版本里是怎样的故事呢？

记得她跟他说已接受了另一个人的表白之后，他的态度有些微妙。"看不出你还挺有魅力"，这句话是贬损她，还是出于一种失落的酸涩？她觉察到了他微微的不快。也许接受一个人也需要勇气吧，她没有捅破最后的窗户纸，他也不敢主动更进一步。他考的大学有点糟糕，或许也是隐隐自卑的吧。

在漫漫人生中，爱情和婚姻都是很平常的事，失去了杰克的露丝也会开始新的生活，遇到另一个人，活过"一战""二战"，风云变幻，经历过种种不易，坚韧地生活着，儿孙满堂。选择一个人，还是另一个人，或许天差地别，或许同样平淡而幸福。

有个朋友从前是乖乖女，大家都以为她会嫁人生子过上平淡的生活，然而，她遇到了各种意外与狗血，八点档剧情，感情的题目全都超纲了。

会不会有一个平行世界，里面的自己过着平淡普通的生活，就如乔峰没有去报仇，和阿朱塞上放马牧羊？

如果人生有无限种可能，某个平行世界中的自己会勇敢地跟他在一起，一起在小城，过另一种生活。会好吗？或者会更不好吗？不得而知，年轻时的悸动，想要拥有的渴望，在人生中难得有几次。只是，你真的想要吗？

电影里，七月与安生的故事有无尽的可能。流浪或者留下，选择或者放弃，接受或者分离，每一次的选择都造成一个新的平行宇宙。哪种生活更好一些？如人饮水，冷暖自知，或许没办法比较。

人生的爱恋，都是在一段关系里演着独角戏，他们表白着自己，渴望被理解，自己对那个对象或许并不关心，只是在成全自己。大家在想象中交流，只是为了完成自己的戏份，获得属于成长的圆满。

感悟手札

选择放手，

是因为爱得深沉

爱的本质是给予，是付出，是相信对方。所以，如果深爱，请选择放手，给对方以无条件的爱、信任以及自由，让他们像鸟儿一样在成长的天空中自由飞翔、无拘无束。

不逼不合群的孩子刻意合群

董建华

有一年，我接手了一个高三毕业班，在查阅学生档案时，发现以前的每位班主任对小王的评语都有这么一句：学习刻苦，性格孤僻，不合群……

一次学校举行篮球赛，我们班的队员每投进一个球，其他同学都疯狂地鼓掌、尖叫，小王却尴尬地站在篮球场边上，动作笨拙地随其他同学鼓掌，但表情麻木、两眼呆滞，样子别扭又难受。

我走到他身旁，拍了拍他的肩膀，他扭过头来，在我面前咧着嘴似笑非笑地笑了一下。我问他："今天的课堂上，我讲的最后一道导数题，你听懂了没有？"

他突然容光焕发，好像找到了共同语言，在我面前滔滔不绝地说："老师，这道题您讲得太复杂了，其实还有更简单的解法……"

其实，我过去和他打招呼的目的并不是想和他探讨这道题，只是看到他站在那里过于拘谨，想过去和他说说话，没想到却触动了他解题的灵感。等他讲完，我说："头一次听说这道题还能这么解，你让我另眼相看！"

他好像意犹未尽，接着对我说："老师，你讲的第二道例题也有一种更简洁的解法……"听他一一点评，我开始对自己的教学产生怀疑，我就职的学校是一所二类高中，学生大都怕数学，文科生更是对数学充满畏惧之情，学生在课堂上能听懂已经很不错了，敢质疑老师教学的学生我还是头一次遇见！

等他讲完，我说："你对打篮球也有兴趣？"

他难为情地回答："看篮球赛对我而言，简直是活受罪，我不知道他们在篮球场上争来争去有何意义。"

"既然没兴趣，那你来干什么？"我惊讶地问。

"家长、老师、同学总说我不合群，不来不会显得不合群吗？"他无可奈何地回答。

"不要为难自己，不喜欢看篮球赛就不要来，多干自己想干的事！"我推了他一下，他如同得到特赦令，飞也似的逃离了操场。

篮球赛结束后，我回到办公室，仔细查看小王的成绩："数学全年级第一，地理全年级第一，语文全年级第六，英语是班级倒数，总成绩排在班级第二名。"

他的成绩符合我们这所高中优秀学生的共有特征：严重偏科！

我盯着小王的成绩分析时，一位老师从我的办公桌旁路过，扭过头来对我说："在关心小王呢？这孩子严重偏科，性格怪异，自以为是，不合群，总喜欢独来独往。"

通过对小王的观察和了解，我认为小王并不是那种性格怪异、难以交往的学生。他的不合群，不是因为性格造成的。

一次课间，我走进教室，其他同学都到食堂吃饭去了，教室里显得空荡荡的，唯独小王盯着一本学习资料，嘴里咬着笔，神情专注，自得其乐。

他抬头看到我，嘴角动了动，欲言又止。我笑着问："怎么不去吃饭？"

"这道题真有趣！"他正在研究一道数列题，以前的旧版教材中，曾将这道题作为一个定理，教材修改后，将它调整成了一道习题，没想到小王将数字换成了字母，竟然找到了解答这类题的一般规律。

我看了看他的解题过程，不由自主地惊叹道："你有数学的天赋呢！"

他咧着嘴回答："待在教室里时间长了，同学们嘲笑我是书呆子，老师和家长说我不合群，我都不知道该怎么办了。"

我问他："你最好的朋友是谁？"

"我在学校没有最好的朋友。上初中时我有几个好朋友，但他们都考进一中了！"他满脸困惑、无比遗憾地回答道。

"现阶段，你越想合群，成绩下降得越厉害，不合群才能帮助你提高成绩！"他可能是头一次听到老师说这样的话，面容竟然因为过度惊讶而有些扭曲。

"我们班上的学生大都数学成绩不好，你这样出类拔萃的学生，在班上找不到第二个，没有共同语言，谈何成为朋友？我们不能将同学推向自己的对立面成为敌人，但要做朋友，不能降低要求、刻意迎合、委屈自己，只要不是因为性格扭曲而不合群，正常的不合群，不是什么坏事。很多时候，我们为了让自己显得不那么孤僻，逼自己改变，融入群体中，最终可能会因为刻意合群而失去自我、辜负自己。"

"如果明明是一只雄鹰，却走进了鸡窝，为了和这个群体打成一片，每天和它们一样在一亩三分地里转悠，忘记了当初的梦想是要展翅高飞、在云层里穿梭、到江河湖海遨游、去探索天涯海角的。"

"有时候，你越想合群，就越容易迷失自己，逼着自己走向平庸。胡适说过："狮子和老虎永远是独来独往的，只有狐狸和狗才是成群结队的。'真正优秀的人，大都是不合群的，余生很长，违背自己的天性会很累，别活得那么拧巴！"

我的话让他如梦初醒，他情不自禁地、仿佛自言自语地说："为了合群，我不知道浪费了多少时间！"

"我相信你的英语一定会赶上来的，因为你是一个特别有毅力的孩子，只是不良的心态，导致你学习起来缩手缩脚，前怕狼后怕虎，为了顾忌他人的眼光，被迫改变了自己！"我语气坚定地鼓励他。

这次谈话之后，小王有了自己的主见，中午其他同学昏昏欲睡，他兴致勃勃地研究数学，探索地理，学习语文；清晨，其他同学还在睡梦中，他已经轻手轻脚地起床了，独自在教室里聚精会神地大声朗读着英语单词。

那一年高考，他是我们班上唯一考上重点大学的学生。他上大三时，给我寄来了一封信，信中说："老师，我恋爱了！"

感悟手札

爸爸们的沧桑

黄永玉

意大利中部有个地方叫作乌尔比诺，一个名叫乔万尼·桑蒂的平凡画家在那里出生。他清楚自己的艺术修养远远超过自己的艺术技能。他并不气馁。1483年，相当于明宪宗前后，他生了个儿子，取名拉斐尔。乌尔比诺跟佛罗伦萨、佩鲁贾三个地方恰好形成个等边三角形。佩鲁贾有位大画家佩鲁吉诺很教乔万尼·桑蒂佩服，于是他在佩鲁贾找了一个地方住下来，在教堂里谋了个壁画打杂的工作，趁势跟佩鲁吉诺套近乎，成为好朋友。好长好长一段日子过后，他才向佩鲁吉诺开口，想让14岁的儿子拉斐尔拜他为师。

佩鲁吉诺一见到这么有教养、有仪态、善良的拉斐尔，马上就答应了："天哪！他长得多美！"这是见面的第一句话："哎呀呀！你费了这么大的劲和我来往，原来是为了让儿子给我做徒弟。其实你当天带他来，我也会马上答应的。"

拉斐尔给佩鲁吉诺做了四年徒弟，18岁离开佩鲁贾到佛罗伦萨去。那是1501年的事。

这时候谁在佛罗伦萨呢？列奥纳多·达·芬奇和米开朗琪罗。

25岁的拉斐尔去罗马，帮教皇尤利乌斯二世一直干到1520年37岁逝世。

乔万尼·桑蒂为了帮儿子找师父，像间谍特务般忍着性子跟人去搭交情，做到这个份上，真是不枉爸爸这个称号。

拉斐尔的遗体埋在罗马万神殿第一号神庙里，第二号才是皇帝爷和其他大人物。

几十年前，北京城有位姓王的读书人家，生了一群孩子，没有任何靠山、从容简朴地过着日子。他本人爱好书法图画，也注意孩子们的人格培养，孩子们都濡染了正正当当的文化教养。我这话说起来普普通通，在北京城中找户这样的人家还真不易。我说的这个王家，主人名叫王念堂。我跟王家不熟，也没有过往来，只记得几十年前这王家的孩子之中有一个得了世界儿童画比赛的奖项。那时候，中国美术家协会刚正式进驻帅府园新盖的大厦不久，那天的颁奖仪式由美术家协会展览部负责人郁风大姐主持，那个得奖的儿童名叫王明明，穿着一套齐整的衣服接受了来自国外的精美纪念奖品（我当时好像是美协的常务理事，分得了一些这类有趣的照片）。王念堂先生一辈子专注两件大事：培养、维护孩子们宝贵的文化兴趣；保持全家十几口老老小小免受冻饿，并且一心一意地在艰难环境中让明明成长为名副其实的画家。

这就像一个高树上的大鸟窝。十几只老老小小蹲挤在窝里嗷嗷待哺，王先生夫妇来回喂食，居然还要考虑孩子们的艺术修养和前途。听起来好像是讲笑话，实际上几十年的含辛茹苦，居然做到了。

王明明这个画家没有进过中央美术学院和其他美院，不是不想进，很可能是不够格。他成熟在另一种非正统的艺术教育方式中，这状况真鼓舞人。

最后讲一讲上海。

我脑子里存有不少上海爸爸们可歌可泣的逸事。有的是亲眼看到的，有的是听来的，有的是从电视或报上看来的。这里写下的故事我未必比上海本地人清楚，我连姓名都记不清了。上海是个音乐密度很高的地方。一位训练儿子拉小提琴的爸爸严格得要命，放一颗捆着小绳子的水果糖在儿子嘴里，另一端绳头紧紧捏在手上。两只耳朵和一双眼睛盯住儿子的手指头和提琴，只要出现一丝纰漏，马上抽出水果糖来训斥。

我的天！多少年前的事了！尊敬的小提琴家和尊敬的小提琴家的家人，我向你们两位请安致敬。

想起你们两位，我就觉得人生多么灿烂温暖。

感悟手札

温和的力量

董建华

有一年，学校出现了一个特别难管的班级，到了初三，老师们都不愿意担任这个班级的班主任，最终学校领导选来选去，让我来接手这个班级的班主任工作。

第一天走进教室，地面脏兮兮的，我问卫生委员："教室怎么没打扫？"

"今天应该由小王负责，他不愿意打扫，其他同学就跟着安排不动了！"卫生委员委屈地回答。

我问小王："你为何不打扫教室卫生？"

"没有原因，我就是不想打扫！"他趾高气扬地回答。

"不想打扫没关系，这次老师帮你打扫，以后如果还是不想打扫，提前给老师通知一声，我来帮你打扫！"我和颜悦色地说。

"那好，以后我的清洁任务就交给你了！"小王笑嘻嘻地大声说。

在众目睽睽之下，我拿起扫帚，弯腰打扫着教室卫生，一位女生看不下去了，从我手中夺过扫帚，对我说："老师，我来打扫！"没想到此时，小王走了过来，从这名女生手中接过扫帚，默默地将清洁任务完成了。

那天刚回到办公室，班长跟着走了进来，严肃地对我说："老师，我们班有很多调皮的学生，您太温和了，会管不住他们的！"

"怎样做，才算不温和？"我微笑着问班长。

"您应该像以前的老师那样，见到他们违纪，就指着他们训斥：'你，滚过来！''你，到办公室来一趟！'说话声音要大，语气要强硬，否则，就管不住他们。"班长非常激动地告诉我。

"以前的老师说话那么强硬，管住他们了没有？"我问班长。

"虽然没管住他们，但他们也不敢过于放肆。您这样温和下去，他们将更加猖狂，我们班的违纪现象也将更加严重！"班长忧心忡忡地对我说。

第二天上课，我走进教室，里面乱哄哄的，一些学生根本就没把我当回事，我站在讲台前，望着大家。过去了将近五分钟，教室里终于安静下来了。我这才心平气和地说："教室是同学们学习的地方，如果你们想讲话，就告诉老师一声，我一定停下来，等你们将闲话说完了，我再继续与同学们共同探讨数学问题！"

我刚说完，小李便大声说："老师，我想讲话！"

我严肃地望着他，教室里静悄悄的，刚才还有几位准备跟着起哄的学生，迅速收住了笑脸。等教室里平静下来之后，我在黑板上写了几道数学题，安排他们在课堂作业本上练习，我在教室巡视，几分钟后，又安排几名学生到黑板上去做。

学生不会做的，我就提示，边教边让他们学，一节课下来，他们做了六道题，下课铃响后，我对学生们说："以后我不布置课外作业，课堂作业下课后马上交！"

小张大声道："如果交不了呢？"

我回答道："做作业是你们的学习任务，如果出现不交作业的现象，一定是因为老师所教的内容你们没有听懂，这是老师工作的失职。课后，我将对这样的学生进行单独辅导，直到他们完成作业！"小张望着我伸了伸舌头，不说话了。

回到办公室不久，数学课代表将作业交到办公室，笑着对我说："老师，同学们说您的教学方法，既能让我们当堂完成作业，又让我们听懂了课，以前从来不做数学作业的同学，现在也将作业交上来了！"

面对一个非常难管的班级，我就是在课堂上坚持一节课一个知识点，让每名学生在课堂上都能有所收获。遇事不简单说教，注重以身作则，注意维护学生的面子和尊严，不随意批评学生，按照这些常规办法教学，没想到学生迅速接纳了我这位性格温和的老师。

感悟手札

_____

_____

_____

女儿要募捐

聂圣哲

女儿今年八岁，在美国洛杉矶的一所小学读二年级。

上个星期五，她放学回来，说有重要的事情和我商量。这孩子一向天真活泼，很少如此严肃，我猜想可能真有什么大事。

吃过晚饭，她让我在书桌旁坐下，然后拿出了一个本子，说："爸爸，非洲的小朋友正在忍受饥饿，我们要为他们募捐。"她说话的神情已经不像一个孩子——忧伤中带着一份勇敢。我说："要多少钱？我给你。"她说："老师已经和我们讨论出一个计划，我们向捐款者推销一种好吃的巧克力，这种巧克力在超市里每盒卖 2.99 美元，我们募捐时卖 3.99 美元，这 1 美元就捐给非洲的小朋友。"

整个计划她表述得非常清楚。她又接着说："我们每个人有 10 盒的推销任务，为了不给捐助者的家庭带来太大的负担，所以我们规定，每个家庭只能买一盒。那么，爸爸，你也不能例外，只能买一盒。"

孩子的话让我有点吃惊，我急忙说："那剩下的 9 盒你怎么解决呢？""这没问题，我到社区的各个邻居家去卖。"她显得很自信。

第二天上午 10 点多，她带着巧克力样品、笔记本、非洲小朋友骨瘦如柴的照片，以及文字说明就出门了。临走时她对我说中午不要等她了，她自己准备了三明治。

下午不到两点，她回来了，非常兴奋："爸爸，我的任务完成了，这些邻居都很热情。"说实在的，她上午走了以后，我还是很担心的，我甚至有点埋怨孩子的老师，怎么能让孩子去干这种事情！

回来后的她俨然一个胜利者。她一边喝水，一边对我说："这些邻居真好，很有同情心，都非常支持我。他们问我要现金还是支票，我都没收！""为什么？"我脱口而出。她说："我只是给他们看了样品，现在就收钱，容易产生不信任。"我也觉得她讲得有道理："那下一步怎么办呢？""所以，爸爸，我还有一个请求，你借给我 40 美元，我到学校把巧克力买回来，再到各家各户去送巧克力，把钱收回后再还给你。"

我很高兴地把钱借给了女儿。

女儿很顺利也很自豪地完成了募捐任务，同时也和邻居建立了友好关系。

感·悟·手·札

他的忐忑，是必须经历的

潘立

中午回家，儿子找我要 50 元钱。我问他要钱做什么，儿子说："别的同学手里都有钱，就我没有！"

我说："给你说过多少遍了，路边的垃圾食品不能买。"

儿子很委屈："我说要买零食了吗？"我追问："那要钱做什么呢？"

儿子躺在沙发上，眼泪汪汪地哭诉："我的压岁钱都在你们那里，那是我的钱，你们应该还给我！你们天天像侦探一样盯着我，就怕我乱花钱！人家手头都有几十元、几百元，就我最穷！你们天天说是为了我好，却总是压迫我……"

我有些疑惑，不就是不给他钱吗，至于情绪如此激动？再说了，没正当理由，我怎么能随便给钱？他爸看儿子如此大动肝火，给了儿子50元。儿子拿起钱，欢快地上学去了。为此，我和他爸还吵了几句，我说他太没原则，他说儿子要钱肯定有他的理由，相信他吧。

几天后，我们碰到儿子的班主任。班主任说，为了锻炼儿子的管理能力，让他当了生活委员。

班主任又说，前几天让他代收班费，每人50元。交来的名单上差了一个女生，这个女生说她交了，讲了交钱的时间、地点，还有别的同学可以做证。班主任让儿子再找找。第二天，儿子拿来50元给班主任，说是找到了。班主任问他："是不是真找到了？若是没找到，就算了，下次注意，千万别拿自己的钱垫进去。"儿子肯定地说："在书包的夹层里找到了。"我和他爸的嘴都张成了"O"形。

我小声说道："难怪上次……"他爸马上说道："是的，他是要了50元，说是交班费，只要了一次。"我心领神会，也点头。他爸又补充道："他还和我说了，同学交来的50元不见了，后来在书包的夹层里找到了。"班主任点点头，然后开始说其他的事。和班主任分开后，我和他爸默默走着，好半天没有说话。

儿子自尊心极强，同学交了钱，名单上却没有，想必这个女同学会咄咄逼人地质问，想必同学们会投来不信任的目光，想必老师对他也会有些怀疑。四面楚歌，他多么无助。可是，又不能承认自己将钱弄丢了，只好自己想办法。面对我们的追问，他的委屈大爆发。那颗敏感的心当时经历了怎样的煎熬！想到这些，我心疼不已。

他爸说，他脑海里翻腾的一个词是"成长"。儿子刚到一个新环境就发生这样的事，的确让他很为难。但儿子总算独立解决了，也还算圆满，各方都满意。能将棘手的事情办好，这就是成长。

不过，做妈妈的心总是更敏感、更细致。这件事在老师、同学那里算是圆满了，可在我们这里如何圆满？我想主动跟儿子表明我们的态度，给他吃一颗定心丸。他爸反对："千万别这样！这是孩子的秘密，你千万别戳破。人家'处心积虑'，就是不想让人知道，你自作聪明，会让他很没面子。"可关于这50元的下落，他如何向我们交代？他会不会忐忑不安？他爸说："他的忐忑、他的紧张、他的不安，都是他撒谎要付出的代价，都是他必须经历的，外人不能帮。"他爸还叮嘱，这件事到此为止，谁也不许再提。

我点了点头。不过，好几天心里都放不下。我反复琢磨，有三个疑惑需要梳理：

一是立场问题。诚实地承认"对不起，你的钱我弄丢了"和选择用一个谎言来解决，是否有明显的对错？

二是家长的态度。明知儿子撒谎了，家长是尊重客观事实，还是保全孩子的秘密？

三是家长是否参与。明知孩子对此事仍然心怀不安，家长是否应该主动介入，给他心理支持，帮他卸下包袱？

我和他爸反复讨论，形成的一致意见是：孩子在慢慢长大，终要独立面对生活，独自处理各类关系。对于他现在的处事方式，我们最基本的原则是：尊重。只要不明显违背"三观"，只要不侵害他人利益，我们都不会过多干涉，让他自己在生活中扑腾。

孩子长大，我们的教育理念也要与时俱进。他不再是两三岁无知无畏的幼童，我们不能再将他当作翅膀下的小鸟，全方位地帮他抵挡外界的袭击；他也不再是我行我素、毫无规矩的顽童，不能再将他当作流水线上的产品，稍有纰漏就要纠正。他已经长大，他要学会独立思考、做人与处事。

他做了选择，就要给他空间，让他自己去调适，而不是由父母来评论和救场。假如错了，就让他自己接受惩罚，然后再更正，再前行。这个阶段，父母能做的，就是做一个旁观者，远远地看着。他的痛、他的伤、他的哭、他的笑，由他自己去处理。

我们能做的，就是默默地祝福：孩子，加油！

感悟手札

别把挫折教育荒唐化

连岳

昨天听说了一件荒唐的事情：一位爸爸欺骗不到三岁的儿子"爷爷被警察抓走了"，说是为了挫折教育。有这样的爸爸，这个孩子一生的挫折将会很多。可怜。

瑞士心理学家皮亚杰曾用实验证明，儿童的思维方式与成人的完全不同。这也说明，用成年人的想法去折腾他们，给他们硬造所谓的挫折，孩子们可能完全理解不了，不过是白白受到伤害。

皮亚杰发现两岁至七岁的孩子理解不了守恒概念，向这些孩子展示两个盛有等量液体的宽玻璃杯，然后把其中一杯液体倒进一个细长玻璃杯。这些孩子一致认为：细长杯的液体变多了。

不知道皮亚杰这个实验的父母，或者说不知道儿童的思维方式异于成年人的人，见到此类情形，可能就会惊恐地认为，自己的孩子太笨了，以后要被社会淘汰，可能还要强迫孩子增加学习量，这对于大人和孩子来说，都是自寻烦恼。

皮亚杰还证明，儿童只会以自我为中心来看待世界，他们还无法从别人的角度想事情，还没学会"穿别的鞋子思考"这种高级方法。

说这些的意思是，真要搞儿童教育，至少得有点常识，那个爸爸骗三岁儿子"爷爷被警察抓走了"，就是吃饱了撑的。从成年人的角度看，你只是开了个疯狂的玩笑；从三岁孩子的角度看，他真实地经历了巨大的痛苦。

如果父母的知识水平有限，理解力又不高明，我建议教育孩子还是不要乱赶时髦，朴实一点好，饿了给他吃，困了让其睡，多亲、多抱、多陪伴即可。

所谓的挫折教育，有些演化成了对新一代幸福孩子的嫉妒。不少家长表示，现在的孩子不愁吃、不愁穿，担心他们成长无压力，没有为幸福生活奋斗的动力。

不愁吃、不愁穿，孩子物质不匮乏，不才是正常的世界吗？现在中年人小时候经历过的物质匮乏是不正常的。在不正常的世界中长大的人，比较容易不正常，在正常世界长大的孩子更正常，这才是合乎逻辑与现实的结论。

现在中国的中年人，与欧美发达国家的同龄人比，童年时代物质匮乏得多，别人家汽车、电视机、洗衣机，物质过剩，我们家父母都得像防贼一样藏一点可怜的零食。中国的中年人成长中所经历的挫折多得多，是不是比别人更有出息？

没有嘛。

同样是中国的中年人，在儿童时代，农村孩子比起城市孩子吃过更多的苦，受到的挫折也可能多出几倍，是不是更有出息，更可敬、可爱？

也没有嘛。

这么明显的事实摆在那里，为什么还是认定给孩子硬造出挫折与匮乏对他有利？那是因为这些人局限在自己的经验里，凡是符合自己经验的，才是好的：我小时候吃了很多苦，所以现在的小孩不吃苦是不对的。

人愁吃愁穿，确实是挫折，也会本能地焕发出挣扎求生的动力。但是这种动力太低端了，如果仅仅只有这种奋斗记忆，并且指望孩子也来一次，那就意味着家长没有高端一点的奋斗经验可以传授，他们的人生太简陋了。

一个人物质不匮乏，生活幸福之后，他的追求将更远大，他的动力会更高端。精力从找吃的找喝的这种低端需求中释放出来，就会转移到追求创造与成就上去，渴望获得尊重与荣誉。许多企业家、发明家、投资者，工作了一辈子，不愿退休，他们什么也不缺，从低端的角度看，没有任何动力了；但从高端的角度看，他们找到了终极动力：智慧的乐趣。

挫折教育不是故意给孩子制造挫折，故意为难他们。不然，领导给你穿小鞋，出门办事被刁难，骗子骗你，流氓打你，都属于给你的挫折教育，你都得感谢。

人生最不缺的就是挫折，人们在每一天、每一件事上展开竞争，其中的失败者，就得面对挫折。对于好胜的孩子来说，考了第二名都是挫折。

挫折教育，是指你要在孩子遇到挫折时（这会经常性出现），如何倾听他的委屈与诉求，如何鼓励他重整旗鼓，如何给他们提供足够的心理支持，慢慢增加其韧性、抗击打能力以及竞争精神。

挫折教育，重要的是给教育，不是给挫折。

感悟手札

被嫌弃将是父母一生的命运

毛利

开车到机场门口，跟往常不一样，我特地从车上下来，从安全座椅上抱下儿子。他爸爸在后边提行李箱，他们准备出发，开始一次为期半个月的回乡旅行。

亲完小孩，我下意识地跟他说了一句："想我的话，就给我打电话吧。"

他表情有点儿凝重地说："我会一直想你的，但是我不想一直给你打电话。"

我带着三分震惊，开车回家，路上情不自禁地美滋滋起来，细细品味着"会一直想你"这几个字，觉得真是太贴心了，太甜蜜了，越想越觉得比他笨嘴拙舌的爸爸强百倍。小陈只会眨巴着小眼睛说："走了。"可我再琢磨后面这半句，孩子说得不是很有道理吗，谁还能一直打电话？后来我才醒悟，其实这半句的真正意思是：一直不打电话。

24小时后，我首次联系小孩，给他的电话手表发了条消息："你在干吗？"

"我在玩，不要给我发消息了。"

多问一句，他又来一句："不要再给我发消息了，谢谢。"

你谢什么啊。老母亲的心，在七月的梅雨季节里，就像被扔在大马路上，被淅淅沥沥的雨无情地洗刷。这也太早了吧！你才六岁，就想把我从最近联系人列表里删除？

隔24小时后，我又试了一次，用温柔的、好像什么都没发生过的语气："亲爱的，你在干吗？"

"你不要再给我发了！"

老母亲的心碎了一地。

小陈为了安慰我受伤的心，向我仔细汇报了儿子回乡后的具体活动。

"他早上很早就起床了，抓了一只田螺。哥哥答应要送给他的大蜗牛死了，他一个下午都不开心，一直说要去买个大的。他很喜欢去对面的村子玩沙子，一天要去玩四次。村里田螺挺多的，他每天都能捡到。"

小男孩的世界里有田螺、蜗牛、沙子……这就足够了，再加进来一个牵挂他的老母亲，显然不合适。而且老母亲永远不会问"捉了什么样的蜗牛啊，漂亮不漂亮"这种他乐意回答的问题，只会问一些让小男孩烦躁无比的问题：你吃了吗？你吃了什么？在哪里吃的？

对付母亲这种生物，我们人类好像都有一种迫不及待要摆脱的感觉。好烦，不要来接近我，有什么事我会主动找你的，我已经长大了，不要把我当三岁小孩来看。

对付小孩这种生物，不管什么样的母亲，只要是个母亲，无论什么时候，都会用两只眼睛锁定小孩：我想知道关于你的一切，吃了什么，几点睡的，生长发育情况怎么样，健康状况怎么样。蜗牛就不用跟我分享了，我不关心，我只关心你！

我一个人在家住的第四天，沈女士更新了菜谱，接着，她问我："回家吃吗？给你做点儿卤牛肉？没时间回来的话，我叫你爸送过去，好吗？"

有人说，做了父母后，担心就成了一辈子的功课。

他没告诉我们，随着孩子慢慢长大，被嫌弃将是父母一生的命运。

感悟手札

承认孩子是"学渣"

尼德罗

杭州有个小学生，眼下在读六年级，我们且叫他小胖吧。小胖每天放学，不是去补习班，也不是去运动场，而是飞奔回自家的厨房。等到爸妈下班回家，小胖已经准备好了一桌好看又好吃的晚餐。

值得一提的是，这样的情景已经持续了三年之久。小胖从三年级萌发对厨艺的巨大兴趣之后，就保持着放学回家先做饭的习惯。照理说，小胖爸妈应该感到欣慰、自豪，因为自己的孩子孝顺又勤劳。

但是，孩子放学回家做家务，在今天关于"好孩子"的考评体系中是未被纳入的。相反，小胖的妈妈还很忧虑，因为小胖的学习成绩。六年级上学期期末考试，小胖数学只考了一分。小胖不只是数学差，其他学科成绩也很差。从三年级开始，小胖的考试成绩就一直稳居全班倒数第一。

三年来，小胖的母亲四处寻求帮助。在全部尝试无效之后，小胖的父母终于将目光转向了儿童医院。经过医生诊断，小胖在学习上确实有注意力缺陷。

故事说到这里，并没有结束。在医生的提醒和班主任的筹划下，小胖所在的班级专门为小胖组织了一次展示厨艺的班会。平时被人轻视的小胖，展示了令同学们刮目相看的手艺，很多同学当即改变了对他的看法。

借助这样一次班会，小胖收获了极大的自信。有了自信，小胖的学习成绩也有了明显的提高。对很多自卑的孩子来说，他们缺少的正是一个建立自信的起点。很显然，小胖不可能在学业上找到这样的自信起点。而他对厨艺的迷恋，既可能是兴趣使然，也可能是在逃避现实。

医生、老师和父母，实际上做了一件事，即把小胖在厨艺领域的自信腾挪到学习领域，让小胖收获同学的认可、认同。学校里的学习，其实不是一个人的事情，而是一种人际关系中的行为，同学们认可小胖，愿意帮助小胖，不随意嘲讽小胖，这就是小胖有所进步的根本所在。

对小胖所在的班级来说，为小胖举办一次班会，让其他同学刷新对这个"学渣"的认识，对其他同学也是一种教育。其他同学会意识到，对人的判断不可使用单一标准。

我并不能预计小胖今后的人生将何去何从，但从我的经验出发，觉得他父母学历不高，经济能力有限，对他可能反而是一桩好事。假如小胖的父母出身于名校，又戴着完美主义的面具，那么小胖的厨师梦大概会被强行丢弃，各种高价的补习班还将相继扑面而来。

所以，父母愿意认可医生的诊断，愿意承认自己孩子是个"学渣"，愿意支持孩子从事普通的职业，这是孩子最大的福分。在此基础上，如果小胖所在的班级、学校能够不完全以学业竞争为目标，给小胖这样的"学渣"更多的自我发展空间，那么这样的班级、这样的学校则有可能创造奇迹。

对父母来说，接纳自己的孩子成绩不优秀，这是一种不可多得的能力。对于那些毕业于名校，手握重权或重金的父母，接纳自己的孩子是"学渣"，更是一种极为宝贵的品质。

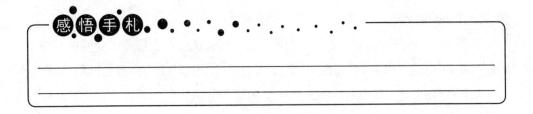

爸爸不上班

王梦影

瑞信研究院发布的《2015 全球财富报告》显示，在中国，拥有 35 万至 350 万元人民币财富的成年人达 1.09 亿人，占全国成年人口的 11%。在这个收入区间里，中国的人数比世界上任何一个国家的都多。

这一群体对教育分工持有全新的态度，甚至不再拘泥于"男主外，女主内"的传统家庭模式。2016 年，艾瑞咨询调查了 1015 位家庭年收入在 30 万至 50 万元人民币的家长。他们之中，父母共同负责教育、母亲负责教育、父亲负责教育的比例分别是 27.3%、42.7%、30%，几乎呈三足鼎立之势。

一

上海松江，女作家毛利和她的丈夫陈华椋达成了"爸爸回家"协议。那是 2018 年的一个周末，夫妻俩相对坐着，一人一台电脑工作，有一搭没一搭地说着话。毛利刚刚把一本书的版权卖掉，收入 100 万元，"有底气过一点自己想要的生活"。她提议，不如丈夫辞掉工作，回家全职带小孩。

陈华椋不假思索地说"好"。他以为那是一个玩笑。毕竟，"哪对夫妻平时不开开辞职的玩笑"。毛利又问了一遍。陈华椋从屏幕前抬起头。他大学毕业后在一家贸易公司工作，长期与妻子分隔两地，每月只有几天能回到上海的家中。儿子艾文在手机那头长大，还有一年就要升入小学。父子俩几乎天天都要视频通话。其实哪有那么多话可聊，小男孩低头玩着玩具，间或蹦两句见闻，陈华椋就看着他玩儿。

陈华椋一直觉得自己有损失。岳母和妻子合力带娃，他只知辛苦，却不知道究竟是怎样的辛苦。"那些辛苦本该也是属于我的。"他说，"虽然是辛苦，但没有经历，人生也不完整。"

他想了一会儿，最多一分钟，然后又说了一遍："好啊。"第二天，他坐高铁回到公司，递交了辞职申请。

毛利依据陈华椋上一份工作的薪资水平，给他开出每月两万元的全职爸爸"工资"，有需求可以申请追加预算。她觉得这很划算，100万元至少可以发上三年。这些钱将保障家庭的日常开销、儿子的玩具和练习本，以及丈夫的劳动付出。

当陈华椋忙前忙后时，她心安理得地窝在一个角落写稿不去帮忙。她如今处在传统故事里丈夫的位置，但她不想像他们一样，所以"工资"得发多一点儿。她曾在自己的文章里多次讽刺过他们：宣称养着全家，其实妻子劳动折算的市场价值远远高于他们的供给——"算盘也打得太精了一点儿"。

她觉得，有些人可能天生不适合育儿，比如自己，不如让适合的人去做合适的事。一个家里，"有人出钱，有人出力，没有输赢"。

二

陈华椋职务里最重大的一项任务，是筹备艾文进入小学。夫妻俩希望艾文能进入国际学校。踏入校门的流程和应届生找工作差不多：准备简历，资料初筛，笔试，面试，不仅面试学生，还要考家长。陈华椋也像所有求职期的大学生一样，关注了20多个学校的微信公众号，以便随时获取信息。

艾文被套入崭新挺括的毛呢三件套西装，拍摄了人生第一张简历照片。陈华椋花费一晚写了800字阐述儿子优点的简历，这让作家妻子都自叹不如。在毛利眼中，小孩子有时十分难缠，可以为获得一颗糖手段频出，且十分擅长与家长理论。对此，陈华椋写道："最宝贵的是，他经常能指出长辈的一些错误……我们用这种方式共同进步。"

"我这样写，是因为我真的是这样看他的呀。"陈华椋说。

艾文不爱背古诗，也尚未在数学或写作上展现出什么异于常人的天赋。他迷恋了一阵葫芦丝，坚持天天练习。还有一段时间，陈华椋沉迷于高尔夫少年英才的美梦，向毛利申请了两万元，给儿子报名参加了两轮相关课程，成功让儿子学会了挥杆。

小男孩的精力主要贡献给了发呆、捡贝壳，坚持在每一趟旅行里去遍能去的海滩。他的热爱大多与升学无关，包括爱一切虫子。陈华椋为这份热爱骄傲："你知道蜗牛的眼睛长在哪里吗？我儿子知道，他观察得很仔细，画得也很清晰，就在较长的那对触角的顶端。"

但他还需要说服学校理解儿子的可贵之处。国际学校会定期举办校园宣讲，类似公司招聘开宣讲会。最忙的时候，陈华椋一周要跑一家学校，参观一下校园，听一听办学理念，顺便分析揣测哪些特质能获得主考官的喜爱。

有一次，一位校长的演讲让他心潮起伏得几乎要大声叫好，关键词包括"个性""关怀""身心发展"。演讲结束，家长将负责招生的老师团团围住，老师开门见山："数学什么基础？英文达到什么水平了？练过钢琴吗？"

更难熬的是面试。孩子们被领去一间大教室，家长则在另一间。孩子们在休息时间能看动画、吃零食，一切都安排得像一场游戏。而家长听着音乐声和笑声传过来，极力辨认着自家小孩的声音。除了熟人能简单聊几句，他们全程沉默，人们都盯着挂钟。陈华椋心中有两个词轮番闪现：成功、淘汰。

似乎有一整个新兴群体都在为孩子而奔忙。艾瑞咨询2016年的调查显示，他们都生活在一二线城市，超过九成拥有本科及以上学历，一半以上是中高管理层及专业人士。这些家庭里，超过一半的子女在上课外辅导班，其中有78.9%的人在子女课外学习上投入万元以上，而95.7%的人希望子女能接受"个性化教育"。

三

《爱、金钱与孩子》一书中说：调查数据显示，相对于极高收入和低收入群体，中产阶级更倾向于"鸡娃"，即给孩子"打鸡血"，设定较高的培养目标。这可能是因为，中产阶级通过教育深造获得了社会资源，他们相信奋斗，又深感不安，害怕孩子会失去他们努力得来的一切。

这个观点也让毛利印象深刻。可能因为类似的不安定感，在艾文求学的道路上，她在两种心情间反复横跳。和某个家长聊了两句，她深感耽误了小孩，要赶紧抓紧学习。过两天翻了几本书，她又恢复了"佛系"心态，要让孩子有做孩子的权利。"做父母，很多时候要在很久之后，才能判断自己当时做得对不对。"

丈夫陈华椋从未陷入过这种摇摆。"可能她是写书的，比较细腻。"陈华椋说。

四

21世纪家庭关系研究中著述最多的理论之一是父亲在位理论。研究指出，高质量的父亲在位，涉及与孩子的情感、表达、教育指导、身体互动等方面，通常还与妻子和其他家庭成员有着良性关系。一个优秀的父亲，面对问题要一马当先（before the other），触手可及（at hand），总是在场（in attendance），且能起到实际作用（his existence）。

如果陈华椋正走在通往这些优秀品质的路上，那么搬家可以算作一座里程碑。搬家前夜，他一个人躺在新家里，激动得一夜未眠。

他们一家搬离了与岳父母同住的郊区大房子，住进了一套小公寓——租的。在原来的房子，做儿女的职责是接受无穷无尽的馈赠。

房子位于松江区——上海之根。毛利的邻居里，女孩从临近大学拿到文凭，通常会在本地小伙子中挑选一番，比对过双方手上的房本、车本，然后相夫教子。毛利是个不太一样的本地女孩。她身高超过1.7米，短发，站起来很有气势。她嫁给了一个福建男人，现在还给他开工资。

福建男人陈华椋搬入新家后，终于可以实施一直令他心痒的一项工程：教儿子洗澡。艾文惧怕莲蓬头洒下来的水，于是陈华椋建议他佩戴护目镜进浴室。他护卫在旁。

他们保持着随时会翻船的友谊。陈华椋愿意陪儿子在海滩挖上几个小时的沙子，也最懂他的心思。艾文使尽手段买了好几盒鲜肉月饼，只咬了两口就放在一边，只有陈华椋看出他是要用月饼盒子做纸船。

辅导作业时，陈华椋不得不一再控制自己的脾气。丈母娘探视时赶上，在旁假装经过好几个来回，战战兢兢地问女儿："是不是太凶了？"毛利亲自上场试过一次，在儿子第20次用橡皮擦掉没错的地方时，她破口大吼。陈华椋幽幽地说："其实我每次都能忍到第50次。"

他没忘记自己"员工"的身份。每天夜里儿子睡着，他会回顾一下这一天的工作。如果儿子哭着说"我再也不和爸爸做朋友了"，那么这是客户的负面反馈，他会反思一下自己是否该有所改进。

他始终没和在福建老家的父亲细致讨论过自己全职爸爸的身份。他知道老父亲并不支持。

2019年4月，艾文被一所不错的国际学校录取了。促使陈华椋做全职爸爸的最大任务完成，他还想继续做下去。

闲暇时，他和同住上海的几个全职爸爸有规律地聚餐。席上几乎都是外国面孔。大家聊足球、明星，不聊小孩。小孩已经占据生活太多了，况且，男人聚会，聊天本来就是酒菜的陪衬。

感·悟·手·札

那段时间，我不断提醒自己"闭嘴"

王凤

那是寒假中的一天，上小学六年级的女儿坐在窗前的书桌旁写毛笔字，两只衣袖高高挽起到胳膊肘之上。我从旁边经过，顺手把她的一只袖子拽下，她头也不抬地立马又把袖子撸起；我再拽下，她再撸起。片刻间两个回合的无声过招，我暂居下风。

愕然之余，我的脑海中电光石火地闪过几个应对之策，最终我却在心里对自己说："闭嘴！"转身该干什么就干什么去了。

因为那一刻我意识到，女儿的青春期来了。

很多文章把青春期描绘成一头怪兽，它能在眨眼间把原本乖巧听话的小可人儿教唆成混世魔王，而且父母管束得越严，孩子就越逆反，作用力与反作用力相等。

其实不用专家科普，回顾自己的过往，我的青春期就曾经是一场与母亲持续不断的战争，从发型到社交，从参加什么活动到读哪本课外书，都会引发一场控制与反控制的战争。

战争的结局，凡是母亲反对的事我都做了，然后以大学录取通知书为翅膀远走高飞，一去不返。

但是女儿似乎一点都不像我，她自小性格平和，通情达理，几乎没有任性和执拗过，我甚至担心她缺乏个性。因此，我隐约期待着她能长出怪兽的犄角，展露青春期该有的锐利锋芒。

然而事与愿违，女儿的青春期颇为平静，至少在我眼里是只现微澜，不见巨浪。回想起来，我们之间好像只发生过一两次小冲突，以至我都想不起缘由和过程了，只记得结局是她不开心，我也没有获胜的喜悦，反而自责没能控制住自己的情绪。

于是，"闭嘴"成为那段时间我常常提醒自己的两个字。说了也没用的话，不说！可说可不说的话，不说！不确定如何表达更合适的时候，不说！这样一来，我们的相处模式就简单多了——我用耳朵，女儿用嘴。饭桌上基本是她在滔滔不绝地说，我津津有味地听，间或好奇地问一声"后来呢"，她便把前因后果一股脑儿地齐齐端出。

可能因为我采取了避其锋芒的策略，女儿青春期的能量和攻击力只好转向外界，其中多数由学校和老师承受了。记得她曾经因为英语老师一句"课代表应该每次考第一"，就愤而撂挑子不干了；也曾经由于不愿意在微凉的早晨穿短裙，就主动退出升旗仪仗队的护旗手行列。

这些都是她事后告诉我的。虽然我认为女儿的决定有一定的道理，但也并非全然认可她的行事方式。转念一想，鲁莽冲动不正是青春期的特征之一吗？好吧，反正事情已经发生了，那就随它去吧。

当然，有的规则是必须遵守的，比如要按时作息，到了该睡觉的时间，即使作业没做完也得上床睡觉，养成健康的生活习惯远比学习成绩重要。规则是从小建立的，女儿遵守起来不成问题，反倒是我自己偶尔犯规引起风波。

女儿上初中时，有两次我写稿写到半夜，第二天早上闹钟响也没听见，睁开眼睛已经快八点了。女儿被叫起来，一看要迟到了，第一次跳着脚跟我嚷："都赖你，我从来没迟到过，这下迟到了！"我一边道歉一边把牛奶、鸡蛋、面包放在她面前："是我的错，对不起。不过反正已经迟到了，再晚几分钟也不算什么。"坚持让她吃了早饭再去上学。

在我看来，跟少听几分钟课的损失相比，吃饱更为实际。再说没经历过的事就该体验一下，正好增强她的心理承受能力。果然，当我重蹈覆辙又起晚了的时候，女儿和我都淡定多了。

她在匆忙洗漱的同时还不忘关心我的稿子写完了没有，我也在早饭问题上灵活操作，让她带着在路上或课间吃，不再坚持必须吃完才能出门。

我在青春期是桀骜不驯的，女儿的青春期却波澜不惊。回想起来，应该感谢我的母亲——她的外婆。当年我妈不许我看课外书，不许我去同学家玩儿，也不许我带同学回家……

也许那时正好是她的更年期，遇到一点小事就无限上纲上线，唠叨个没完。上初中时我就发誓，将来决不当这样的妈。于是我对女儿的阅读只有建议，没有限制，我鼓励她广交朋友，自己则多听少说，遇事把母女关系放在第一位，是非暂且靠后。

其实孩子的事能有多大的是非呢？往往过后一想，那点小事都不值得重提，也就算了。

或许我的更年期也不典型，不烦不躁，情绪波动也不大；女儿的青春期好像也不典型，有点小自主、小任性，都在可容忍的范围内。漫不经心之间，日子就云淡风轻地过去了。

要说遗憾，就是我的期待有些落空，她最终也没长出叛逆的犄角，枉费我当年摸索出成套对付父母、老师的招数，如今后继无人。

感 悟 手 札

童话的滋味

尤今

我原先中了"君子远庖厨"这句老话的毒，不肯让我的两个儿子踏入厨房半步，结果呢，他们16岁负笈海外时，吃尽苦头。午夜梦回，想起妈妈做的美味佳肴，泪水与口水一起飙。

精湛的厨艺能让人拥有一个富足的人生，而热爱美食的人，往往是快乐的人。所以，女儿出世后，我吸取前两回的教训，"处心积虑"地要把厨艺传授给她。

有人问我："什么年龄才是最恰当的受训期？"

我竖起一根手指。

对方惊问："一岁？"

"不！"我斩钉截铁地答道，"一个月——婴儿满月以后，便开始训练。"

对方以为我胡言乱语，便一笑置之。

然而，这是千真万确的呀！女儿满月后，每回烹饪，我便把她抱进厨房，放在远离炉火的地方。她舒舒服服地躺在摇篮里，我快快乐乐地在炉子前挥动铲子。蒸、炸、煮、炒、焖、炖、烩之后，一股股食物的香味，化成一缕缕轻轻的风，飘进婴儿的鼻子，钻进婴儿的被子中，婴儿胖胖的身体都浸在甜、咸、酸、苦、辣的五味杂陈里。我有充分的理由相信，婴儿对美食敏锐的嗅觉就在此刻形成了，婴儿对美食的欲望也在此时萌发了。

因为深深了解"身教胜于言传"的道理，在女儿成长的过程中，我一直让她近在身边，不着痕迹地启发她对烹饪的兴趣。我不是一茶匙盐、两茶匙糖、三大匙酒、四大匙油地教她，我清清楚楚地知道，一板一眼的教学方式有许多时候会带来反效果。我和她一起做，把笑声嵌进食物里，把乐趣镶入烹饪中，给她一生一世的快乐记忆。

老天没有辜负我的苦心。

可君18岁负笈英伦之前，一进厨房，十根手指便像水里的鱼一样。鱼在水中舞出无限的婀娜，她呢，以食物拼出无数华美的"图案"。

到伦敦不久，她和两位朋友在郊区合租了一所房子。每个星期天早上，农夫会到附近的空地摆卖新鲜肉类和有机蔬菜，价格比超市的贵上好几倍，但是，女儿却觉得物有所值。

她在电邮里如此写道："蔬菜，就好像是刚刚从泥地里拔出来的，拿在手上，蔬菜的绿，仿佛流满了手掌。妈妈，您常常说，肉类如果新鲜，叫它一声，它也会应。现在，买了一公斤五花肉，我叫了一声，它果真就应了……"

读到这里，我"哈哈哈"地笑出声来。为了增添生活情趣，孩子小时，我经常"胡说八道"地娱乐他们；现在，孩子大了，居然懂得以同样的方式"投桃报李"！

可君返回新加坡度假的次日，便迫不及待地上超市，买齐东西，大展身手。

她设计的两道菜肴是西式猪肉丸和蒜香西兰花；甜品呢，是烘烤小脆饼。

母女角色互换。她全情投入、满心陶醉地煮；我呢，气定神闲地袖手旁观。

她烹饪不用量匙，全凭感觉，天马行空地挥洒自如。两道菜肴都很美味，最大的特色是味道变化多端，不是开门见山的那种平坦、平直、平淡；它迂回曲折而又峰回路转。我注意到她善用柠檬皮和柠檬汁——柠檬烩味，有先声夺人的霸气，把它加入掺了乳酪碎的猪肉丸里，便恰到好处地驱除了味道的滞腻，并且巧妙地形成了丰富的层次感。至于在烘烤得有点焦脆的西兰花上面放入柠檬皮和柠檬汁，却像是一篇布局严谨的"微型小说"，令人有"意在言外"的惊喜。

味道确实不错，可我嫌工序过于繁杂。然而，她却好整以暇地回应："妈妈，工序多才出精品嘛！"

餐后，她说："等着我的甜品上桌呀！"

她把桌上堆着的诸多原料"东拼西揍"地搅在一块儿，好像没多大工夫，就变出几盘又酥又香、又薄又脆的小饼干。我一块接一块地吃，一连吃了12块，撑得双眼鼓如金鱼。

可君得意扬扬地说："每回客人来，我便烤这饼干，大家都赞不绝口呢！我给它取了个好听的名字，唤作'风入口'，因为它就像一股香香的风，轻悠悠地飘进客人的口里！"说这话时，她的眸子溢满了蜜糖般的甜意。

我这个懂得厨艺又热爱烹饪的女儿，在陌生的异乡里，把日子过得像童话一样快乐。

感悟手札

欢　愁

林文月

儿子又在敲打英文。我一边整理家务，一边猜测那都是些什么内容，是感谢对方接受他的入学申请吗？

除非得到他的允许，否则做母亲的不能偷窥他的信件。这种规矩原是孩子还不懂事的时候，我教给他们的，但现在按捺不住好奇心的是我。

儿子已大学毕业，他在仔细思考之后选择了继续深造。这是他的决定，我和他的父亲都没有干预。于是自去年秋天以来，这事便积极地推进着。

我常见他对着一张地图，似乎在研究地理和气候，有时他也询问我曾经在旅途中见过哪些异乡习俗。

近几个月来，邮箱内他的信件突然增多了，我明白到了今年秋天，儿子大概就会独自到异乡去读书。

我觉得自己是一个不错的母亲，但有时也难免抵挡不了挫折感的侵袭。为了教书和写作，我把太多时间花在了书房里。大约是在儿子读高中时，我问他："你会因为我不像别人的妈妈那样，不能全天候地照顾你而感觉不满吗？"他笑着回答："这怎么能作比较呢？我生下来就只有你这个母亲啊！"他的话虽说得轻松，却充满体谅。

由于孩子无法选择更好的母亲，所以我只有设法做一个更好的母亲。然而，有时也真不容易。

女儿读初三时，特别让我费神。和她的哥哥不同，她从小好交友，即使在升学考试的压力下每天也有无数个电话要接，那使她不得不缩短温习功课甚至睡眠休息的时间。

我不免心疼又着急，遂劝她暂时克制过度的社交，可女孩子哪里听得进这些教条？最后，我发出警告："假如你自己不能跟朋友主动表示，那下次来电话时，我便要警告他们。"

电话铃依然一遍又一遍地响，我遂委婉地劝勉那个少年："如果你们关心对方，应该彼此勉励。一个月之后，有的是谈话的时间，对不对？"语气温和，但态度是坚决的，我没有把听筒交给女儿。

女儿指责我不尊重她，次日我便看到女儿留给我的一封绝交信，那里面说了一大套朋友相交的道理，最后还表示读书要出于自愿。

读完信后，我很茫然，一时间不知如何处理这件事。

我明白所有大考在即的孩子都有莫大的心理压力，但我也自有正确辅导的立场，不能因为收到绝交书就认错讨饶。我决心让事情顺其自然地发展。

女儿放学回家时的脸色是极不愉快的，不过我注意到电话铃声不似往常响得那么频繁。她的房门虽紧闭，但深夜尚有一线灯光从下门缝溢出，只是她依然不愿与我多交谈。这样的日子持续了十余日后，女儿先是对父亲和哥哥有了笑容，我既欣慰又嫉妒。然后我试着用平常心与她交谈，她也不再刻意保持冷漠，但双方都有些不自然。不过，我真的为女儿又回到我的怀抱而欣喜。

亲子之情实在奇妙。

这件事情过去很久之后，有一天晚上我和女儿上街购物，她硬要抢过我手中的购物袋，无端令我生出提前衰老的感觉。我请她到一家小店喝茶。女儿有说不完的话题，住宿学校令她获得集体生活正面与负面的经验："妈妈，我真感谢你从小教我要如何坐、如何站，免得我现在被别人嘲笑。"

在回家的路上，女儿轻声告诉我："妈妈，我实在佩服你。有时候我想如果我有一个像我这样的女儿，我真不知该怎么办。"我抚摩她的长发，说："到那时，你自有一套办法疼爱她、教育她。不过，我祝福你有一个更乖巧的女儿！"说完，我们两个人同时笑了起来。

感悟手札

因势利导

尤今

　　阿琴喜滋滋地请我们吃饭，庆祝她18岁的独生女宛宛成功考入医学系。一提起宛宛，大家交口称赞，说她像井、像溪、像海。说她像井，是因为井口看似狭窄，却有着他人难以想象的深度，随意抛个空桶进去，总能打捞起一桶桶满满的知识；说她像溪，是因为她从不张扬，不管什么场合，总是安之若素，恬淡如溪，脸上看不到一丁点儿张狂；说她像海，是因为她有大海般辽阔的胸襟，常常不遗余力地向他人伸出援手。朋友七嘴八舌地向阿琴请教育儿秘诀，阿琴微笑地道出"八字箴言"："陪她成长，因势利导。"

　　有些家长在孩子成长的过程中，总是高高在上地摆出一副威严的面孔，动辄训斥，温顺的孩子长大后会成为一个唯唯诺诺的人，叛逆的孩子则会变成难以亲近的"刺猬"。有些家长喜欢制作一个模子，将孩子硬生生地塞进去，将他变长、变圆，孩子完全失去自我，会长成一个缺乏自信而又不快乐的人。阿琴可不是这样。她刻意把自己"缩小"，缩得和女儿的"高度"一样，让女儿把她当成朋友，对她畅所欲言，再因势利导，进行教育。

　　她举了三个深具意义的例子。

　　家里雇用了一名极有爱心的菲律宾女佣吕丝儿，宛宛自小和她感情很好。七岁入学时，老师问宛宛的志向，她毫不含糊地答道："我要当女佣。"老师在家长日把这事当作笑话复述给阿琴。回家后，她重新问了女儿一遍，女儿还是清清楚楚地说道："我要当女佣。"阿琴郑重其事地说："你如果要当女佣，就得像吕丝儿阿姨一样，家事样样精通。"乖巧的宛宛频频点头。于是，从次日开始，阿琴便逐项教她，铺床、扫地、擦窗、烹饪，宛宛觉得妈妈是在帮助她完成心愿，集中精神地学、心甘情愿地做。现在的宛宛，做起家务井井有条，入厨烹饪手艺绝佳，这些都是那时打下的基础。阿琴说："稚龄孩子，志愿年年都在变，关键是当她认真地对你说出她的心愿时，你千万不要指责她、讥笑她、讽刺她、打击她的信心；反之，你可以充分利用这个机会来教育她、引导她。"

上中学后，宛宛成了"追星一族"。阿琴非但没有强行阻止，反而和她一起追星。王菲和周杰伦开演唱会时，票价再高，她也买票和女儿一起去。在追星的过程中，宛宛学习中文的兴趣大大地提高了——为了解歌词含义，她拼命地查字典；为了哼唱歌曲，她下苦功背诵歌词。母女俩一起交换有关偶像的消息，其乐融融。阿琴说道："追星是成长的一个必经过程，就像水滚了一定会有水蒸气喷发出来一样。如果我强行压抑，无异于火上浇油，她会变得更痴狂。与她一起追星，反而可以近距离地监督她啊！"

中三那年，宛宛深爱的祖母因癌症晚期而猝然去世，深受打击的宛宛立志悬壶济世。阿琴顺水推舟，给她订购医学书报杂志，带她听医学讲座，介绍当医生的朋友为她解疑释惑，终于坚定了她学医的决心。阿琴认为，当医生的如果没有一颗爱心，只能算是"医匠"。因此，阿琴带她到老人院当义工，尽早把一份温柔放进她的心房里。

陪她成长，母女连心；因势利导，水到渠成。

感悟手札

我妈妈才八岁，原谅她的不够好

刘娜

一

我和儿子的战争，是从他上小学时开始爆发的。

我自幼写字就工整有力，更相信书写是一个人的门面，所以每每看见儿子卷着毛边、胡写乱画的作业本上，那一个个像柴火棍堆成的歪歪扭扭、让人不忍直视的字时，无名火就噌一下从胸口熊熊燃烧到头顶。

我从事文字工作多年，对遣词造句有着严格的追求，原以为在我的熏陶下，儿子会遗传我的文学天赋，谁想到每次考试，用"美""好""亮"组词时，他都词穷地写"很美""很好""很亮"。

至于他的造句和作文，那更是苍白无力到惨不忍睹，异想天开到不可理喻。

我做事讲究效率，从投入工作那一刻起就能屏蔽周遭的一切喧嚣。但儿子每天放学回来，写作业不到五分钟，就一会儿要上厕所，一会儿要挠后背，一会儿要喝水，一会儿要吃东西。

最要命的是，我原以为天资不算聪慧的儿子，能像我一样很早就明白"笨鸟先飞、勤能补拙"的道理，进而做到知耻后勇。但每次考试成绩下来，他看着自己卷子上不高不低的分数，都无比淡定地安慰我："妈妈，你不用难过，很多人考得还不如我。"

我怎么能允许自己有个书写脏乱、作文平淡、做事散漫、成绩一般的儿子?

所以，我必须改变他。

二

我擅自做主，给他报了个书法班，每周六上午陪他去练字。整整练了一年，除了在班上结交了几个爱玩枪战游戏、爱看漫画书的朋友之外，他的书写并没有太大长进。

我亲自给他修改作文，不厌其烦地给他讲怎么做到点面结合、动静对比、铺设悬念、承上启下、首尾呼应，但每每写作文时，他还是抓耳挠腮，一脸茫然，不足百字就戛然而止。

为了给他创造一个独立安静的学习环境，我也曾给他单独设置小书房，放学后让他上完厕所、挠完后背、喝完茶水、吃完晚饭，专心致志地坐在那儿写作业。

一个小时后，我推门进去时，发现他作业没有写完，却用墨水把自己的脸画成了花猫……

那一刻，一直提醒自己要做一个平和、宽容的妈妈的我，再也无法控制头顶的怒火和心中的咆哮，大吼一声："你在干什么？你太让妈妈失望了！"

这一吼，吓得儿子一脸恐慌地把墨水瓶打翻在地。摔破的墨水瓶和流淌的蓝墨水，就像我无可救药的期待一样，破碎不堪，汩汩呜咽。

一定是哪里出问题了。

我想，不把这个问题找出来，我和儿子的战争就永不能停歇。

三

我翻阅教育学书籍，拜访心理老师，向同龄妈妈求教，最终发现：儿子的问题，其实是我的问题。是我总觉得自己不够好，就把对完美的"强迫症"投射到他身上，让他在控制和恐慌中无所适从，停滞不前。

我错了，我要向他道歉。

他八岁生日那天，吃完蛋糕，看完电影，回到家中，我给他写了一封信。

信中，我回忆了过去我们之间的种种不愉快，然后坦诚地说：

"儿子，妈妈自幼生活在农村，生活的艰辛和物质的匮乏，让妈妈觉得如果自己不够好，就无脸面对操劳贫穷的父母，无法给他们一个满意的交代。

"但在今天看来，这种'我不优秀，我就有罪'的心理，不仅是有害的，而且还让妈妈在生下你后，开始控制你、指责你，觉得如果你不够好，就是对不起妈妈。

"对不起，孩子，妈妈找到了自己的问题，愿意慢慢改正。妈妈也明白了，你就是你，一个即便有着这样那样的缺点，却依然独一无二的你。

"妈妈愿意从今天起，努力当一个合格的妈妈，你愿意给妈妈一个机会吗？"

我把这封信写在儿子最喜欢的蓝色彩纸上，然后在晚上休息前放到他的小床上——他虽然成绩不怎么优秀，但从三岁起就能自主阅读，理解能力特别强。

很快，他看见了这封信，坐在小床边看了一遍又一遍后，走到客厅里抱着我说："妈妈，我原谅你了。"

我的眼泪唰的一下就出来了：孩子总是比大人更容易原谅一个人，因为天真的他们能更轻易忘掉不快乐。

四

后来，我慢慢开始放手，让儿子决定他能决定的，让他承担他该承担的。

看到他的书写，我不再大呼小叫，而是告诉他哪里有了进步，哪里还需提高；读到他的作文，我不再评头论足，而是给他分享自己写的文章，哪一篇读者喜欢，哪一篇遭到批评；听到他的成绩，我也不再患得患失，而是提醒他，比分数更重要的，是通过考试发现自己存在哪些问题，并努力去弥补。

尽管他偶尔还会因书写脏乱，被老师罚抄作业；尽管他有时写的作文，还是会让人一头雾水；尽管他的考试成绩还不是班级前几名……但他在改正错误和承担后果的过程中，书写越来越有力，作文越来越通顺，作业越写越快，成绩稳步提高。

上个周末的英语分享课，老师邀请家长一起参加。其中有个亲子环节，是让孩子介绍自己前来听课的爸爸或妈妈。

轮到儿子时，他小脸红红的站在讲台上，看着我向大家介绍道：

"这是我的妈妈，她今年八岁了。

"我之所以说她八岁了，是因为，在生下我之前，她只是一个女孩子，生下我之后，她才是一个妈妈。我今年八岁了，所以，我的妈妈也八岁了。

"我八岁的妈妈，有时也不够好，做事有点追求完美，偶尔还会发脾气，难过时会哭鼻子，生爸爸和我的气时，会惩罚自己不吃饭。

"但是，我很爱她。因为，八岁的妈妈和八岁的我一样，都不够好，但都很努力。"

那一刻，我再也忍不住眼泪，张开双臂，跑上讲台，把他紧紧地搂在怀里。

谢谢我的孩子，他重新定义了我的年龄，并接纳了我的不够好和不完美。

当你用孩子般的眼光，重新定义自己的年龄，重新接纳自己，那你离更美好、更成熟的自己也就不远了。

感·悟·手·札

唯愿孩儿"愚"且"鲁"

葛松岭

望子成龙、望女成凤，是普天之下每个父母的衷心夙愿和美好祝福。你看，谁不想自己的儿女聪明、漂亮、功成名就呢？

可苏轼却大唱反调。他这样感慨："人皆养子望聪明，我被聪明误一生。惟愿孩儿愚且鲁，无灾无难到公卿。"意思很明了：人们都希望子女聪慧过人，我却被聪明误导一生。我只希望孩子愚蠢迟钝，一生健健康康，没有疾病，没有祸患，能够官至公卿就心满意足了。

按说，这样的父亲，得引起多少人的嘲讽和攻击，可又有几人能理解苏轼的苦衷呢？苏轼有此想法，是因为他自己经历过风风雨雨，见证了沉沉浮浮。

苏轼才高八斗，学富五车，诗词文三绝，声名之大，地位之高，无人能及，可谓绝顶"聪明"。可这"聪明"又带给他多少功名利禄呢？他起起落落，坎坎坷坷，极惨时，差一点难保性命；极喜时，春风得意马蹄疾，一日看尽长安花。阅历丰富了，自然感慨也就多了。试想，哪个父母不愿把自己积攒多年的人生经验传之后代？苏轼就是这样，他只想自己的儿子能顺顺利利、平平安安、无灾无祸，不祈求有多么"聪明"。

明末四公子之一的侯方域竟和苏轼的观点不谋而合。侯方域在《字晓儿说》里写道："晓既冠，字之曰彦窒……窒（意为不通）于应事，故省为；省为，故安于拙。窒于处人，故寡合；寡合，故全其朴。"何谓"彦窒"？就是愚笨不通。文采超群、声望远播的侯方域竟给儿子起个如此名字，叫人不得不质疑他对儿子的态度太过随意，可他的愿望却只是想能省心、顺意地照料孩子而已。

　　台湾著名作家刘继荣在文章《坐在路边鼓掌的人》的结尾深有感悟："世间有多少人，年少时渴望成为英雄，最终却成了烟火红尘中的平凡人。如果健康，如果快乐，如果没有违背自己的心意，我们的孩子，又何妨做一个善良的普通人？长大成人后，她一定会成为贤淑的妻子、温柔的母亲，甚至，热心的同事、和善的邻居。在那些漫长的岁月里，她都能安然地过着自己想要的生活。作为父母，还想为孩子祈求怎样更美好的未来？"

　　以前，刘继荣和大多数家长一样，何尝不希望自己的女儿成绩骄人、出类拔萃、能歌善舞，做一个声名响亮、叱咤风云的大人物？她对女儿软硬兼施，使尽浑身解数，却最终以哀叹无奈落幕。女儿不管风如何疾，不管雨怎样大，始终不愿去改变自己心中的想法，只喜欢"帮小弟弟小妹妹剔蟹剥虾，盛汤揩嘴"，很乐意"不时跑到后面，照看着那些食物。把倾斜的饭盒摆好，松了的瓶盖拧紧，流出的菜汁擦净"……后来，女儿说的一句云淡风轻的话，一下子惊醒了尚处于梦中的母亲刘继荣："老师曾讲过一句格言——当英雄路过的时候，总要有人坐在路边鼓掌……妈妈，我不想成为英雄，我只想成为坐在路边鼓掌的人。"

　　越俎代庖这个成语，我想大家都很明了。其实呀，我们大部分家长都在这样做，很想让孩子对我们言听计从，圆我所愿，却忘记了孩子也有自己的主见和想法。我们家长不可能陪伴孩子一辈子，孩子自己的路还得要靠他自己去走。那么，我们还是再次去聆听、体悟一下刘继荣的肺腑之言吧！

感悟手札

墙上的"猪"

王悦微

下午，校长来找我，说不知哪个学生在三楼走廊的白墙上写了一个大大的"猪"字，请我实地去查看一下，力争"破案"。

校长说的是力争，而不是确保，因为他知道，要在全校上千个学生中揪出这个搞破坏的小孩，实在无异于大海捞针。

也难怪，暑假里，学校刚进行了翻修，刷得雪白的墙壁让学生们跃跃欲试，谁让他们正是"猫狗都嫌"的年纪呢。

我来到三楼，仔细查看了墙上的那几个字，"301，猪"。嗯，字迹粗犷豪放，多半是出自男生之手。字写得很粗，我又凑近看了看，基本判定是用毛笔蘸上颜料后所写。学生不会平白带毛笔来学校，可见该同学所在的这个班今天应该有美术课，而且必须得上色。

下课的时候，学生们一般就近在自己班所在楼层的走廊活动，不太可能去其他楼层，所以我又把范围缩小到三楼的几个班级。这个楼层一共有三个班，分别是301班、302班和401班。我去教导处查看了一下各班的课表——今天只有401班在上午上过一节美术课。

我为自己的推理暗自得意，与学生斗智斗勇的乐趣让我兴致勃勃。这种得意，全然不是发动全班相互检举、写告密信那种权威式窥探所能比的。我憎恶那种让学生之间充满警惕和怀疑的方式，虽然也许那样能更便捷地揭开谜底。当一个老师始终能够意识到"孩子只是孩子"，并且不轻易以恶意去推测孩子们的动机的时候，就不会那么容易生气了。

我到401班的教室一看，空无一人，学生们都下楼去活动了。秋风很凉，从敞开的窗口滑进来，哗哗地翻动着桌上的书。我一边等他们回来，一边盘算着等会儿要以怎样的方式层层揭开谜底。在这个侦破的过程中，每一个眼神都要细细酝酿好，拿捏到位，一着不慎，就可能满盘皆输啊。

下课铃声响了，学生们陆续回到教室。我微笑着扫视了一下他们，和蔼可亲地问道："同学们，今天的美术课，哪些人带了颜料来上色啊？"

台下呼啦啦举起了七八只小手，他们七嘴八舌地告诉我，大部分同学还在给美术作品打草稿。"我还没来得及上颜色呢！"前排的小个子男生大声说。

我继续微笑着，未加解释，请这几个举手的学生上台在黑板上写一个偏旁。

当然得不动声色，让学生摸不到头脑，老师才好做文章。

写什么偏旁呢？很简单，就写一个反犬旁。

请各位注意"猪"字的反犬旁，它的正确笔顺是：撇，弯钩，撇。然而，白墙上的这个"猪"字，它的反犬旁笔顺是：撇，弯钩，提。这是一个很特别的书写习惯！

那几个学生疑惑地走到黑板前，按我的吩咐，每个人都写了一个反犬旁。其他人的笔顺都对，只有一个男生，他的笔顺是：撇，弯钩，提。

我不动声色地把他带到走廊上，指着墙上的那个"猪"字，问道："这是你写的？"

我在问话的时候，紧紧盯着他的双眼，透露出一种坚定而自信的气场来。虽然在最后的结果出来之前，我对自己的推测并没有十足的把握。

他的目光顿时慌乱起来，"不是"二字已脱口而出，但一抬头，马上就在我的目光中败下阵来，垂头丧气地点了点头。他慌乱地求饶道："老师，我知道错了，我以后再也不敢了……"

我又问了他的动机是什么。其实很简单，就是出于无聊。如我所料，这几个字都是用毛笔蘸上颜料写的。

校长毕竟是宽厚的，说让他做一天义工，第二天在学校打扫卫生，记住这个教训。至于那面白墙，就让总务老师去粉刷，免去家长出工出钱了。我带着这个男生到总务老师的办公室，让他恭恭敬敬地给老师鞠了一个躬，请老师原谅他带来的麻烦。

我没有把这个孩子带到班里进行公开批评。我始终记得，当我还是一个学生的时候，我的老师曾对我说过这样一句话："连上帝都会原谅你们，何况是我呢？"我也还记得，当年刚工作不久，为一点儿小事而斥责学生的时候，一个老教师曾告诉我："当面表扬，私下批评。小孩儿再小，也有尊严。"因一念之差而让一个孩子站在全班同学的面前接受批评，那种屈辱又羞愧的感觉，单是想想就觉得太残忍。所谓"因为懂得，所以慈悲"，大概也就是这个意思吧：因为他是孩子，所以理解他的淘气就像打喷嚏那样，是忍不住的。

教育，就是耐心地等孩子们慢慢成长，让他们在爱和宽厚里学会控制自己的淘气，最终长成美好的人。

感·悟·手·札

暗恋的自枯自荣

陈雪

你说那年你20岁，他是社团里认识的学长，白净长脸，黑框眼镜，细长的眼睛，又高又瘦，不笑的时候很严肃，笑起来非常傻气，他穿着法兰绒格子衬衫，破破的牛仔裤，不知道是不是因为总比旁人高，他养成了驼背的习惯。学长的房间是大家开会的地方，三面墙都是书架，满满都是书和CD，都是你没读过的书，没听过的音乐。屋子里总是烟雾弥漫，每个学长都抽烟，他也抽，你最喜欢看他把香烟抽得很短很短，一副很爱惜的样子，可是你不喜欢他捡别人的烟头来抽，那太脏了吧，你心想。

是啊，学长好穷，那时大家都穷，可他特别穷，曾经吃其他人剩下的盒饭，你忘不了那一天，大伙聚餐，吃的是便宜的盒饭，他比较晚到，有人先走了，看到桌上剩下的饭，他每一盘都清空，"好久没吃米饭了。"他低声地说，你心痛死了，隔天就去买了很多面包。他的门从不上锁，谁都可以进去，你把面包跟咖啡豆都带去，这花掉了你一两个星期的零用钱，你没留字条。屋里没人，学长曾对大家说，喜欢的书都可以借走，你搬了一本又一本，你帮他扫地、晒棉被，把垃圾都丢掉，你发现架子上堆满了面条跟罐头，学长总是煮白面条配肉酱罐头，用小小的电炉、铁锅，煮上一大包，跟隔壁另一个很穷的学长一起吃。你把屋子清扫干净。

那阵子你每周都去拿书，面包换书，很划算，学长的书里面写满了笔记，学长的字非常刚毅，力透纸背，即使只是笔记，却也写得工整，你把那些笔记都抄下来，比读正文还认真，大多数的书你都归还了，唯独留下笔记最多的那本，就一本，像赃物般藏在枕头底下。

你像个小偷一般爱着他，偷书，偷CD，还书，还CD，还加上面包，咖啡，水果，整整一年的时间里，你像梦游一般走进他的房间，在里头待很久很久，仔细地打扫，认真地学习，你听他听的音乐，读他读过的书，你折叠他穿过的衣服，阳光晴好时，你也帮他把屋里的衣服棉被都晒到阳台去，学长上午睡觉，下午会出门，你总是趁着下午时间，小偷一样溜进屋，待一两个小时，再悄悄溜走。

学长的房间就在小吃街二楼，临窗可以望见楼下排队的人潮，开会时大家都高谈阔论，你也如旁人一样，假装不动声色，学长没多看你，也没少看你，一视同仁，你觉得很安心，寒假的时候，学长回家去了，你也回自己老家，那两个月你过得非常痛苦。

那个寒假结束，学长就要毕业了，你在想该不该对他告白？

你想过，在学长毕业以前，给他写封信，就一封，不署名，但后来你把那封信写成了一篇文章，就登在校刊上，连文章也是密码，丝毫没有提偷书与送面包的事，你写的是大海，以及在海边等待父亲回来的一个小男孩。

你倒数着日子，感觉学长的脸颊似乎没那么消瘦了。你把书一本一本还回去，经过一年的苦读，你感觉学长无意间教会你好多事，你已经不用去偷他的书，而可以自己去书店选书来读了。经过这一年，你长高了一厘米，头发长了很多，可以束成马尾。

有一天，学长把头发跟胡子都整理过了，不多久，房间上锁了，你感到诧异，听说，学长谈恋爱了，你亲眼看见学长跟着另一个学校的学姐一起下楼那天，学长跟学姐跟你打招呼，你感觉心跳都快停止了，他们到底说了什么你不太记得了。但是学长一直在微笑，学姐的声音好温柔。

你感觉生命里有朵花开，又谢了，一片云飘过，一阵风吹过，一个故事结束，另一个开始了，你双手紧握，心里很安心也很空洞，至少学长不会再挨饿了，你低声说。开始与结束，自枯自荣。这一切都是你自己的事。

唱出最动听的

青春之歌

青春是一首唱不完的歌，歌声中有欢乐，也有悲伤。在歌声中我们不断成长，不断收获，虽然曾经有过彷徨和迷茫，但最终我们找到了属于自己的人生之路，并且信心满怀。

我只想取悦自己

林小白

一

从小到大，我都是一个乖乖女。父母跟别人谈起我，总会说："她从不让我们操心。"

我并非出生在独生子女家庭，所以从小就知道，有些事是有"潜规则"的。比如，我想吃某个零食，但我会主动把零食让给弟弟，这样父母就会说"姐姐真懂事"；我还会主动要求买便宜一点的自动铅笔芯，做作业不拖延，认真整理自己的房间，就为了能被父母夸一句"真乖、真懂事"。

后来上学了，语文老师在我的某篇作文下写评语："这篇文章辞藻华丽，但我更喜欢你以往的写作风格，这篇有点华而不实了。"于是，我的作文再也没出现过那样文绉绉的文风。数学考试时，明明我很快就把会做的题都做完了，剩下一大堆再看也看不出答案的题目，我想提早交卷，却忍住了，因为老师说过"态度很重要"。

再后来上大学住宿舍，我和室友有些合不来，但为了融入她们，当她们大嘴巴地对某个女生评头论足的时候，我也会干笑两声；她们在看我不是那么感兴趣的《康熙来了》的时候，我也会坐在一旁，和她们一起认真看完。当时的我觉得，只有这样才能让别人感觉到我确实是想融入她们的。

后来的后来，我工作了。第一份工作是电视台的记者，有位同事某天打趣地说："你以后别出镜啦，影响收视率啊。"我听完，愣了一秒，然后微笑着点点头说："嗯。"之后，我还真的是能不出镜就不出镜，就算迫不得已出镜了，也会在剪辑的时候把自己的镜头尽可能地剪掉。

直到今天，我回头看这二十几年，发现原来自己在这么长的时间里都在取悦别人。我始终在担心，别人会因为某件事，或是因为我的不顺从和不合群，而不喜欢我。

二

现在的我当然可以气定神闲地说"取悦自己比取悦别人重要得多"，但五年前的我，甚至更早的我，是无论如何也不会这样想的。

我常跟别人笑谈"我是一个人长大的"。在我成长的过程中，父母参与的部分少得可怜，跟大多数父母把孩子交给奶奶、姥姥管教有所不同，也没有哪个长辈来管我。但不管怎样，身为孩子，最想得到的关注自然是来自父母的。当父母不把注意力放在我身上的时候，我就会想让自己变得更好；就算无法变得更好，至少要变得更听话，这样父母才会对我说一句"真懂事"。

所以我上学的时候，特别想戴上"三条杠""两条杠"，特别想成为第一批戴上红领巾的人，第一批入团、入党的人。因为只有这样，我才有足够多的理由让父母注意到我，然而，每次都事与愿违。

直到三年前的一天，我母亲对我每次旅行都是一切决定好后才告知她而感到不满，她让我的父亲来跟我说"你不能这么先斩后奏"的时候，我才意识到，我好像很久都没有刻意取悦谁了。

三

我的叛逆期来得比较晚。在十几岁的年纪，我的叛逆被"顺从、取悦"取代了。即便我在很多个深夜都产生过要离家出走的念头，但天一亮，我又是那个文科有天赋、理科差到家的中学生。

即便到了大学，与室友不和一度激发了我强烈的叛逆心，我也只是在QQ空间里写了一些有的没的，并没有到让我马上打包行李搬出宿舍的地步。

直到这几年，越来越多的人觉得我做的事情有点不一样了。

比如，我"突然"变得很能攒钱。我完全靠自己，走过了六个国家。我把这些攻略整理成心得放在网上，意外得到了很多关注，也引来了不少口水。我也第一次在微博上尝到了被骂的滋味。

比如，我"突然"变得勇敢。找不到旅伴，一个人带上三脚架，就去旅行了。我也"突然"变得很会旅行。我喜欢旅行，也很擅长做旅游攻略，所以总能打造一次性价比还不错的旅程。

比如，我做成了在旁人看来很难做到的事情，拥有了一些支持者，出了书，在多个平台露脸讲课，还因为爱阅读、会写作而受邀去北京参加了直播。

然而，这些事情，都是我不刻意取悦别人后才有的成果。

四

我是突然意识到自己好像为别人活了很久，却没有认真地为自己活过的。

我明明喜欢旅行，旅行花的都是自己的钱。但在我母亲向我表示，她对于我每年都去旅行而不把钱攒起来这一行为的不悦之后，我真的减少了自己的旅行频率和旅行的天数。

我明明很喜欢尝试各种各样的新鲜事物，但在家人说我为新鲜事物花钱都是在做无用功之后，我再次想要尝试一样新事物的时候，犹豫了很久。

我明明喜欢站在台上把一个观点讲明白，但在其他人表达自己想去讲的时候，我就会毫不犹豫地说"好啊"。

我总是不断屈就自己的想法，直到我第一次倔强地一个人去旅行。车上的其他人用不解的眼神看了我四天，即便如此，我也第一次感受到做自己想做的事，不顾他人的看法和言论是一件多么愉悦的事。

后来，我就越来越喜欢做自己了。喜欢做手工，就买一大堆材料自己做，不再因为别人的一句"这有什么用"而改变主意；喜欢下班后看书、看剧，就待在家里，不再因为别人的一句"你这个人怎么这么不合群"而担忧。

前一段时间，我的一位非常重要的朋友突然离世，让我更加明白，别以为一辈子很长，有时候，它短到你都无法相信。为了不让自己留下遗憾，为了来这人间一趟是有些意义的，我们至少应该做一些为了取悦自己而做的事情。活得越来越像自己，这可能也是真正成熟的标志。我爱我现在的状态，希望你也是。

感悟手札

横跨青春的歌最动听

卢思浩

我只要听到喜欢的歌，就会单曲循环，一直听到睡着或耳朵痛才肯罢休。

上初中的时候，同学间流行卡带和复读机。复读机是我的第一个听歌工具，那时我买了周杰伦的《八度空间》，每天睡前听。听到卡带损坏，我就用铅笔把卡带卷了又卷，还是没能挽回它。

后来有了MP3，我在里面放满了喜欢的歌，上课的时候藏着，下课时再偷偷拿出来听。因为怕被老师发现，我总是只戴右边的耳机，从袖子里穿过去，右手撑着耳朵，把耳机捂得严严实实。

大概从那时起，我开始依赖音乐。现在用起了手机，有了下载音乐的应用软件后，不用再费功夫在电脑上搜索音乐文件后下载。我走路的时候、写字的时候，或是空闲的时候，耳朵里都塞着耳机。

我可以找一个空闲的下午，戴着耳机听一下午的歌；也可以在候机大厅，早早跟朋友告别就进去，听着歌觉得等待也没有那么难熬。大学的时候，一个人跑到墨尔本，不知道怎么适应孤单，就一遍遍地听那些让我感同身受的歌，告诉自己，我并不孤单，那些心情早就有人经历过了，还写成了歌。

我听的歌很杂，喜欢的歌手有很多，但翻来覆去听的也就那些。那时不明白，为什么有些歌怎么听也听不腻。后来才觉得，或许只有横跨青春的歌才最动听。横跨青春的歌最动听，附着回忆的东西最动人，一起看的电影最刻骨铭心，陪伴许久的人最珍贵。这些道理，我们总要失去了很多之后才明白。

我们每时每刻都在长大，每时每刻都在往前走，尽管有时我们察觉不到自己成长的速度。我们一路成长，一路丢弃，丢弃那个在操场看夕阳的自己，丢弃那个在路边痛哭的自己，丢弃那个彷徨失措的自己。可有时，我那么怀念那时的自己，所以我需要听那些歌。每首歌都是一个故事，一段时光。

我曾经一直想，那些歌到底有什么意义？那些过去到底有什么用？说起来我们都成长了，那些过去终究是过去了的事情，很长的一段时间里，我一直忙碌，一直逃避，不肯回头看。

后来我明白了，我们之所以不敢回头看，是因为我们不知道怎么面对曾经的那个自己。只有回头看，只有能够正确地看待那些回忆，我们才知道自己是一个什么样的人。所以，我常在午夜时分，听着歌独自醒着，早已麻木的神经，往往会变得异常活跃。

我不知道你喜欢什么样的歌，但我想一定会有人愿意和你左、右耳机分享一首歌，也会有人愿意在你睡前分享一首歌给你。

我有很多东西在路上弄丢了，比如肆意哭笑的能力，简单却又能让我充实的玩意儿，曾经和我并肩同行的人。一路飞奔，以为自己跑在了时间的前面，却发现可能谁也没能跑赢时间。即便如此，还是有一些东西——三五好友和那些陪伴很久的歌——留了下来。我不念旧，却毫不犹豫地相信这些可以打败时间。

就像那些永远听不腻的歌，就像那些留下来的人，就像那个还在努力的自己。这些东西，少一个我都会不自在。

感 悟 手 札

人生啊，仅仅退让是不行的

陶立夏

很小的时候，我不知道在哪本书里看见这样一句话："人生浮萍如寄。"这句话的本意是要说人生短暂又漂泊无依的凄凉吧，但我读来却心生向往：这字句后面隐约也有了一种无牵挂的自由啊。做一棵树自然好，有着顶天立地的高大与茂盛，但逐水漂去的浮萍，在短短的行程中看过不同风景，也是一种活法。

后来在冰岛看冰川，融化的冰块一路从山顶滑进湖中，再随水流漂向大海，在冰块上筑巢的燕鸥大声鸣叫着，轻灵的叫声在湖面应和，有幽静高远之意。那一刻我又想起小时候喜欢的这句诗：人生浮萍如寄。

我已随着命运的河流，走了很远很久。虽犹记得来路，但不想回头。虽然依旧漫不经心，依旧对人际关系态度淡漠，依旧常常回想起自己说过的愚蠢的话，然后陷入羞愧的沉默。人啊，其实是很难改变的，但回头更难。

我决定遵循惯性，如逐水漂流般依然如此走下去。如果爱沉默，就沉默更多，任性地沉默下去。

我渐渐发现，生活与其说是被逃避的，不如说是被遗弃的。你眷念的日常生活中的美食、舒适床铺、体面衣着，这些在旅行中同样可以获得。但时刻变换的风景、陌生而有趣的风俗人文、妙趣横生的偶遇或无人打扰的寂静，这些则是你停留在自己的日常之中无法得到的快乐。

对每一个厌弃周而复始的灵魂来说，出发不难，就这样了无牵挂地走出自己的生活再容易不过：因为心从来没有在同一个地方长久停留过。如同《转吧，这伟大的世界》中走钢丝的菲利普深信：走到另外一头，是他的一种信仰。

麦凯恩还曾在书中写："爱的一个奥秘，是我们依附于他人身上，重得生命。"有一天我走不动了，只能在书房的沙发里眺望种着玫瑰的花园，我对远方的向往也依旧会依附在那些跋涉者与探险家的故事中，生生不息。

人生确实是浮萍如寄，有时我们不知道自己要去往哪里，有时我们无法决定自己要去往何处，但这些也将是一段段精彩的漂流。

我不退了，要一直朝前走。

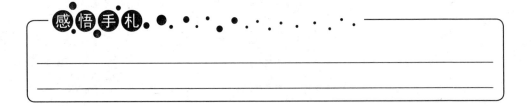

欠　　练

韩大爷的杂货铺

在中学阶段，有一次文艺会演，老师叫我和几个伙伴编排了一出小品。

当时我们几个在这方面虽称不上才华横溢，但多少还是擅长的。

花两三天的工夫搞出一个剧本，凑在一起排练了两遍，虽说有些台词还不太熟练，在细节上也偶尔会出现一点状况，但无伤大雅，基本可以拿出手了。

一天下午，老师过来审我们的节目。我们表演得还算顺利，中间失误了两次，有一个包袱也没抖响，但大伙都拍着胸脯跟老师保证：这只是排练而已，大家都没有拿出最佳状态，在临场发挥时，一些瑕疵定能靠彼此的随机应变掩盖过去。

老师似乎并不相信，只是严肃地说："再练。"我们就又练了几遍。

二审的时候明显比第一次好很多，结果我们等到的仍然是一句："不错，接着练。"

第三次审查，我们的表演真的可以说是轻车熟路，闭着眼睛都知道哪个演员站哪个位置，这回总行了吧？老师终于满意了，一番鼓励之后，解散之前，说："如果还有时间，正式上台之前，你们再排练个两三遍。"我和小伙伴们集体崩溃。其中一人站出来说："老师，内容不好的话您直说就行，可以改本子的。"

老师连连摇头："内容都很好，哪儿都不用改，就是欠练。"

另一位同学也压不住火了，扯着嗓子喊："老师，您不懂幽默吧？这东西不能练太频繁的，越练就会越尴尬，好笑的地方都不好笑了。"

老师答："我懂，你们练就是了。"

就这样，我们在最后上台前，仍然像傻小子一样，硬着头皮在后台练啊练。

那次的演出规模比较大，我们毕竟还是孩子，压根儿就没见过这阵势，一个个都吓傻了。

尤其是在我们之前的几个节目，平时看着都挺好，但往台上一放立马缩水，让人莫名地觉得僵硬，效果也一般。

轮到我们表演时，从台下到台上的几个台阶仿佛都是扭曲的，大家脑海中都是一片空白。然而从开演的第一秒开始，奇妙的事情发生了：台词像流水一样泄了出来，每个包袱都是铺平垫稳，一出必响，感觉就像大脑明明已经罢工，身体却在自动运转。

那是我们第一次感受到气场的存在，观众席的上方就像悬着一团热浪，随着我们表演的节奏前后左右摇摆，甚至偶尔还能和我们互动，连笑声的长短都是那么合适。

记得最后谢幕的一刻，我们站成一排，我发现仿佛每个鼓掌的观众眼睛都是发亮的。台上的我们已经哆嗦了，那感觉不是紧张，而是兴奋。

那真是一次让我终身难忘的体验，这件事加深了我对幽默的理解。原本我也以为幽默是一种天赋，之后我发现，当然，天赋多少要有一点，但更准确地说，幽默是一种熟练。

进而我也发现，其实每一个优雅的姿态，每一种行云流水、游刃有余、淋漓尽致和左右逢源，背后凝结的都是一份熟练。

我一直认为，最有魅力的两个字不是"天才"而是"专业"。

很多你想做的事情可能被天赋不够、条件不全所制约，但别忘了，你可以交给熟练。

我对喜欢的东西都是热衷到极点的。一部剧看了20多遍，熟到连配角的台词都能倒背如流。那真是一种妙不可言的体验。

每次考试的时候，时间紧、任务重，书晦涩难懂又"啃"不完，做笔记是来不及了。情急之下，我干脆放下纸笔，完全当考试不存在，只是把那些书当成课外读物不断地翻。

我记得有一本专业书我前后翻了11次，熟练到什么程度呢？随机提出其中的一个小理论，我已经可以说出它在这本书的哪个章节，右侧的配图是什么，提出这个理论的人是谁，以及理论背景是什么，该理论在整个框架体系中的位置，该理论的衍生理论及实操时所发现的局限。

最后，试卷发下来时我扫了一眼，没有一道题是不会的，专业课我拿到了颇高的分数。有人问我复习的经验，我只有一条：看，琢磨，琢磨所有的知识跟现实现象与现实问题的关联，然后再看，接着看，不断地看。

可能很多人都觉得写文章最需要天赋和所谓的才华吧，毕竟有两座大山拦着，一座叫笔感，一座叫灵感。它们看不见、摸不着，仿佛也训练不来。

但我一年写了超过 50 万字，真心想说一句："多半还是在练。"

什么叫笔感？笔感等于你要么读上万字，要么写上千字，记住，是每一天。什么叫灵感？灵感等于你保持了观察和分析人、事、生活，以及频繁思考问题的好习惯。

天才我见得少，比天才更稀缺的，是平凡人找准一个方向，然后坚持不懈地训练。

最好的奋斗姿态是将看似简单的小事重复一遍又一遍。一遍不如十遍，十遍不如百遍，做到生巧，做到精专。

在刚开始的阶段，或在过程当中，总会有不润滑之处，总会有生涩、尴尬、困顿甚至难堪，然而这些都不要紧，以系统且长远的眼光去看、去投入、去发展，你终会走出一条整体趋势上扬的线。

到了熟练的阶段，你和你要做的事情之间仿佛就是老夫老妻了。彼此熬过了磨合期，携手走过了风雨和平淡，到最后你嘴巴大张，对方就知道你要喊；嘴巴半张，对方就知道你要米饭。一句"你瞒得过别人瞒不过我"，都蕴含着一种不可言传的美妙。

红孩儿：光阴的故事

陈思呈

红孩儿的另一名号是"圣婴大王"。虽然又是孩儿又是婴，书里和电视剧里，也把他描写成典型的"小正太"，但从他的行为和心理看，把他视为一个典型的青春期少年，才是更加贴切的。

红孩儿的言行，是典型的青春期症候，最爱说的，是"父王说哪里话，长他人志气，灭孩儿的威风"这一类话；最恨别人说他不行，尤其是自己敬重的某个长辈说他不行。

甚至，红孩儿邀请父亲牛魔王一起品尝唐僧肉的行为，也有证明和炫耀的意思。就像小鼍龙请舅父来吃唐僧肉暖寿，都有"汇报演出"的成分——是想证明自己的实力，渴望令人刮目相看。不止于此，红孩儿还极力把孙悟空说得不堪："他与那猪八戒当时寻到我的门前，讲甚么攀亲托熟之言，被我怒发冲天，与他交战几合，也只如此，不见甚么高作。"

自我爆棚是青春期症候之一。老话说，初生牛犊不怕虎，其实，未必真不怕虎，只是，容不得别人说自己不如虎。慢慢地，也就分不清到底是不是真怕虎。是出于无知而不怕虎，还是出于自信才不怕虎？无论如何，红孩儿都不是一只"省油的犊"。

在《西游记》里，观音有"金""紧""禁"三个箍。"紧箍儿"收服了孙悟空，"禁箍儿"收服了黑熊怪，剩下一个"金箍儿"，正是用于收服红孩儿的。值得注意的是，这个"金箍儿"，菩萨迎风一晃，变作五个。五个都往红孩儿飞去。一个套在他头顶，两个套在他左右手，两个套在他左右脚。

依孙悟空的顽劣，也仅需一个箍儿就够，红孩儿却需要五个。这个细节，是堪可玩味的，可见菩萨对红孩儿的桀骜不驯，是很警惕的。

作为一个少年，红孩儿的残暴也是孩子气的。他把当地的山神、土地欺负得"披一片，挂一片，裙无裆，裤无口的"。他们向孙悟空申诉道："爷爷呀，只有得一个妖精，把我们头也摩光了，弄得我们少香没纸，血食全无，一个个衣不充身，食不充口""若是没物相送，就要来拆庙宇，剥衣裳"——这是《西游记》里最为狼狈可笑的山神、土地。红孩儿的所作所为让他很符合一个少年恶霸的形象。

但是红孩儿为什么会这么倔强好胜？又为什么在本应承欢父母膝下的年纪，却自立门户，与其父母保持一种耐人寻味的疏离？也许家庭不够温暖，比如说父母分居，父亲又"包了二奶"，如此种种，都可能是原因之一。

但我觉得，更重要的是因为，他正值少年、正值青春。

关于青春，很多人都对它过于美化，这个词就像童年、初恋以及故乡等词一样，在距离和回忆里，成为一个绚丽的存在。王维所写的"新丰美酒斗十千，咸阳游侠多少年。相逢意气为君饮，系马高楼垂柳边"，是最典型的青春期状态。但是，正因青春如此意气风发、如此鲜衣怒马，很多人也忽略了与此同时，它的绚丽可能带来的黑暗，它的飞扬可能带来的压抑，它的风光可能带来的屈辱，它的众星捧月可能带来的叛逆和抵触。

每个人都是青春期的过来人，都知道青春期自己最恨的是什么。恨父母事事包办，恨自己生而为人的无力感，恨那种前途渺茫的窝囊感。不管红孩儿的初衷如何，我们都可以将他的自立门户，视为青春期症候之一。君不见，多少年轻人急于与父母分居，哪怕仅仅为了可以夜里想几点回家就几点回家，想喝得多醉就喝得多醉，想上网上到几点就上到几点，想叫谁来打牌就叫谁来打牌。当然，也有很多人没有自立门户的能力——房价多贵啊。也正因如此，能不能自立门户，成为衡量一个年轻人有没有能耐的标准之一。

显而易见，红孩儿是一个成功的年轻人。他不仅自立门户了，还初战告捷了，看情形，捷报频传，不逊其父！

然而，观音菩萨将红孩儿收服，基本可视为他青春期的终结。从此之后，红孩儿就陡然一变，就像一个不靠谱的年轻人，终于走上了主流的道路，慢慢发展成一个靠谱的中年人，结婚生子，成家立业，变成一个人生模范，连说话的语气也截然不同。说起以前的事，用的是一种特别慈祥，又特别不以为然的语气。

看看他的"善财童子时代"是怎么说话的："孙大圣，前蒙盛意，幸菩萨不弃收留，早晚不离左右，专侍莲台之下，甚得善慈。"——这是第四十九回，孙悟空因为通天河"灵感大王"一事上南海找菩萨，遇到"前圣婴大王"善财童子时，善财童子说的话。

再看看他在"圣婴大王时代"是怎么说话的："这猴子，老大不识起倒！我让你得些便宜，你还不知尽足，又来欺我！""泼猴头，错认了我也！他不知把我圣婴当作个甚人。几番家战我不过，又去请个什么脓包菩萨来，却被我一枪，搠得无形无影去了，又把个宝莲台儿丢了。且等我上去坐坐。"——这是第四十二回，孙悟空请菩萨来收服圣婴大王红孩儿的情形。

前后对比，差别何其大也。可以说，自从他当上"善财童子"，就唯观音菩萨马首是瞻了。孙悟空被唐僧赶走，来到落伽山，说"有事要告菩萨"，善财童子听见一个"告"字，马上笑说："我菩萨是个大慈大悲、大愿大乘、救苦救难、无边无量的圣善菩萨，有甚不是处，你要告他？"——真是维护菩萨不计其余啊。

善财童子如今的脾气也好了许多，完全看不出当年那个把土地爷折磨得"裈无裆，裤无口"的"圣婴大王"的影子。被孙悟空一番抢白，他也不恼，也不急，只是"赔笑道"："还是个急猴子。我与你作笑耍子，你怎么就变脸了？"

很多人都自嘲过自己的青春，在这些自嘲里，可能要数王朔最为典型。他这么说："我从小就是一个坏孩子，他们一直骂我。我从来没认为我正确过。正确只有一个，大家都穷其一生在错误中寻找，谁正确过？谁也没正确过。我们都在错误中。我们首先认为我们是错误的，才能校正自己。"事实上，这一句话说得很真诚，他否定的，只是过去的错误，并不否定青春本身。如果让归顺后的红孩儿来看他当年的胡闹，不知他会不会也真诚地承认，那都是一些令人抱歉的错误。

王朔还说过另一句话，令人更加百感交集。他说："往前看，指日可待；往回看，风驰电掣。这是我对岁月的感受。"他还说："青春的岁月像条河，流着流着就成浑汤了。"

在过来人的感慨中，我们常常得见岁月无声的改变。而红孩儿，身为一个桀骜少年归顺后靠谱如此，我们得说，这庶几可称为另一个隐喻的故事，它是多少人的人生历程，它所隐喻的，是光阴的故事。

感悟手札

去喜欢自己的"不够可爱"

杨熹文

我有很多不想让别人知道的缺陷。

比如，我笑起来很难看。

酒窝长在颧骨上，牙齿长得很崎岖。曾看过一张别人相册中我大笑的照片，我表情恐怖、面部扭曲。导致我在很长的一段时间没了笑，或者刚刚有了笑意，就下意识地掩住嘴。

比如，我的腿型很难看。

在最好的年纪我从没穿过裙子，总是用肥大的裤子遮身。我揣测每个人的目光，觉得那里面有评判的意味。我低着头，自卑而乏味地走过青春，如果有谁说起哪个人的身材曼妙，我的目光遥望，心里的羡慕，转眼就变成深深的苦恼。

比如，我没来由地恐高。

站在任何高于一米的地方腿就会发软。乘电梯永远不敢站在最外面，唯一勇敢的时刻，就是鼓起勇气上了"海盗船"，却在开始前大喊着"我要下去"。我就是这么一个胆小鬼，永远与刺激的消遣绝缘。

比如，我很抗拒人群。

把我放在人群中，我就会下意识地局促，额头会渗出汗珠，脸会红成一片。我不喜欢置身于热闹中，总是在寻找一点孤独。我看起来是那么的格格不入，可就是无法摆脱"一个人喝酒读书"的舒适区。

比如，还有很多比如。

还有很多不想让人知道的缺陷，曾被我小心遮掩在皮囊之下。一个太过缺乏安全感的我，总是仔细辨认着别人眼中的自己——这个我，她有没有说错话？她做的事对不对？她有没有暴露缺陷？她够不够讨喜，够不够完美？

那些年我的生活重心是"做一个被别人喜欢的人"，哪里有什么做自己。明明有很多想法，却表现得怯懦，明明还有一些优点，却紧紧盯着缺点不放。被家庭管教太多的孩子是否都有同样的感受？我总觉得哪里有双眼睛，对我的一个细微动作，都要评判分数。而我，作为选手，只想成为完美本身。

读张艾嘉的《轻描淡写》，这是她的散文随笔集，其中《此时此刻》是我最喜欢的一篇。张艾嘉一生都在拍爱的故事，一个知性女人的文字，这一次从男女情爱过渡到最珍贵的爱——爱自己。让人读了心里感慨，原来不只是我们，任何人的成长都是个漫长的过程。成长，是不再较劲，是和自我和解。

张艾嘉坦白地说起过去的故事。在与人合作拍电影的时候，她需要扮演一个古装角色，当搭档的台词中出现"你那樱桃小嘴"时，全场因这不相匹配的形容而笑翻了，也笑伤了她的自尊心。

她用了很久才从阴影里走出来，最后得出一个深刻的结论："千万不要期望全世界的人都喜欢你，千万不要相信自己可以成为一个完美的人。当我接受了自己的缺点时，反而能够更轻松、更坦然地去做我有能力做好的事。"

我没想到，这个我向往成为的女人，竟然也独自走过坎坷的心路。

那些年我没办法面对他人的目光，当别人指出我的缺陷，我会哭，会难过，会睡不着。我狠狠地羡慕别人——那些比我好太多的人——笑起来有一对酒窝的女孩，模特身材的姑娘，勇敢蹦极的年轻人，八面玲珑的社交达人……

我因此陷入了迷茫，甚至有一点抑郁，因为没办法和自己和解，我讨厌这个不够完美的人，我不够爱她，更疏于去了解她。我没有意识到，我的酒窝长歪，眼神却是正直的；我的腿型难看，身体却是健康的；我恐惧高度，可是我对其他事情还抱有兴趣；我很害怕热闹，但我也赋予孤独足够的意义。我有很多缺陷，可这些缺陷无害，也是我独一无二的标签。

和20岁的自己相比，现在的我更可爱一些。那些爱上隐藏了缺点的我的人，早已经离开。我用几年的时间和自己和解，过程异常辛苦，却终于发现，最珍贵、最长久的情感，或者最快乐、最自由的生活，它们的根基，是一个懂得爱自己、包容自己、不会刁难自己的人。

常有年轻读者说"自己不够可爱"，见了面才知道他们是那么可爱。你可能有缺点，但你是那样特别，有性格，不乏味，让我在会面的数月后还能够记起，那是一个拥有生命力的人。

从20岁到28岁，坦率地说，我更爱现在的自己。我可以毫无忌惮地笑，可以在夏天穿露腿的裙子，可以坦荡地告诉别人"我不敢站在电梯的外侧"，也可以心安理得地表达"与热闹相比，我还是喜欢孤独多一点"。我变得有点"无所谓"，你喜不喜欢我都没关系，重要的是我爱自己，我爱这个有点笨、有点天真、有点不完美的姑娘。

"任何的褒贬都不做停留"，回味张艾嘉这句话时，我正在西安宾馆的电梯中，巨幅的整容广告贴了满墙。我饶有兴致地一个个看过去，那些姑娘真好看，是整整齐齐的好看，她们有我爱的酒窝和身材，也许不怕高，还喜欢热热闹闹的生活。

我却更加坚定，这个不完美的自己，之所以这么珍贵，是因为任何人都无法替代。

致那一瞬间的光芒

程则尔

一

在什么场合，会害怕成为被选中的"幸运儿"，并受到全场关注？大概是在集体聚会时，主持人意犹未尽地询问"哪位观众愿意给大家表演个节目"时吧。

通常这样的时刻，气氛明明还没从火热中降温，但除少数有才艺的人有资格淡定地昂着头外，其余人早已把眼神躲向某个角落，心底如同黑云压境。看到主持人朝自己走来，惊惶如笼中鸡兔，或看到主持人正从箱子中抽出一个号码，那两根手指拈起的仿佛是自己的心。直到某个不幸的家伙被抽中，并被掌声和嬉笑声强行推到人群中间时，才终于松了一口气，仿佛刚躲过一场枪林弹雨。

是的，作为没有任何才艺可登大雅之堂的我，曾无数次经历过上述场景；但又偏偏是在那被炙烤的时刻，会不甘心地想起，那束光明明可以打在自己身上。

小学时，如果不是因为一次一鸣惊人的表现，或许直到毕业之后我也不会注意到坐在我右后方的女孩。她戴很大的黑框眼镜，几乎遮去小半边脸。她不爱说话或走动，每天都在纸上写写画画一些奇怪的东西，是班级里可有可无的存在。

有一次上作文讲评课，语文老师露出惊喜的神色："这次有篇作文写的是古体诗，我非常喜欢。"说完便向全班分享了这篇佳作。虽说诗中"明月""黄沙""美酒"等意象如今看来稍显平淡，但在当时，的确让我们这群小屁孩惊艳了一番。

这首诗，便出自右后方女孩之手。雷动的掌声中，略显羞涩不安的她，在我心目中瞬间从毫无存在感的角落少女，升格为腹有诗书气自华的古风才女，就连从前的沉默寡言，如今看来都是一种温润如玉的内敛含蓄。

人在不同时期，有着不同的审美与想法，也有着不同的信仰与追寻。在为一首诗的魅力而惊艳的稚嫩年纪，我觉得诗人真是一个耀眼的头衔，并且也想成为一名诗人。

我不会写诗，能想到的方法就是不停背诵很多古诗，当一个"不会作诗也会吟"的才子。

那本诗集是我从柜子里"刨"出来的，早已沾满泛黄的时代气息。每天晚上，我都要倚靠着床头翻开它，背一首新的诗词。父母推开房门，难得没有训斥我"超过 10 点还不睡觉"，而是轻轻退回去带上门，脸上是满意的神色。

不过，这个习惯并未持续很久，后来，就没有后来了。少年的想法不知天高地厚，总是忽略掉日积月累的含义，以为多比别人掌握几首诗词就能成为文艺大咖。当我尴尬地发现，会背几首诗并不能给我带来什么短期收益，甚至无法以具象的表演形式呈现在公众场合时，便又把诗集塞回了柜子深处。

如同我的情怀一样短寿，那个女孩突然享受到的荣光，并没有持续多久，片刻的掌声很快变得稀稀疏疏，将她连同在班级小范围掀起过的诗词热潮，送回沉寂的角落。旧夏天、甜冰棒、游戏机，更多新鲜有趣的事物，源源不断地涌进我们狂放的青春。

无人记得那次作文讲评课上的惊艳一刻，也无人想过要将那份惊艳延续下去。

二

也有过无限趋近那束光的时刻，只差一点，就能让自己成为一个有才艺的人。

我已不太记得，当初是怎么与笛子产生联系的，好像是初一某天放学后，我在学校大乐团门口等参与排练的同桌时吧。

这是一个光荣的团体，他们经常在额上点上小红点，胸前佩戴大红花，高调地出现在学校的各种盛会上。当我在走廊上踮起脚，透过窗户看到一群同龄人熟练地用二胡、琵琶、古筝等乐器进行合奏时，感受到了一种神圣并投以羡慕。

学一门乐器吧。这个想法如同西瓜一样，"咕噜"一声从内心深处滚落出来。经历一番自我选择与跌跌撞撞之后，我落到了笛子这个坑里。

从前只知道玩游戏、毫无艺术细胞的我，忽然开窍想学吹笛子了，父母自然乐见其成。然而他们忽略了，我想学乐器的初衷并非热爱音乐或想以此来陶冶情操，而是为了能享受加入大乐团的虚荣，以及一股少年特有的心血来潮。在门类众多的乐器中选择笛子，也只是觉得这种乐器既廉价，又易上手些罢了。

其实，一切并没有想象中那么容易。

接触笛子后才知道，这支冷冰冰的竹管子，本身并不能发出悠扬动听的声音，一切都要靠贴在出风口的笛膜的振动来完成。这种脆薄的小纸片极其珍贵，踏遍县城所有乐器店均无出售，竟要远赴省城才能够买到。

周末下午，从省城回来的父亲推开门，拍拍裤管上的泥，把一盒被体温焐热的笛膜交给我，连声音里也带了几分倦意："既然选择学吹笛子，希望你能坚持下去，父母会尽可能为你创造条件，接下来的一切就要看你自己了。"

我的第二个"原以为"，是以为笛子的学习是一个短平快的过程，稍微努力几周，就可以在人前卖弄了。结果单是学会怎么把笛子吹响，就耗去了几天时间。

那时，县少年宫没有笛子老师，父母几经辗转，终于托朋友在川剧团里寻了一位老笛手给我当师父。每个周末，我都要去找师父接受一对一指导。

学吹笛子，从吹单调的音阶开始，先吹上100遍"哆来咪"，倒过来再吹上100遍。在少有人烟的三层旧楼里，充斥着荒凉萧索，充斥着我断断续续、错漏百出的吹奏声，以及师父恨铁不成钢的责骂声。

秉承师父教诲，从前玩心颇重的父母，周末时轮番留在家中监督我练习吹笛子。当听到房中已长久偃旗息鼓时，他们总会第一时间警觉地推开房门，看看我是不是又在偷懒。看着令人眼花缭乱的谱子，我在叫苦不迭和后悔不已中，早把加入大乐团的愿望抛到了九霄云外。

在学习了半年以后，我终于不再仅仅重复单调的音符，开始接触一些成形的乐曲，也终于到了父母千盼万盼可以在亲戚朋友面前露上一手的时刻。

一切都是一场预谋。从母亲的几个朋友逛完街经过楼下，被母亲硬拉着上楼坐坐，到端着茶杯的父亲装作不经意地说"我家孩子学吹笛子以后懂事了不少呢"，再到母亲催促我"快给阿姨们表演一曲"，他们耗费心血想要获取的荣光与体面，终于快要瓜熟蒂落。

可惜，我那点可怜的"造诣"，只能磕磕绊绊吹完一曲《少林寺》。在阿姨们勉强的鼓掌与称赞中，父母脸上写满尴尬。

学吹笛子的计划，就此不了了之，那管笛子，连同那盒来之不易的笛膜，被束之高阁。最开始，母亲偶尔打扫时，还会对笛子进行保养，但接受我今生与音乐无缘的事实后，保养的耐心也被消磨殆尽。如今，距离她上一次保养笛子，或许已过去十年了。

十年，足够一位笛子学徒从门外汉变成熟手，足够一位少年经历蜕变式的成长，足够无数事件发生又消失，但只是一次不成熟的尝试，就带走了我往后十年应该得到的东西。

我一直认为，笛子吹奏出的音色，始终透着几分悲壮。

三

在兵荒马乱的高三岁月里，当我再一次收到不尽如人意的成绩单，并对桌子上刻下的目标大学望而生畏时，忽然意识到，或许学播音主持也是一条出路。

我还记得唯一一次当主持人的经历。那是小学时的班级圣诞晚会，谈不上是什么高规格的场合，但当时在舞台上口若悬河的自己，却一点都没有赶鸭子上架的自知之明。这份经历给我烙下一道印痕，除出于青春期的虚荣而艳羡那些光鲜亮丽的主持人外，对于艺术生仿佛伸伸手就能考上大学的轻松闲适，也多了几分走捷径的渴望。

"你一定可以的，你笑起来非常好看，有一定的文学功底，擅长穿衣搭配，能够声情并茂地朗诵《出师表》，祖师爷是赏了你这碗饭吃的。"决定走艺考路之前，我用良好的自我评价自我加冕。

对于我又一次叛逆式的心血来潮，父母的热情不复当年，只叮嘱一句"要对自己的人生负责"后，就徐徐退到了幕后。

经同学介绍，我加入了一个播音主持班学习。培训班开在学校斜对面的小巷子里，要登几段老旧的铁梯方能抵达，斗室内挤了几十号人，钟爱艺术者甚少，几乎全是想走艺考捷径的高三学生。

第一次报到，老师让我用标准的普通话进行自我介绍。面对台下几十双好奇的眼睛，我断断续续地报完姓名和班级后，脸就红到了脖子根。得到的评价很中肯：自信不足，音色沙哑，不是吃这行饭的料，想要学成出头，必定比别人难上许多。

勉为其难地，就此留了下来，并得以见到深夜的小城街景。每天下了晚自习后，顶着疲惫的双眼去培训班学习，就某个音节反复发音几十次，在嗓子仿佛再也无法振动时，下课的铃声在凌晨准时敲响。而我也在那段时光里深深明白了一个道理：即使是被同样的水米滋养长大，甚至努力程度也相同，但人与人的差距之大仍旧是无法想象的。

我在那个培训班还没有待够一个月就离开了，离开那里的原因，是老师觉得再也教不了我了。

四

此后，我再没有产生过剑走偏锋的幻想，踩着读书、考试、升学的节奏，按部就班地长成大多数人的模样。只是偶尔再度遇见"谁愿意上前展示一下才艺"的场合，除了朝人群里缩缩身体，还会多一些不甘的幻想——倘若当初的自己坚持到现在，是否可以自信地走上前去，承接那大多数人不曾享有的光芒？

同时，在那个人结束表演、人群散去的时候，无论他的展示段位几何，是成功还是失误，是流畅还是青涩，我都愿意向他致上一份敬意。因为我曾体味过这份荣耀背后的寂寂长途，以及相应失去的童年快乐。

每一个成功的人，必定在多年以前已开始酝酿；每一个散发光芒的人，心底必定有光。当你在某一刻，看见一个人，鼓起勇气从一群面面相觑的人中间站起来，走上前，红着脸开始他的表演，请你相信他背后的故事，并为他热烈鼓掌。

我被劝退时，老师遗憾地安慰我，与其跟缺陷死磕，不如老老实实走高考这条最稳妥的路。而我听到这番话也着实松了一口气，其实自己早已酝酿了想要离开的念头，只是迟迟不愿直面又一次放弃的结局。

原来，一项才艺可以让观众觉得新鲜精彩的时候，就是它在自己身体里已被演绎过千百遍，无数次放下又拿起，甚至是在对它已不抱有激情、只剩下条件反射的时候。

几段成长弯路过后，我仍旧没有获得想要的光芒。

感·悟·手·札

如果你听懂许巍，你就理解了
青春的全部意义

绒绒

2004年年底，许巍发行了他的新专辑《每一刻都是崭新的》，里面收录了一首歌曲叫《曾经的你》。歌词里写道："让我们干了这杯酒，好男儿胸怀像大海。"倔强中带着些无奈，像一个心怀梦想的少年带着伤赶路。

不听劝阻，也从不停歇。

那一年，流行音乐充斥大街小巷，王力宏和周杰伦的海报被高高悬挂在各个商场最显眼的地方。那一年，摇滚音乐还属于小众，影音社里摇滚音乐的磁带和碟片被摆在货架的最下方。我只能在学校旁边一个二手书店里，听着摇滚歌手些许沧桑的声音从一部破旧的录音机里流出来。

书店是由附近居民的一个小储藏室改造的，没有窗，长年靠两盏暗黄的灯泡来取光。年岁已久的木书架和大量的二手书使书店里总是飘着一股发霉的味道。

磁带放完一面，书店老板把它翻过来放另外一面。播放键"咔嚓"发出清脆的一声响，混着油墨和霉味，书店里响起许巍的声音：

曾梦想仗剑走天涯

看一看世界的繁华

年少的心总有些轻狂

如今你四海为家……

那一年，我在家乡的县城读高三。

那时候我总喜欢倚着一张堆满课本和考卷的课桌向外张望，窗外是一个很大的足球场，校园的院墙很高，偶有一些看不出品种的鸟飞来小憩。上课铃声丁零零响起，鸟儿飞走了，足球场里的人收好了球，小跑着离开。整个校园都变得空旷起来。

那时候总觉得高中校园很大，一进大门是长长的树荫长廊。长廊的一侧是几个并排的篮球场，不论春夏秋冬，总有一些鲜衣少年在篮球场上肆意挥洒着年轻的荷尔蒙。

每次我经过长廊的时候，都会在篮球场旁停下来看一会儿。看篮球在这些好看的少年手中游走，看他们被汗水洗过的发丝在空中挥动出一个个好看的形状，看一旁涂了淡淡的粉底的女孩子们红着脸尖叫。

长廊的另一侧是一个很大的自行车棚。车子一辆辆、一排排，把车棚塞得满满当当。看车的是一个头发花白的老头，夏日手里握一把蒲扇，如果哪位同学因为快迟到了而把自行车随便一放，老头便眼睛一瞪，用蒲扇指着远去的背影大喊："下次放整齐喽！"

现在回想起来，高三生活大多数时候是枯燥乏味的。永远做不完的模拟题，永远争取不到的体育课，永远送不出去的小纸条，几乎是我的全部生活。

那个年代我们还不懂得青春和梦想，所有人铆足了劲儿，只想考上一所好大学。至于为什么要考上好大学，考上如何，考不上又如何，我为之努力而消耗掉的青春又是什么，梦想到底要多努力才能实现，像是永远找不到答案。

有一句话说："青春是用来失败的。"听了许巍很久以后，我才真正听懂了许巍，听懂了许巍的青春，也理解了青春与失败的意义。

在 2004 年以前，有相当长的一段时间，许巍的生活都十分落魄。即使现在有人会拿着许巍的前两张专辑《在别处》和《那一年》，说是他最牛的作品，但在当时，许巍过着吃了上顿没下顿的日子。《在别处》总共卖了 50 万张，还是累计了几年的销售量，而《那一年》根本卖不动。而许巍经受的一切，是他放弃了某军医大学的免试入学名额换来的。他放弃一切唾手可得的安稳日子，无非是想过上自己想要的生活。

如果当时有人问："许巍，这就是你想要的生活吗？"我猜许巍一定捧着他心爱的吉他，用嘶哑而沧桑的歌声作为回答。

人生本来就没有答案。过去、现在和未来，获得答案的时候，时光也流逝成为过去。

我们每走出的一步都不可能准确无误，青春就是用来试错的。后来，有的人选择了另外一条路，有的人满身伤痕硬着头皮走下去，活出了一副好看的模样。

摇滚慢慢被更多的人熟知。当崔健在工体演唱《一无所有》、成为摇滚传奇的时候，许巍说他想做第二个崔健。为了这个目标，许巍在酒吧驻唱过，组过乐队，经历过吃了上顿没下顿的日子。

后来的许巍成为所有人都认识的许巍。没有人会问他：你是不是第二个崔健？因为许巍已经给自己打上了标签，用自己的青春、汗水、努力、执着……

在很久以后，我理解了青春的全部意义。我终于知道，坐在课桌前张望窗外的日子，就是青春；在足球场和篮球场奔跑的瞬间，就是青春；因为迟到来不及将自行车摆整齐就向教室奋力奔跑的时候，就是青春。

那些细数着小心思、迷茫又彷徨的岁月，那些守着真诚和倔强虚度的光阴，那些渴望爱与被爱却羞于表达的时光，那些曾经的不怎么好的过往，就是青春啊。

高考前的一段日子，我一有空就去书店听许巍，书店老板的磁带被我用铅笔转坏了几盘。昏黄的灯光照在天花板上，落在灯罩上的蚊子的身影被放大了好几倍。

回想起来，我甚至都不知道书店老板的名字，只记得他头顶的发量稀疏，额头总泛着油光，耳垂硕大，颧骨很高，看起来凶巴巴的，其实人很善良。他戴一副近视镜，我总觉得他是在昏暗的灯光底下看书看坏了眼睛。

有一天，他一本正经地告诉我别再去书店了，说马上就高考了，叮嘱我要心无旁骛，好好学习，考一所好大学。他买了一盘许巍的《每一刻都是崭新的》专辑送给我。

那天我们聊了很久。他告诉我，不要讨厌高考，不要讨厌堆满课本和模拟题的课桌，有些事情经历了，不管是好是坏，都值得被纪念。而被我们深恶痛绝的现在，是有些人一辈子也抵达不了的明天。

那是我第一次认真地看他。虽然他已经谢了顶，露出一个宽大的额头，仔细看起来，他其实比我大不了几岁。

那是我最后一次和他在书店里听许巍。高考前的某一天，书店老板搬了家。确切地说，他连这阴暗无窗的小储藏室也租不起了。

过了很久以后，磁带已经在时代发展中被彻底淘汰。重复听一首歌需要不断地用铅笔转磁带的日子，成了我们这一代人永远的记忆。后来我用 CD 听许巍，用 MP3 听许巍，用手机听许巍，却远不如在那个亮着昏暗灯光的二手书店里用一台破旧的录音机听许巍带感。

我也始终没有机会告诉书店的老板，我攒了很久的零用钱才买了一部随身听，来听他送的那一盘磁带。而当我郑重其事地把那盘《每一刻都是崭新的》插进去的时候，夏天已经过去了。

夏天过去了，还有高考，还有我们洋洋洒洒、热烈无悔的青春。我再也看不到在足球场和篮球场上奔跑的少年们，看他们挥汗如雨，看一旁的女孩子笑得灿若桃花；再也见不到车棚里那个看车的白发老头，他把蒲扇别在腰间，认认真真地把一辆辆自行车摆得整整齐齐，俨然在做一件很伟大的事情；再也回不到那个二手书店，我一边听着许巍，一边看着书店老板如数家珍地从书架上抽出一本二手书，庄严地交给需要它的人。

有人说，大把的时间用来彷徨，只用瞬间来成长。也许在某一刻，失败和成功都没了意义。勇往直前的路上，有难过也有精彩，这就是我们的青春——有血有泪，有难过也有欢喜，无怨也无悔的青春。

后来我一直在找一个理由，一个喜欢许巍的理由，或许一切都可以在《曾经的你》这首歌里找到答案。

许巍曾经年少轻狂、固执倔强，用整个青春作为赌注，赌的就是自己想要的生活。他多像我们每一个不服输的人，不愿放弃、不愿将就，迷茫又无助的时候，摸一摸自己的伤口，告诉它：快好起来吧，天亮了我们还要出发。下一站，我们会抵达哪里，还是未知，但我此刻只想继续前行。

许巍在唱到"经历了人生百态世间的冷暖，这笑容温暖纯真"这一句的时候，也许就已经释然了。

成为标签，成为传奇，成为时代的记忆，这样的许巍已经足够好了。但是他对曾经的自己还是念念不忘，总想用某种方式来缅怀一下自己逝去的青春，借以原谅那个曾经不羁的自己、曾经不够好的自己、曾经让自己失望的自己。

那就用这首歌吧！

曾让你心疼的姑娘

如今已悄然无踪影

爱情总让你渴望又感到烦恼

曾让你遍体鳞伤……

我猜，许巍也会由衷地感谢那个自己——曾经无悔地坚持，在孤独中从未停歇的自己。

感·悟·手·机 • • • • • • • • • • • • • • • •

总有一天，你得学会悲伤

周宏翔

每次坐飞机的时候，我都会有些担心，虽然空难发生的概率极低，但是依旧会在上飞机前默默祈祷。

最严重的一次颠簸是有一次从上海飞海南的时候，飞机上下来回震动了好几次，小孩哇哇直哭，身旁坐的女生像坐过山车一样死死抓紧座位扶手，那个时候，我唯一想到的是，我电脑里还有没写完的稿子，怎么办？

庆幸的是，最后也并没有发生什么，飞机还是如约到达了，下飞机后我和朋友说起自己的担心，类似于要是飞机真的坠落到了某个荒无人烟的地方怎么办，大家逃离的时候肯定得抛弃身上已有的物品，那时候生存就会变为难题，朋友笑我杞人忧天，说飞机上有黑匣子，即使真的出现了类似的情况，在中国境内，也不会那么糟糕。

我还是忍不住在心里打了个问号。

后来，有一天我在朋友家，朋友正在玩一款叫作《风之旅人》的游戏，我坐在旁边看着他在沙漠中跋涉，来来回回走了好久，没有 NPC，没有任务，没有任何怪兽或者需要处理的事情，只是单纯地行走，茫茫沙漠中，一个同伴也没有，我问他，这个游戏的意义何在？

他说，没什么意义，就是一直走，你总会觉得能够遇到一个人，但是遇不到，就继续走下去，这种心理很奇怪，人说到底还是害怕孤独，当你真正在荒无人烟的环境中，你能想到的是什么？一定是，能不能再找到一个人。

《南极绝恋》里的故事也是如此，富豪吴富春因为生意要前往南极，结果遇到了空难，虽然和其中一名叫如意的女研究员活了下来，但他们迎来的，正是这样方圆百里空无一人的茫茫白雪。

在两人被困的那段日子里，男主吴富春遭遇了几次濒临死亡的时刻，而他通过自我意识、本性良知、责任感一一克服了下来。整个过程惊险而震撼，像是人与自然多年来一直没有消退的对抗。

故事中最动情的时刻，莫过于吴富春每次出门去寻找救援，那一句"我走了"，与如意的那句"早点回来"。想想在白茫茫一片的南极极地，只有两个人，那种惺惺相惜就变得格外动人，虽然如意看不惯吴富春的"俗气"，吴富春也不喜欢如意的"假高贵"，但在生存尚且没有希望的情况下，他们就这样成了彼此唯一生存下去的希望。

每一次出行，他都会和自己对话，和自己争辩，把自己想说又不敢说的心里话说出来，回想自己的过去，那几十年的生活，他要让自己看清事实，却又把这些全部消化，不留一丝一毫表现在如意面前，那种越是逞强，越是透露出的悲伤，才是一个男人成熟的标志。

印象最深的是，他原本为了补充营养而想要捕食的小企鹅，最后却成了他和如意的"儿子"，当他们自己已经没有食物可吃的时候，只能将小企鹅送回大海，小企鹅始终欢快地看着吴富春时，他才终于说出了心里话——

"傻瓜，总有一天，你得学会悲伤。"这句话既像是对企鹅说的，也像是对自己所说。

最近天灾人祸，除了各种祈福，更多也是接受后的努力，我们总是说要勇敢些，要坚强些，才可能成为强大的人，但是后来才知道，其实人真的是经历过痛楚，学会了悲伤，才长大成人的。

总有一天，你要学会悲伤。

这是每一个人成长中默默感受的一句话，比起盲目的乐观，逆境而上的悲伤也许是我们最应该走出的第一步。

感悟手札

我就是想要最好的

黎饭饭

一

小学的时候班上组织话剧表演，剧本是关于白雪公主的故事，十几个女生叽叽喳喳地凑在一起商量角色分配。

老师问："谁想演白雪公主？"

没有人应答。但我想，恐怕没有人不想当公主吧，穿上漂亮的裙子，被众星拱月一般拥在中间，这对于一个小学生来说是再刺激不过的事情了。

人群沉默了良久后，一个女生举起了手。我们扭头看她，瘦瘦矮矮的，皮肤还有些黑。

"她怎么能演白雪公主呢？"我心想，老师一定会把她换掉的。

可是直到最后登上舞台，那个皮肤稍黑的女生依旧是白雪公主，而我扮演的是皇后的侍从。

很久以后我回想起那次话剧演出，明明大家都想做那个最厉害、最风光的人物，但大多数人还是成为没有几句台词的配角。因为他们从没举起过手，从没说过"我想要"，所以也许是更合适的机会都会从他们眼前悄悄溜走。

二

后来看的一部日剧里，女主角的经历和我很相似。

上幼儿园时，她和小伙伴们喜欢排演《美少女战士》，大家都喜欢粉红色的水手月亮，而她每次都是装作挑挑选选的样子，选择绿色的水手木星。

在谈起这段经历时，她说："我当时觉得能坦率地选择红色、粉色的人很不可思议，会想她究竟活了几次？我是第一次，还没有勇敢到能直说我想要最好的。"

这样的心理很多人都有过。害怕得不到最好的，于是甘心退而求其次，永远没有真正承认过自己想要的东西。

在看到美好的事物时总是不由自主地想，自己怎么配得上呢？说出口会被大家取笑吧，与其全力争取后又落空还不如假装自己本来就不感兴趣……就这样，我们和自己喜欢的事物一次又一次地擦肩而过，还安慰自己说："没事，我不想要。"

你的人生，就输在了这一次次的自卑上。

三

不得不承认，很多事情是需要主动争取的。

静是我大学时的学姐，也是学生会副主席，做事雷厉风行，仿佛从小到大都是一帆风顺，没受过什么挫折。

静跟我说，其实不是这样的。高中刚入学时选班干部，她初中就是班长，也很想继续做下去，但担心直接自荐显得太出风头，于是便没有坦陈自己的意愿，期待大家能慢慢发现她的能力。

结果为期一个月的班干部试用期过去后，那些自荐的班干部在老师的调教下干得越来越得心应手，同学们也纷纷将选票投给了原先的班长而不是静。

竞选失败那天，静一个人发了很久的呆，后来她就像是变了一个人一样，不再小心翼翼而是一往无前。

想要的荣誉，即使有再多人竞争也要去争取；想要参加的比赛，即使对手强大也要填上自己的名字；想要实现的目标，即使过于遥远也要说出来。

她说，从那之后她想明白了，如果非得有一个人要拿到最好的，那为什么不能是自己呢？

要相信，自信也是能力的一部分。如果你拥有某种能力而没有表现出来，在他人看来，和没有能力是一样的。

四

你是什么样的人，很大程度上取决于你想成为什么样的人。

如果你的目标是事事力争完美、不让他人，即使不是所有事情都能成功，但在这一过程中你已经超越了大多数还停留在原地的人。

但如果你的目标只是混混日子、得过且过，那你的人生也很难变得丰富而有趣。

伯乐不常有，所以，与其幻想着有朝一日自己的才华被突然发现，一跃而至人生的巅峰，还不如自己为自己引荐，以赢取更多的机会。

不要畏畏缩缩、思前想后，想做的事直接去做，即便一败涂地也总好过从未开始。

希望每个人都可以坦荡荡地说出自己的真实想法：我想要最好的。

这并不丢人。

感悟手札

我不是胖女孩，请叫我超大号美人

蝶离岸

几乎每个孩子都是读着童话长大的。童话里的公主穿着漂亮的衣服，她们善良美丽，更重要的是纤瘦动人。如果那个午夜12点从华丽的宫殿逃跑的灰姑娘是个 160 斤、穿着 41 码水晶鞋的胖女孩呢？但是，谁又告诉你，善良的胖女孩不配成为童话故事里的公主呢？

由艾米·舒默主演的美国电影《超大号美人》讲述的就是一个平凡的胖女孩从一个既定的人生框架里跳出来，因自信而获得爱情和理想工作的故事。

2006 年，当韩国电影《丑女大翻身》热映的时候，人们相信，只要你换上一副美丽的外表，整个世界都会对你善意相待，因此人人追捧美丽的外表，想要成为大众意义上的好看的人。

而电影《超大号美人》的女主角蕾妮却恰恰相反。她虽然是一家高端化妆品公司的职员，但因为身材肥胖、长相平凡，只能在唐人街暗无天日的地下室，和一个同样看似永无出头之日的宅男同事从事着从不露面的网络工作。

蕾妮因为一次动感单车事故摔晕过去。当她醒来时，她看着镜子里的自己，发现自己的外貌和身材变得无可挑剔！从这里开始，电影进入了一条反套路的喜剧路线——蕾妮的外貌在别人看来并没有发生任何改变，而她却看到镜子里的自己成了一个不折不扣的美人！

从此以后，蕾妮的生活发生了巨大的改变。她开始面试一个自己梦寐以求的总公司前台职位，自信地和众多模特一般漂亮的美女一起工作。她在干洗店误以为一个男生要与自己搭讪，便主动留了电话给对方，因而收获了一份真诚的爱情。她在比基尼比赛中满怀自信地大跳热舞，站在一群像"维密天使"一样的女孩旁边，获得了观众热烈的掌声。

但事实上，在美女同事和男朋友的眼中，蕾妮只是一个莫名地对自己感到自信的普通胖女孩。

世界上本没有美丑，当大多数人对美的概念达成一定程度的共识时，他们会以这个标准去衡量每个人的长相。其实只有少数人符合这个所谓的标准，而剩下的大多数平凡女孩，却拼了命削骨减肥，像灰姑娘的两个姐姐把脚塞进不属于她们的水晶鞋一样，把自己生生挤进那个模子里，哪怕自己遍体鳞伤、血肉模糊。在这个世界上，其实每个女孩都有一双属于自己的水晶鞋，哪怕是 41 码，它也是独一无二的，只属于你。

电影中设置了两个与女主角对立的角色，一个是这家化妆品公司的 CEO 莉莉，还有一个是蕾妮在动感单车房偶遇的模特。有意思的是，这两个传统意义上的美人没有外表上的烦恼，却也有各自的心病：一个因为自己的嗓音奇怪而嫌弃自己，另外一个则被男朋友抛弃。看，这世界上的任何人都有自己的烦恼，与美丑无关。

没有人能改变生活对你的刁难，唯一能改变的，只是你面对刁难时的态度。蕾妮觉得自己变美后开始精心打扮，穿着红色的连衣裙与人侃侃而谈，带着自信的笑容面对每一个人。这时的她，从骨子里散发着魅力，她可爱的灵魂被无限放大，正引导着她的人生转向幸运的一面。

同样地，因为自信，蕾妮的工作才干也得以凸显。她懂得察言观色，能够有条不紊地处理各种紧急的问题，从而得以升职。因为她从来没有改变过外表，她收获的爱情也是最真实的感情。

电影的最后，蕾妮发现这一切都不过是一场美丽的误会，她从头到尾都没有变成所谓的美女。这时她才突然醒悟过来，一切本就是她可以拥有的——一个最真实的自己能够得到的一切。"根本就没有魔法"，唯一的魔法只是你对待自己的态度。

并不是每段爱情故事的结局，都是女孩变得漂亮之后才配得上男孩。这个世界不乏美丽的人，但好看的外表千千万，有趣而自信的灵魂却会在人群中闪光。

如果哪一天女孩们愿意去改变自己，但愿你们不只是因为爱情。希望你们是想要换一副配得上自己实力的躯体，然后活得自在。因为这世界上独一无二的你，值得。

感悟手札

从染缸里突围

残雪

女孩子们聚在一块时，最喜欢做的一件事就是背后讲别人的坏话。两三个一堆，四五个一群，私下里将想象中的对手攻击得体无完肤。那对手并不是固定的，今天和这个好，明天不和她好了，她就变成被攻击的靶子。女孩子攻击人的特点是刻毒、残忍，不留余地。所以一旦暗里或明里同人闹翻了，结下的就是"死仇"。当然这仇恨也可以因为一件小事就宣告化解，然后冤家又好成一团，共穿一条裤子，直到某一天再次成为仇敌。

我也很喜欢说别人的坏话，喜欢和人吵架。我的特点是一旦同人吵翻，就很难和好如初，因为感到怪难为情的。好多年里，我总是想这个问题：讲坏话和吵架的激情从何而来，以至于到了七老八十，我们依然保持这一禀性？

孩子们的暑假冗长而又无聊，于是聚在一块玩扑克牌。玩着玩着就有人作弊，我同那人争执起来。在争执中，我不但将她这一次的不诚实加以狠批，还涉及她以往的某些丑行。对方当然绝不示弱，也开始揭露我做过的坏事。终于发展为破口大骂，骂了一两个小时也不住口。旁边还有帮腔的，有的帮我，有的帮对方。啊，我们的精力是多么旺盛，想出的那些刻毒句子又是多么解气！那些场面至今历历在目。讲别人坏话的冲动确实是一种无意识的发泄，其前提是认为自己是清白纯洁的。骂人既是攻击对方，也是表明自己——我多么好，你多么坏！对方回骂时心里则在想：我并不坏，你也不是什么好家伙，我比你好得多！总之，双方都认为自己好，对方坏，所以要揭出对方更多见不得人的事来，使对方彻底暴露。这种"同坏人坏事作斗争"的禀性形成的直接根源便是我们的文化氛围。想想我们从小看过的电影和戏剧，很多都是这种模式的翻版。

除了表白自身纯洁的快感，说人坏话的另一种隐秘的激情便是"幸灾乐祸"。我曲折地影射某个对手偷窃的往事，向大家暗示，这个人向来就小偷小摸。我自己是绝不会去偷的，所以我有资格批判她。听众则千方百计打听，她到底偷了谁的，怎么偷的。然后是共同的唾弃和发泄过后的神清气爽。我们就用这种"杀人"

的流言将一个小女孩孤立起来了，因为她偷过，是"贼"。细想起来，我，我们，是多么怯懦啊。将她说成贼，我便有了安全感，再次证实了自己的清白。我们在幸灾乐祸中获取良好的自我感觉，将浑浑噩噩的日子混下去。

别的小孩同人闹翻后，只要有一点小利就可以同那人和好如初，甚至更好。而我做不到这一点。不是刚刚骂了她是贼吗？怎么能和贼穿一条裤子呢？我的生硬使得我的伙伴越来越少，在学校里，在大院里，我都越来越被孤立了。他们在那里玩，但他们并不叫我（因为觉得我怪），我也不好意思过去。我成了寂寞的游魂。寂寞啊，寂寞啊。有十多年，我的大部分时间就在这样的氛围里度过。而我不甘寂寞！

后来进了一家小厂，仍然孤独、寂寞。这是社会最底层的大染缸，男男女女只要聚在一块，就会叽叽喳喳地说某个不在场的人的坏话，从中获取无穷的乐趣。我当然也加入这种场合，也跟着说，以此取乐，为灰暗的生活增加一点亮色。我也知道有人在背后说我的坏话，甚至中伤。有什么办法呢，你说人家，人家也说你。起先我以为社会就是这样的，和我童年时代的情形差不多。可是我大错特错了。这个"底层"还有一种我没有觉察到的潜规则，就是这种看不见的东西将散沙似的人们联系在一起。像我这样傻乎乎的女孩，满脑子从家庭带来的理想主义，行为举止肯定都有悖于传统，而且口无遮拦，不知道什么话可以说，什么话不可以说。果然，不到半年时间我就被孤立起来了。凡有一点权势的人——小领导、办公室干部、老师傅等，一律对我白眼相向。我到底犯了什么错误呢？为什么他们在一起时有说有笑，一见我出现就全都住了口？我是扫把星吗？我深深地感到，人际关系真是个无底的黑洞，我就是花一辈子时间也探不到真相，也无法成为大众中的一员。

在后来漫长的年月里，除了两三个小姐妹，工厂里没有人把我看作一个好人。既然不是好人，就必定是有问题的人。我一直是那些领导和老职工心目中的"问题青年"、异类，因为太不会"搞关系"了。一些潜规则高深奥妙，一不小心就被我踩着了界限，众人心知肚明啊。明明对某个人恨得要死，当面还要做出巴结的、谦卑的样子去讨好，因为"谁没有缺点啊"。这是大家都懂的做人技巧，只有我不懂，我太喜欢走极端。最后我终于被那厂子开除，回到家庭——我要调走，他们坚决不同意，就开除我了。他们还用毛笔写了一个关于开除我的决定的公告，贴在宣传栏里。

十年以后，我成了一名专业作家，又一次面临人际关系的黑洞。当我进入作家协会之后，很快感到当年的旧戏又在重演。他们说我"太不像话了"——实际上我从来就不像话。通过创作，我的自我意识已经充分冒出来，当年的难为情已经发展为水火不相容的憎恶（对自己，也对别人）。这倒不是说我已经变了，变成一个不再背后说人坏话的君子。这方面我依然没多大变化，但我的人格已经开始了内部的分裂，长年潜伏在我体内的艺术自我这个时候已占了上风，一切违反理性的俗务都变得不可忍受。我从心底感到，我是永远不可能同"他们"搞好关系的，只要同众人一道从事那些俗不可耐的活动，我就会无比地憎恶自己，就连写作都会受到影响。由此拉开了我同单位长达十年的"冷战"序幕。我成了一名特殊的专业作家，我不参加任何会议，却又在单位领一份工资。这一场黑色幽默似的争斗的结果是我保住了自己的位置。如今我已成了一名老作家，硕果累累，完全可以倚老卖老，所以单位上没人来为难我了。通过写作，我创造了另外一种生活，也拯救了自己那堕落的灵魂。我将自己的世俗生活压到最小，将艺术生活当作主要目标，形成了自己的模式。这样，不论我在世俗中有多么恶劣的表现，只要我还在创作，我就有活下去的充分理由，我的黑暗的世俗生活也被赋予了重大意义——它成了火焰的燃料。假如我不创作，我就会被自己内在的黑暗所压倒，落入度日如年的悲惨境地。我不敢说自己现在已经变得多么"好"了，但至少，因为从事艺术创作，我没有堕落得不可救药。

感悟手札

致所有正在经历青年危机的人

朵拉陈

研究生刚毕业的时候，我信心满满，手握着荣誉毕业生的奖状，头顶常春藤名校的光环。当时的我真以为自己就是"天之骄子"，未来之路四通八达。

不到一个月，现实就把我打回了原型：我坐在一个四面无窗的小隔间里，拿着行业中最低的起步工资，做着最辛苦的危机干预工作。上班八小时，不是在处理各种疑难杂症，就是在写病历报告，有时连饭都顾不上吃。更倒霉的是，因为伴侣当时还在上学，为了结束多年的异地恋爱，我只能选择生活在全美物价最高的加州湾区。在这里，我的工资根本不够用，每天节衣缩食，只为付得起夸张的房租。

美国加州心理咨询行业规定，咨询师需要在硕士毕业之后，积累满 3200 小时的临床咨询时间，通过两场考试，才能获得心理咨询师执照。那个时候的我，常常望着那 3200 小时出神：天哪，到什么时候我才能完成这么多临床时数啊！

我的生活怎么会变成这样？我想到了读书期间对未来生活的畅想：我穿着漂亮的职业套装，在窗明几净的心理诊所里，与来访者进行灵魂的碰撞……这也差得太远了吧。

我打开手机，看到朋友圈里发小买房了，脸书上同学办了一场古堡婚礼，领英上同行又升了职……再看看我自己，便真正感到了"自惭形秽"：不应该啊，我的生活不应该是这样的啊！

初出茅庐的那点傲气，被生活一点一点地磨平。我感到，自己看起来有很多选择，但每一条路都像是通往死胡同。

虽然这样想着，但在现实中，我并没有走进死胡同。就这样挣扎着、困惑着、自惭形秽着，3200 小时到手了，执照考过了，收入提高了，甚至如今，我真的拥有了一间窗明几净的心理诊所。

这段路走得很不容易，但和人生的漫漫长路相比，又好像很容易。

现在想来，我十分感激刚毕业的那段经历。在临床咨询工作中，每当遇到年轻的来访者抓着头发，痛苦地喃喃自语"不应该啊，我的生活不应该是这样"的时候，我就知道，对面的人和当年的我一样，在经历着青年危机。

青年危机，是从"中年危机"一词演变过来的。心理学家艾利克斯·福克定义青年危机为"一段关于职业、人际关系和财务状况的不安全感、怀疑和失望的时期"。一般来讲，青年危机出现在人生 20 岁到 35 岁。

早在 1950 年，发展心理学家爱利克·埃里克森就提出了人主要有八个社会心理发展阶段，每当人们从一个发展阶段进入另一个发展阶段的时候，就会遇到心理危机，产生对人生的不安全感、怀疑和失望等情绪。埃里克森认为，当进入青春期（12 ~ 18 岁）的时候，人开始积极地思考与确认自我的身份特征：我是谁？我想要做什么？我的人生将往哪儿走？对埃里克森而言，这是青春期应当完成的任务。

但是，当今社会的生活方式已经和 20 世纪 50 年代大不相同了。大部分当代心理学家认为，埃里克森的心理发展阶段理论有其科学依据，但与现代人的人生周期不相符。随着现代人寿命的增长、受教育程度的提高、女权及多元化社会运动的发展等，对于身份特征的探索不仅仅是青春期的任务，而是和"建立亲密关系"这一心理发展阶段任务融合在一起，出现于 20 ~ 35 岁，形成了青年危机。

心理学家奥利弗·罗宾逊认为，青年危机主要分为五个阶段。

阶段一，你感到完全被生活中的选择困住。比如，你不知道该选择什么样的职业，不知道该维持什么样的亲密关系，觉得自己正在被生活的压力推着往前走。

阶段二，你感到必须走出这样的被动局面。你越来越觉得，如果自己能够"豁出去一次"，也许生活就会有转机。

阶段三，你开始行动了：你辞掉不喜欢的工作，结束了一段鸡肋般的感情，现在要干什么呢？你还是不知道。你进入一段"暂停时间"，试图重新认识自己，重新找到生活的目标。

阶段四，你找到一些大方向，但不大清楚具体应该做什么。你一点一点地摸索着、构建着新的生活，虽然很缓慢，但是，心里感到踏实与满足。

阶段五，你感悟到自己真正向往的生活是什么样的，你下定决心，开始为这样的生活而努力。

通过个人经历及临床咨询，我感受到了心理上的痛苦主要来源于青年危机的第一和第二阶段。那是一种身不由己的焦虑感，就像一只在太阳底下被关进玻璃罐的蜜蜂——前途看似一片光明，却不知道该怎样冲破这层厚厚的玻璃，向着那光明飞去。

内心的焦虑感是痛苦的一方面，不被人理解的孤独感是痛苦的另一方面。正如伟大的埃里克森无法预知 21 世纪人们的生活方式一样，父母和其他长辈也很难理解这些"80 后""90 后"的年轻人"到底在折腾个什么劲儿"。上一代人的青年时期，生活中可供选择的少之又少，所以也不必费力纠结。我们这一代人站在他们的肩膀上，幸运地获得了更多的选择和机遇，困惑与迷茫自然也就变多了。

在美国，抑郁症患者的病发年龄，已经从中年危机的年龄（45 岁左右）渐渐滑向了青年危机的年龄（25 岁左右）。这说明，青年危机是一个需要被正视、可能会引发心理健康问题的心理发展状态。

讽刺的是，心理上最容易被青年危机所影响的人群，恰恰是那些"上进生"：如果你是一个怀揣着坚定理想，对人生有既定规划，而且对自己严格要求的人，很不幸，你最有可能被现实世界中的挫折击中，感到无比失望与困惑——就像我当年那样。

那么，可以做些什么来应对青年危机呢？

首先，坦然接受青年危机的到来。别误会，虽然一切都在向好的方面发展，但我并不认为自己完全走出了青年危机。生活中的挫折、困难与失败不会停止，我依然常常在冰冷的现实世界面前感到不安全、怀疑和失望。

但是，与刚毕业时不同的是，现在的我明白，这是一段人生必经的心理发展状态。这样的意识帮助我"正常化"了内心的不安感受，我不会再因为"怎么还在为我的人生焦虑"而焦虑、自责和惭愧。

特别是，当在咨询室里听到那么多不同文化背景、不同成长经历的来访者，都经历着与我相似的痛苦：不知道手头上的工作是否有意义，不知道何时才能遇到真爱，不知道如何以成年人的身份与父母相处，甚至不知道明年的自己会在哪里……这时，我便明白，青年危机的到来，并不是因为我们有多糟糕，而是因为我们都是平凡人。

同样地，来访者在听到我分享的青年危机的感受时，他们也感叹：一个心理咨询专业出身的人都有同样的纠结，那么，我所经历的大概也是正常的吧！

其次，适当远离社交媒体。

社交媒体创造了一种幻象，让我们以为别人的生活充满喜悦的闪光时刻，让我们笃信人生就是一个"只要努力就会成功"的线性回归方程式。反观自己的生活，却并非如此。相形见绌之下，焦虑、嫉妒、愤怒、自责等复杂情绪就由此产生。

2010 年到 2013 年，心理学界进行了一系列关于社交媒体与情绪的研究，正式把这些因社交媒体内容而产生的复杂情绪命名为"错失恐惧症"。有这种感受的人总会觉得别人正在经历一些非常有意义的事情，而自己总是在错过。

然而，如果能够静下心来想想，我们就可以拆穿社交媒体所制造的幻象：谁会把枯燥乏味的生活琐事、日复一日的工作细节发到朋友圈？谁又会把从"开始努力"到"最终成功"中间的曲曲折折，都事无巨细地写下来，还能成为"10 万加"的爆款文章？就连我们自己，都只愿意把自己最好的一面呈现在社交媒体上。所谓"别人的人生"，其实都不是真正的、完整的人生，只是一些生活中的闪耀瞬间罢了。

因此，处在青年危机中的我们，更需要具备批判性思考的能力，来冷静地面对社交媒体的信息爆炸。当看到"别人的人生"时，在自惭形秽之前，我们是不是可以先问问自己：我了解到的故事就是他们真实的、完整的人生吗？

再次，合理管理我们的人生预期。

心理学家奥利弗·罗宾逊指出，青年危机会在我们 20 岁到 35 岁反复出现。很有可能，当我们达到青年危机的第四阶段——找到一些大方向之后，又因为某些转折回到第一阶段——感到被生活困住。因此，奥利弗·罗宾逊认为，我们必须学会合理管理自己的期望，舍弃一些"我的生活应该是这样"的偏执念头。

这并不是说我们要放弃自己的梦想，而是在追逐梦想的道路上，让自己多一点耐心和灵活度。

或许，我们常常高估了自己在一天、一周内可以完成的事情，却低估了自己在一年、两年、十年间可以完成的事情。

与其责备自己"我的生活不应该是这样的"，不如告诉自己，我现在的生活就是这样的。

最后，把青年危机当作锻炼情绪智慧的契机。

在冷冰冰的现实面前，我们不得不调整自己，找到适合的方法来应对压力：

有些人捡起了小时候的兴趣爱好，有些人找到了相互理解的社群，有些人爱上了瑜伽等身心结合的活动，有些人通过写日记更好地了解自己，有些人寻求专业的帮助……这些让人感到身心舒缓的方法，在心理学上叫作"自我关怀"。

在自我关怀的过程中，我们的情绪智慧也在增长。情绪智慧是一种认识、了解、管理情绪的能力。良好的情绪智慧会让人意识到，"我不等于情绪"——我现在感到自己很糟糕，并不代表我就真的很糟糕，也不代表我永远都会感到这么糟糕。

比如，在做瑜伽时，我会在感到糟糕的同时体会到愉悦和放松；过了一两周，生活发生了些许变化，我就会觉得没那么糟糕了。这样的经历让我明白，糟糕的情绪会来临，但它不再会吞噬我、支配我，更不会永远停留在我身上。

心理学研究也发现，良好的情绪智慧，是帮助人们度过生活转折的重要技能。

正如"危机"这个词语，是由"危险"和"机遇"组成。而青年危机，也是由被生活困住的"危险"和增长情绪智慧的"机遇"组合而成的。只有经历过失败，我们才能学会如何原谅自己；也只有经历过痛苦，我们才能体谅他人的不易。

也许，青年危机的出现，正是为了帮助我们做好热身准备，来面对今后人生路上大大小小的危机。

在刚毕业的那段日子，有一句话给了我很多宽慰与力量："我们的 20 岁和 30 岁适宜栽种，不适宜收获。我们不能不给梦想的种子生根发芽的时间，就把它们从土壤里挖出来。"

我想把这句话，送给所有正在经历青年危机的人。

感悟手札

童年是哪一天结束的

陈祖芬

拧紧天真的发条

小孩最接近人的本质。老子说："含德之厚，比于赤子。"意思是道德厚重的人，比得上初生的婴儿。婴儿筋骨柔弱，拳头却握得很牢固。老子讲婴儿"和之至也"——和，即淳和，与天地之和合二为一。佛五行中，更有婴儿行，修行的状态仅次于圣行、梵行、天行。

记得法国童话《小王子》的献词："所有的大人都曾经是孩子"，期望"所有的大人都应该是孩子"。创造米老鼠的沃尔特·迪士尼说："我要唤起的是这个世界正在泯灭的孩子气的天真。"喜欢米老鼠、喜欢孙悟空，是人类的天性，是世界需要天真的证明。我真希望拧紧每个人背上天真的发条。

一双天真好奇的眼睛和一颗童心，是成长的前因，是发展的定金。拥有它们，才能去发现、去探索、去求知、去开拓，我们的所得必将无止境、无穷尽。我们总说，知识是财富，智慧是财富，快乐是财富，别忘了，天真也是财富。

令人担忧的是，现代人一路行走，一路丢失珍贵的东西——丢失了单纯，丢失了天真，丢失了快乐，也丢失了爱。衡量一个社会的发展，有诸多指数，我想应该再加上一个指数：孩子气指数——就是拥有简单的快乐和飞扬的心灵，就是拥有无限的想象和无尽的创新。

我相信，现代化会释放人缤纷的个性和美丽的童心，使想象扩充、梦幻延伸、创意纷呈，使儿童更具智慧，使成人更多天真。我当然希望我们的时代数字化，我也希望我们的心灵少儿化——让更多的人找到自我，更多的人帮助他人；让社会更多理性，人间更多真情。

童年，不要结束

有报纸曾经提出一个令人心惊的问题："童年是哪一天结束的？"我想，童年是在失去天真、失去想象力的时候结束的。没有童话的地方，就鲜有活泼的生命，鲜有生机勃勃的前进，就鲜有想象力、开创力。反思我们的生活，其中很多乐趣是自己摒弃或丢失的，难道这是成年的代价？

曾经在报纸上看到一幅温馨的法国漫画：斑马线上，一对小年轻在热吻，不知天高地厚，一派天真。他们身边堵了好多汽车，前边的司机拼命按喇叭，后边的车里有一位老人伸出头来对前边的司机喊："嘿，你没年轻过吗！"当然，在马路中间接吻妨碍公共交通，不可效仿，不过那位老人这样体谅热恋中的年轻人，这样保护天真，实在动人！

明末大思想家李贽有一篇《童心说》，他说："夫童心者，真心也。""天下之至文，未有不出于童心焉者也。"不管是学校教育，还是社会建设，纵然有很多重量级的理念，但我想，和它们同样重要的是童心说，是婴儿行，是真善美。

今天，就让我们重新启动童心，让我们一起慢慢变小。愿所有的男人、女人还原成男孩子、女孩子。

感悟手札

坚持记仇总会无仇可记

孟夏

高三毕业那天，我在教室的垃圾堆里，看到了一只亮黄色的香蕉抱枕。这只抱枕是我的，或者说，在我把它送给我的同桌之前，它是我的。

那个时候我们高三，午休的时候，同桌喜欢直接把额头抵在桌面上睡觉。但是桌子太低，醒来后他的脖子就会疼。所以在他过生日的时候，我送了他这只抱枕，这样他午休时就可以把头垫高一点了。

我的高三生活过得很不愉快，而为数不多的愉快时光多与他有关。送他这只抱枕，一方面，是因为他过生日；另一方面，则是我想表达对他的感激。我希望他知道，在一些过得不太顺利的时候，我是靠他讲的笑话撑过去的。

但在垃圾堆里看到抱枕的那一刻，我实在不知道该怎么办了。我到底是要装作若无其事，还是要捡回这只抱枕，跟他说："嘿，你落了这个。"

如果我再次把这只抱枕送还给他，我应该表现出怎样的情绪？是要装作若无其事，还是要装作有一点被冒犯但不太严重的生气，或是要像我内心实际感受到的那样受伤呢？

无论哪种选择，看上去都过于艰难。

所以直到最后，我也没有勇气捡起那只抱枕，只是收拾好自己的东西，离开了教室。

上初中的时候，班里有两个女生是好朋友，我挺喜欢她俩的，其中一个常常和我一起坐车回家。

某个冬天的傍晚，我们在车站一起等车，像平时那样欢快地聊天。我给她讲了很多笑话，她笑得前仰后合，笑出了眼泪。

笑完之后，她缓了缓劲儿，突然对我说："你真有意思。我觉得你不是一个像××说的那样坏的人呀。"

××是她的好朋友——另一个我挺喜欢但不算熟悉的女生。这句听起来很像是表扬的话，让我当时的思路突然变得清晰，稍微琢磨一下后，我就明白了：原来××一直在背后对她说我的坏话，而她也一直都在听××说我的坏话。

那种被背叛的感觉瞬间涌上心头，气氛突然变冷。车来了，我们在拥挤的车厢里被人流挤向两边。

下车的时候，我们没有互相道别。后来我们再也没有像以前那样努力地约着一起回家了，虽然在车站偶尔碰到还是会聊天，但像那个冬天傍晚一样热烈的气氛，再也没有了。

在好几年的时间里，我都觉得，离开一个可能没那么喜欢自己的朋友，是让自己安全的行为。

我没有想过的问题是：对于那个女生而言，即使她很好的朋友一直在说我的坏话，她还是愿意和我一起坐车回家；即使她很好的朋友一直在说我的坏话，她也还是愿意对我说，"我觉得你不是一个像××说的那样坏的人呀"。在那个冬天的傍晚，她最想告诉我的，也许仅仅是"我觉得你很好"。

高中毕业后，我和高中时的同桌还继续保持着联系。我们终于告别了"自己给自己添堵"的青春期，进入了"生活主动给自己添堵"的成年时期。

在我消沉的时候，我会买高铁票去他念书的城市，在他们学校的食堂里吃早餐，听他"花式吐槽"最近的生活。

尽管在去程的高铁上，我还是常常会想起那个被丢掉的抱枕，隐隐担心他只是出于客气，而并非真心想要招待我。但在回程的时候，这种担心总会烟消云散。

终于，我确信了这是一个"我可以去的地方"。而拥有一个"可以去的地方"，对于我而言，实在要比"送出的礼物不会被对方丢掉"重要太多了。

大四的梅雨季节，同桌在上海实习，两个月内买了11把雨伞。毕业之后他去了杭州。下高铁的时候他发微信给我："杭州也下雨了，而我竟然把所有的伞都留在了上海。"

想象着他在火车站买第12把雨伞的样子，我忍不住笑出了声，随口接上一句："太真实了。你高中毕业的时候就把我送的抱枕留在了教室。"

很长时间没有收到回复，我以为他已经忙着去赶路了，突然又收到一条信息："我毕业之后才想起自己忘了拿那个抱枕，但当时已经找不回来了。后来我每年过生日的时候都会想起它，但是我一直都不知道该怎么跟你提这件事。"

那一刻，我才知道，原来对这件事，他也有"不知道怎么办才好"的一面。

已经过去四年了，连我自己都差不多已经接受了他"就是一个活得比较潦草的男生"的设定，觉得他弄丢我送的礼物是一件很好理解的事。但就是这个"生活潦草"的男生，四年里的每一个生日，竟然都会苦恼一遍该怎么跟我解释。

当时我想，这便足够了。知道他在想这件事，对我来说已经足够了。

在不断"记仇"的过程中，我开始觉得，人和人之间的关系，不是简单的正面和背面，而是有相互并存的很多面。

就像我和我的同桌，我们共度的快乐潇洒的高三时光是一面，毕业后被丢在教室里的抱枕是一面，多年来的彼此打气是一面，他漫长的、不知如何向我开口表达歉意也是一面。

我渐渐相信，积极温暖的那些面比消极疏离的那些面更加重要。

如果让我回到和初中同学一起等车的那天，我想我还是会因为她透露的那句"××说你坏"而稍稍受伤吧。但是我会更用力地体会和记住，她补充说明里的

"你真有意思"和"我觉得你很好"。

被拒绝和被讨厌是存在的，但还有更多的被接纳和被关心存在。如果在感觉到被拒绝的瞬间就太快地后退，那我们就会错过那些好的部分。

人和人一旦靠近，就有可能互相伤害。那么关系中存在磕碰和误解，似乎是种必然。但是，只要晴朗的部分远远多于阴霾，或者我们看重晴朗的部分远远多于阴霾，那些积极的温暖的线索，就会渐渐浮现出来。

在我的生活里，被拒绝、被忽略、让我想要去"记仇"的事情，还会继续发生。但现在，我下定决心，把每个我想要"记仇"的时刻，当作提醒自己更努力地积累和感受积极的时刻。

正是因为发生了没那么好的事情，所以我们才要一起做更多好的事情，从而包裹住那些不好的感觉。

感悟手札

一个人熬过一些苦，才能无所不能

刘同

一个人活在这个世界上是为了什么呢？我告诉你，是去经历和享受，做自己没做过的事情。无，则努力追求；有，则尽情享乐。合，则来；不合，则散。这是简单却正确的道理。

以前总怕别人不喜欢自己，于是拼命讨好迎合，要是被误会了，恨不得马上就能消除误会。现在越长大心越大，你不喜欢我，就不喜欢呗，大路朝天我们各走一边。

夜里躺在床上，却怎么也睡不着，会有许许多多的画面出现在脑海里，曾经的你，曾经的我，曾经的我们，或悲或喜，或忧或痛。很多人，不是你想一直陪伴就真的能一直陪伴的；很多事，不是你想怎么样就真的能怎么样的，你无能为力。什么时过境迁、物是人非，都可以成为很好的理由。

总有那么一段时间，自己过不去，别人没法懂。不说不吵不闹，却是最大的心病。但凡熬过去，都是百毒不侵。

总有一天你会发现，感情没那么重要，那些曾经念念不忘的，让你辗转难眠的过去，终有一天会被埋葬在心底最深的地方，你偶尔想起来的时候已经觉得不痛不痒了，所以，熬过去就好了。

我们努力了、珍惜了，便问心无愧，其他的，交给命运。在生命的征途中，人活着，没有必要凡事都去争个明白，生活的作用是有价值，生活的标准是要幸福。没有谁的生活始终充满幸福快乐，总有一些痛苦会折磨我们的心灵。我们可以选择让心静下来，慢慢沉淀那些痛苦。

有些事情，拿不起，就选择放下；有些东西，要不得，就把它们放弃；有些感情，理不顺，就忍痛割舍；有些伤痛，挥不去，就学着遗忘；有些过去，忘不了，就藏于心底；有些工作，做不好，就向别人求助。人生，总有路可走，风雨人生，淡然相随。只要快乐，你就什么都不缺。

当你觉得实在撑不下去了，那就努力把这一天熬过去。也许一觉醒来，一切就有了转机。生活中绝大多数烦恼不是解决掉的，而是被稀里糊涂忘掉的。目光太长远地活着，容易累。只过好当天的日子，也不失为一种智慧。

人生的道路即使再崎岖，我们也要坚定地走下去。只有坚持到底，才有获得胜利的机会；放弃只能让一切功亏一篑。不要怀疑自己是否有能力往下走，坚信自己，才能让自己走得更加坚定。

与其担心未来，不如现在好好努力。这条路上，只有奋斗才能给你安全感。不要轻易把梦想寄托在某个人身上，也不要太在乎身旁的耳语，因为未来是你自己的，只有你能给自己最大的安全感。别忘了答应自己要做的事，别忘记自己想去的地方，不管有多难，有多远。

当你选择的那一刻，不要怀疑，不要犹豫，决定只不过是你必须要走的一步。人生就像旅途，难免会遇到荆棘和坎坷，但是当你走到最后你才会发现，原来中途的"坎坷"只不过是你旅途中的一道风景而已。

人生没有对错，只有选择后的坚持，不后悔，走下去，就是对的。走着走着，花就开了。人生，靠的不是时间，靠的是珍惜。抱最大的希望，尽最大的努力，做最坏的打算，持最好的心态。记住该记住的，忘记该忘记的，改变能改变的，接受已成事实的。

没有过不去的事情，只有过不去的心情。只要把心情变一变，世界就完全不一样了。不必太纠结于当下，也不必太忧虑未来，当你经历过一些事情之后，眼前的风景就已经跟从前的不一样了。

成功是件困难的事，这谁都懂，但也别太绷着，你得有自己的生活。有喜欢的人就去追，哪怕到头来是一场错过；有想要实现的梦就去追，哪怕最后是一场空。失败没什么，谁都有被嫌弃的时候，命运就是这样一个积累的过程。有一天你突然美梦成真，你以为是撞了大运，其实不是，那是一份迟到的礼物。

正大光明地爱美，让别人邋遢去吧

万特特

过年回家，我听到姐姐在教育她10岁的女儿："小女孩家家的，不用那么臭美，好好学习才是对的。"

"如果考不上大学，再美又有什么用？"

"爱美太费时间了，上了中学之后你如果再这样，不知道要浪费多少学习的时间。"

我在旁边听得毛骨悚然。

是的，在我的家族里，才10岁就要背负起考一所好大学的压力；才10岁就会被家长教育，"爱美会阻碍你变成一个成功的人"。

那个 10 岁的小姑娘，喜欢穿鲜艳的裙子，喜欢照镜子，喜欢每天让宠她的奶奶将她的头发编织成美美的辫子。

听着姐姐的话，我才意识到我是怎样变成了一个完全不在意外表的女生。

在你漫长的成长期里，是不是充斥着这样的误解：爱美等同于肤浅，打扮得太漂亮、太精致的姑娘被解读为不听话、不务正业，甚至被看作坏女孩；而素面朝天、发型简单，甚至不修边幅的女孩则被解读为乖、听话、好孩子？

尤其是进入青春期之后，女孩都开始爱美，可大多数父母仍将爱美视为不正常的表现。他们甚至十分警惕这种变化，不自觉地疑惑："女儿最近开始爱打扮了，是不是早恋了？"

有多少人和我一样，在这样的解读之下，从来没想过自己可以变得更美。

我身边有太多的乖乖女，上学时连选择发型的标准都是"选一个好打理的"。

我们习惯了素面朝天，即使接触了化妆，也只会在出门前涂颜色最淡的唇膏。画眼线、选择适合自己的穿衣风格，对我们来说简直比解数学题还要难。

我有很多次怒摔眼线笔，随后索性再也不画眼线；也有很多次因为选了不适合自己的口红颜色，涂上之后被朋友取笑，随后索性只涂润唇膏。

我们饥不择食地选用化妆品，想要打败脸上的痘痘，或者笃信一款新发型就可以改变自己的容貌，最终却在一名不太合格的理发师手中变成一个发质越来越糟糕的人。

我们从小就缺失了对"美"以及"爱美"的教育，于是长大之后，每一步超越自己的步伐都是那么的艰难，并且，越艰难就越容易放弃，最后我们干脆就在自己的舒适区里一直耗下去了。

你看，在我们从小到大接受的教育里，我们被告知爱美会浪费时间、耽误精力，甚至会让我们变成一个坏孩子。可事实上，爱美和努力学习、勤奋工作，从来都不是对立的啊！

我的学姐是经济学博士，也非常爱美，爱涂大红色的指甲油，还经常化浓妆。

她跟我说，第一次见到她的人最常说的话有两种：一种是"啊，真看不出来你有这么高的学历"，还有一种是"啊，真没想到你长这样啊"。

所以久而久之，别人介绍她时特别爱说的一句话是："她才不是你以为的那种学霸！"

学姐说，从小她的父母也不允许她过度打扮，可是她爱穿裙子，就只穿裙子，在学习的间隙会搜罗那种很美的裙子。为了让长发更顺滑，她很早就学会了用橄榄油护发。用她的话说："头发毛毛糙糙的时候，我无法安心学习。"

有时候，父母也会忧心忡忡地看着她试新衣服，可她转头就去上自习了，扔下一句："你们不知道，穿上漂亮衣服的我，学习的时候更有战斗力！"

这才是对美的正确态度吧。如果你不爱美，那么随意地生活就好；如果你爱美，那就正大光明地爱美，让别人邋遢去吧！

很不好意思承认，我是在25岁那年，才开始坦坦荡荡地追求美的。

在那之前，我埋头于学业、写作、工作以及一切我认为无比重要的东西，却从不觉得"将自己打扮得美美的"也是一件极为重要的事情。

漫长的学生时代，我为了早早去抢占图书馆的座位，匆匆洗把脸、刷刷牙就出门，连早饭都是边走边吃。

工作之后，我觉得对客户来说我的专业能力更重要，于是甘愿深夜写报告，而不在乎自己去谈判时是不是穿了合适的衣服。

25岁之后，我终于收起那些网络爆款衣服，丢掉各种积了灰的劣质化妆品，做了祛斑和修眉，挑选质量上乘、剪裁优良的衣服。

大多数情况下，我仍然觉得素面朝天比较舒服，但在自己想要或需要打扮的时候，我也能迅速拾掇起一个精致的自己。

这样当然是有效果的，就连我的男同事都说："我发现你最近变漂亮了。"

以前，我只希望自己成为一个勤奋的女孩、一个独立的女孩、一个乐观的女孩，现在，我还希望自己成为一个爱美的女孩。

若我以后有了一个女儿，我真想告诉她："爱美不是虚荣轻佻，不是浅薄浮夸，不是不务正业。爱美是你的天性，爱美也可以是你的选择。它和你生命里的其他任何事情都不相悖，因为，爱美，只是爱美而已。"

你的才华不会因为你变漂亮而褪色，你的精力也不会因为你爱美而被削弱。更何况，美也是一种武器。

想象一下，即使在房间之外的一切事物都是一团糟，即使人生被巨大的绝望充斥，但你仍然华服笔挺、妆容精致。你涂画眼睫，就像一个战士穿上他的盔甲；你勾勒红唇，就像一个将军整顿他的人马。

人生有数不尽的事情，但唯独这一件，你能够全权掌握。你可以决定你自己，决定眼线的长度，决定唇眉的颜色，决定锁骨边项链的材质，决定高跟鞋能踏出多么嗒嗒有力的声音。

在遥远的过去，无数人指着一个裙裾摇曳的背影说："真没想到她是这种女孩啊。"而在每一个美妙十足的当下，你知道你的华服里面，是和那整饬的针脚一样坚不可摧的灵魂，而你细心打理过的皮囊下包裹着的，是一座同样用心打理过的花园，它溪流潺潺，芬芳四溢。

你用你挺拔、舒展和自信的仪态告诉全世界："嘿，我来了，我准备好了，你们尽管放马过来吧！"你的眼眸里没有一丝怯懦，就像你的妆容一样，没有一点瑕疵。

感悟手札

是啊，我自卑

Celia

一

光是打出这个标题就花了我半个小时。

对我而言，要如此坦诚地说出"我自卑"这三个字真的太难了，因为我一直觉得这是一个无解的命题。自卑伴随了我这么多年，一不留神它就会兴风作浪，管都管不住。但仔细想想，不仅是我，好像全天下人都自卑。

"我脸上有很多痘痘，讲话时都不敢抬起头看对方。"

"我已经很努力地在学了，可是无论怎样都比不过别人，他们好像很轻松就能做好，我怎么这么笨！"

"我的腿真的好粗，夏天根本不敢穿裙子，要能瘦一点就好了。"

前两天收到一封私信，一个姑娘觉得自己是个特殊的女孩子，因为她的手脚每天都会出很多汗，时时刻刻都像刚洗过似的，夏天她也不敢穿漂亮的凉鞋。她不敢和男生靠得太近，不敢谈恋爱，因为怕对方一牵她的手就会被她的手汗恶心到。就这样她硬生生地错过了几个挺不错的男孩子。

刚看到这封私信的时候我特别惊讶，因为这样的理由而不敢谈恋爱，是不是有些紧张过度了。但之后我又特别理解她，她心中这些隐秘的、不敢让人知道的小缺憾，在别人看来无关痛痒，但对每个当事人而言，都是要用手紧紧捂住的疤。

我想起从前上初中时，班上有个女生特别矮，朋友老拿她的身高打趣，她也咋咋呼呼扑上来反击，并没人觉得不妥。有一天大家故伎重演，她愣了一会儿，突然就哭了。

她缩着肩膀哭的时候更矮了，我们尴尬地看着她的头顶。这种情绪一旦流露出来，我们才明白以往对她的冒犯有多深。

有时候我们感觉不到痛，只是因为我们不是那个人。

二

上次发的旅行照片收到一条评论，评论者称赞我的手臂光滑如玉。我突然就愣住了。

其实，我从小汗毛特别重，手上、腿上都毛茸茸的，小学时同学们都笑话我是"长毛怪"。哪怕是在夏季酷热的教室里，我也不愿意脱掉长袖校服，活生生闷得满脸通红。

终于熬过了那个周围人都口无遮拦的年纪，即便有时被别人看到，只要对方不点破，我们还是能相安无事的。可是有一天我和班上一个同学发生口角，他突然指着我的手臂说："你这个丑八怪，凶什么凶！"如果放到现在，我有一万句话可以就地顶回去："你凭什么利用我与生俱来的东西羞辱我？你凭什么因为我和别人不同就判定这是我的错？你凭什么用拙劣的人身攻击来掩盖自身的无知？你凭什么理直气壮地没教养？"

可是在那个当下，在那个我不知道世界上存在脱毛蜡纸、存在激光脱毛手术的当下，我像一个瘪掉的气球，涨红着脸一言不发。

我妈从来不让我剃毛，她说汗毛会越剃越长的，别管它们就好了。高中毕业时我提出想做脱毛手术，被我妈一口回绝，那时她一边快步往前走一边笑着说："弄掉干吗，这样不是蛮好的，不要老想这件事情。"就在这个轻描淡写的回复之后，我站在停车场旁边的林荫道上，像个神经病一样爆发了，哭得伤心欲绝，然后我说："你根本不懂，你根本不知道我有多难过！"

三

前两天一个朋友从美国出差回来，不知怎么就说起她读私立中学时的事。她的家长托关系才把她送进去，耳提面命让她努力读书。班上的很多同学家境优越，下了课大家围在一起讨论最新的电子产品、明星演唱会时，她都默默避开，坐在座位上假装看书，生怕被别人冷不防地问到。于是大家在背地里都说她高冷。

有时候自卑反而会让人变得很自傲，那是因为太胆怯，怕只要自己一出声，穷酸相就会暴露无遗，于是只好摆出一副完全不稀罕的架势。

那时她妈为了节约时间，每天骑电瓶车送她上学，一到离学校远一点的那个街口，她都硬扯着她妈的袖子让她停下，然后自己走过去。校门口停满了接送小孩的私家车，同学们从车上下来和她打招呼，然后她像个幸存者一样和他们一起大步走进校门。这是每一个平凡的早晨在她身上反复上演的故事。

在这样战战兢兢的背后，可能还有无数窘迫的瞬间：永远在为经济问题争吵的父母、那些连空调也不敢开的夏天、餐桌上永远不成对的筷子、超市里买一送一的图样尴尬的 T 恤、偷偷存钱买来却谎称是朋友送的小饰品……家长们永远不会明白一个小女孩的自尊心，永远不会明白这样东躲西藏生怕露馅的虚荣，他们只觉得有时间在乎这些虚头巴脑的东西，不如好好读书出人头地。

看她讲起往事时斟酌着挑选形容词的样子，我想，在被生活追赶了多年之后，她可能需要很多很多钱，去填补年少时贫穷的那个缺口。

四

童年时期班上总有一个又黑又胖的姑娘是所有人欺负的对象，她的存在让围观的人感到安全——幸好不是我。这种原始的霸权和侥幸是没有规则可言的，那些不知轻重的欺辱可能是一个人一生的阴影。

说实话，我认识的所有胖姑娘都有些敏感，因为当下的审美单一到只容得下瘦子。仿佛只要你是一个胖子，你的性格和涵养都无关紧要，你的观点也不会被重视。你少吃一点，别人就会戏谑地调侃，"你减肥啊"；要是你多吃一点，别人眼里的嫌弃根本藏也藏不住，"这么胖还吃啊"。

没人有耐心听你的抱怨，你的所有矫情都像是在作怪。于是你只好迎合所有的话题，换上没心没肺的外壳，把自卑的种子越埋越深。

无论你多有趣，多有才华，在别人眼里始终是"哦，那个胖子啊"。

别问我是怎么知道的，因为我胖过。

更悲哀的是，当我们喜欢上一个人，这种自卑就会变成双重的。他越好，你越胆小。身上所有的赘肉都像是定时炸弹，猝不及防被看上一眼，都会被炸得血肉模糊。我现在这么喜欢躺着，就是因为从前胖的时候白天不敢出门，怕遇见熟人，怕本该是美好的不期而遇，最终都变成视而不见。他不是歧视你，而是他根本就看不见你，你和这世上千千万万的胖子一样，内心炽热，长相模糊。

当然，大家都安慰你说，"你瘦了肯定好看，肯定有人追你"，可是你依然可以感觉得到他们语气里的庆幸——幸好不是我。

五

我没办法列举这个世界上千奇百怪的自卑的理由，但我可以肯定地说，人生中所有的低谷几乎都绕不开两件事：不够美，不够强。

不去寻求改变，才是自卑的根源。克服自卑的唯一办法，就是快快长大。

越快越好，变成美丽的人，变成强大的人，变成自己在深夜里幻想过无数次的样子，拥有良性循环的人生。

我是一个很肤浅的人，很难参透那种历经沧海桑田、世事沉浮后的内心宁静，世上哪有这么多刀枪不入的灵魂，能轻易抵挡外界的暴击。脆弱的普通人，只能走最实在的路。有一个以不变应万变的方法，就是把武器牢牢抓在手里，你的怯弱生长在哪里，你就把哪里割开，让它流血，让它接受阳光。

如果因为外表而自卑，那就去运动、去护肤、去化妆、去整容，去用一切方法让自己变美，怎么折腾怎么来，先抬起脸，再谈内心；如果因为家境而自卑，那就去好好工作，去赚钱，想尽一切办法去积累财富，能为自己买单，有一天就能赎回尊严；如果你是因为内在而自卑，那就去读书、去旅行、去社交，去尝试一切可能，让自己的内心丰富起来，让自己有话可说，有路可走。

其实最大的障碍不是自己，而是那些甘心活在泥淖里的人，他们会千方百计、拐弯抹角地告诉你，脸是原装的才自然，不化妆的女孩才清纯，拼命敛财太暴露野心，读这么多书有什么用。

如果你一开始被这些指指点点吓到，那你就很难从庸碌的框架里抽出身来，然后有一天你会发现自己变成他们中的一员，心存不甘，心存畏惧，害怕被别人的优秀刺伤，全身上下都是痛点，经不住别人轻轻一戳。

在人生的任何阶段，改变都不是一件羞耻的事情，因为变成天鹅的那一刻，周围会无与伦比的安静，所有自信的人，都是轻松自在的。

为什么我口口声声支持多元化，却还是希望每个人最好都能变得符合世俗的定义？因为一个特立独行的人身上背的担子太重，重到他很难匀出精力来喜爱自己。我们没法去要求一个人全盘接受现状，保持良好心态，不卑不亢、不虚荣。

心态的背后是能力、眼界、环境资源和经验赋予的安全感，要求一个从未得到过肯定的人调整心态，既莽撞又无效。

与其接受当下勉勉强强的自己，不如接受一个更好的自己。

和朋友出去吃饭，说到小时候汗毛长被人嘲笑的事情，她疑惑地看我一眼："哎，你以前手上有毛吗？"看吧，在你自己心里惊涛骇浪般的不安和恐惧，别人根本不会记得。没有人会拿过去的事情百般要挟，你当下的样子，就是你全部的筹码和理直气壮的勇气。

等到那一天，你就可以松口气说："反正现在好了。"

有时慢比快更考验人

麦家

第一次看到儿子在操场上骑车，我很激动，但转眼之间这种激动变成了紧张。因为我发现儿子骑车骑得飞快，我非常着急，我怕他摔倒，怕他出事。所以我一边追一边喊："儿子，骑慢一点，骑慢一点。"但儿子还是骑得飞快。自行车飞快地从我们面前穿过来穿过去，怎么都慢不下来，当它慢下来的时候就摔倒了。事实就是这样，很多事情慢比快更需要技术，更需要花工夫，更考验一个人整体的能力。

我至今还清晰地记得当初写我的第一部长篇小说《解密》时的情景。那是1991年7月，我正在解放军艺术学院文学系读书。即将毕业前的一天晚上，我突然决定要写一个大东西。但是我怎么也想不到，最后居然要用十余年来完成，准确说是11年，也就是我花了11年才写完这本书，真是受尽了折磨。

这部作品发表的时候总共20万字，但我删掉的字数至少有四个20万，我在不停地修改、推倒重来。因为受尽折磨，我多次决定要跟它"分手"，但是它已经和我的生命、血肉交融在一起，我要抛弃它，可能就是抛弃自己。

在这十多年时间里，我不停地在心里臭骂自己，你怎么会那么愚蠢、那么没用、那么可怜，你全部的青春都可能要为它报废。但是当有一天，我终于把这个作品写完的时候，我流泪了。我觉得我的人生已经经历了无数次逆袭、无数次攀登、无数次照亮。在写作过程中，我非常充分地认识了自己的优缺点。

那时候我常常告诫自己，当世界天天新、日日变的时候，我要继续做一个不变的人、慢的人、旧的人；当时代令人眼花缭乱的时候，我要敢于做一个气定神闲的人；当大家都在一路狂奔，往前追逐名利的时候，我要敢于独自后退，安于在一个孤独的角落寂寞地写作。

这个时代崇尚速度。每个人的愿望都像春天的花朵一样，争分夺秒、争先恐后地绽放。我用11年时间来写一部作品，就像坐船去伦敦一样，让人觉得有点傻。

但我们迷恋速度、放纵欲望时，却放弃了、丢失了非常多的可贵品质。比如说真善美，比如说安心、安静、耐心、坚守，这些非常好的品质，就在这种飞快的速度、巨大的欲望面前丢失了。

当我有了名，有人抱着钱天天催着我交稿时，我就迷失了。我就忘掉了曾经对自己的告诫，失去了坐船去伦敦的那种耐心。当你可以顺流而下的时候，大部分人不会去逆流而上。人本身是有重力的，欲望就是最大的自重。你在这种自重的惯性下，很容易顺流而下。

你们可能无法想象，我曾经用三个月时间，写完了一部 30 万字的长篇小说，这本书是《刀尖》，我用大半年的时间，对这部作品进行修订。那是我的一个伤疤，那里面真是破绽百出。有时候我觉得自己很奇怪，怎么会如此不爱惜自己的羽毛。现在一想，其实谜底就在我的心里。在巨大的欲望面前，我败下阵来，我成了自己的敌人并且被打败。可能塑造自己是非常难的，但是毁掉自己有时却非常容易。

人生有很多美好的东西，但是最美好和最伟大的东西肯定在你们的眼前，不是用物质打造而是在你们的心里，是用你们的心灵创造的。今后你们不管走到哪里，不管去做什么，都不要让自己的心空了。心空了黄金是填不满的，心空了陷阱无处不在。如果有一天你不小心掉落到陷阱，不妨向我学，爬出来，重新出发。

感悟手札

走远路与走弯路

郑百顺

浙江省博物馆有一幅常年展出的画作，是丰子恺先生的作品。

那幅画展现的是一个近景：一位赶路的人，以肘枕额俯身在一棵树上，他把包袱丢在脚旁，做出一副忧思状。树干只画到了一人高处，即使如此，参观者仍然能够联想到，这是一棵参天大树。画面中没有道路，但谁都能看得出，这人还要走很远很远的路。

这幅画被作者题名为"任重道远"，我三次去博物馆游览，每次都会在它面前驻足呆看。

也许是受到这幅画作的激励，几年后，我辞别西湖胜景，回到皖南江北的小县城创业。事业初创，生活就将人情的各式滋味，和世事的各种色调，杂拌了推给我看。虽然我尚未经历人生中的"艰难苦恨"，但年轻迷惘的时候，对前路的那种担心、害怕的忧虑，还是犹如赶路人的惆怅——落日西沉急，凉夜风声紧。

困境之中，我联想起，某网友为调侃城市交通拥堵而创作的一幅漫画。画面上只有红绿灯、十字路口和一排排等待着通行的车子，但注解却是一句有趣的话："世界上本来有很多条路，走的人多了，你便堵在了后头。"

我走上了创业这条路，与有稳定工作的同学和朋友们相比，算是一个选择在人生中走远路的人。如果，大家都在漫画里红绿灯下的十字路口排着队，一定会有许多被堵在后面的人羡慕着我吧？因为我所选择的道路，是人迹更少的那一条。

人生中有两条道路：一条是走远路，另一条是走弯路。当我们看到路途中的风景以后，就会发现，当初无论我们选择哪一条路，都会有"山重水复"的疑惑。但当我们走到道路尽头，也都能够遇到"柳暗花明"的世界。

与我同龄的一位建筑工人，无怨无悔地将青春的光彩投入工程机械扬起的尘埃之中，这使我误以为他是一个不懂得享受生活的人。忽然有一夜，我注意到他发布的一条微博，"月黑之夜，泰山之巅，风急天高，星辰清洁"。惊讶之余，我急忙追问他，才晓得他刚刚结束了一个阶段的工作，此时正背着帐篷爬泰山去过夜。

这，与他任劳任怨一心扎在工作上的形象，形成了鲜明的对比。如果不是跟他接通视频，看见山道夜景，听到泰山上的呼呼风声，我几乎不相信他微博内容的真实性。

那一夜他没能安睡，山风吹翻了他的帐篷，他只好一夜撑、拉、顶、拽，大山的脾气捉弄了他一夜，折腾得他力乏气喘。然而第二天，他却感叹："好久都没休息得这么好了！"

等着红日出尽，他又收拾好背包，在晨风中下山。一路上，他通过微博与我对话。

"如果人生真像你说的那样，有两条路可以选择，那么我这算是选择了一条远路，还是选择了一条弯路？"

我看罢无以作答，只觉得自手机屏幕中跳出了蓝色的动画，仿佛《动物总动员》里，寻得水源的比利，乘着浪花欢呼而来。

这画面就在小屏幕中加倍放大，直到我面前拓展出一片汪洋，我才从想象的情境中获得顿悟。原来选择哪一条人生道路并不重要，重要的是，当我们处在困境之中时，不要绝望地认为已经无路可走。

感·悟·手·札

不要被自己打败，不要被害怕打败

柏邦妮

我 15 岁的时候，发生了一件这样的事情。我从小体育就特别不好，有自身条件的问题，有后天的心理阴影，总而言之，我超级不爱运动。各种体育课都是能躲就躲，运动会，我一直负责写稿子上去念，从来不出力。初三的运动会，班主任说，喂！你这个从来没有参加过运动会的人，必须参加一次。做什么呢？你去跑长跑吧。我应承下来，练习了几次，决定去参加运动会。

我现在还记得很清楚那个场景。因为是长跑，大多数是凑人头，跑到一半，已经有一多半选手溜掉。我是最后一名，落后别人不知道多少圈，但是我还在跑。而且，一边跑，一边大声给自己喊加油，喊得特别大声，声震操场。那个场景，就是一个 15 岁的女生，扎两个马尾辫，个子很小，跑得很慢，但是一直在跑，一边哭一边跑，一直在大声喊："加油！加油！"

我跑到后来，全场震动，很多人围观，一半也许是感动，一半也许是好奇或者什么吧。总而言之，我跑到终点的时候，肺感觉要炸掉，扑到好朋友小微的怀里，远远地听见很多人为我鼓掌。

这几天，写剧本很不顺利，又崩溃了一次。我发了几条微博，写道：不要被自己打败，不要被害怕打败。写下去，写下去。只要没人叫停，你就写下去。

今天，我突然想起那个 15 岁一边跑一边给自己加油的女孩。20 年过去了，我居然还是那个又狼狈又硬撑的女孩，一点长进都没有啊，但是这就是我。

想到这里，我突然释然了。

（摘自《文苑》）

感·悟·手·札 • • • • • • • • • • • • • • • •

我必须成为一个骄傲

俊子采绿

上小学的时候我成绩很差，脾气顽劣。那时父亲对我的要求是：安分长大，不瞎折腾。

上初中的时候我成绩优异，备受瞩目。那时父亲对我的要求是：必须进入市重点高中。

上高一的时候，我的成绩开始下滑，无人关注。那时父亲对我的要求是：放松心情，考上一个不错的一类大学。

上高二的时候，我奋起直追，成绩飙升。那时父亲对我的要求是：必须考入重点大学。

现在我上高三，正在为他这个"必须"而拼命学习。可父亲的要求越来越严格，甚至有些严苛。有时候我会很无奈地想：如果我还是小时候那个不知轻重的女孩该多好，可以安安心心地去做自己喜欢的事，不需要去背负那么多的希冀。

然而那是不可能的事情，作为家中的长女，我没有放纵的资格。我必须为弟弟做榜样，最重要的是在他面前展现出对学习无与伦比的热爱，即使我明明很讨厌学习这件事。然后我得学着懂事，对所有人都要有礼貌，学会忍让，甚至舍弃一些自己珍爱的东西。也许这就是成长的代价吧，流着泪离真实的自己越来越远。

初三的时候学校搞了一场艺术生招生考试，我有些心动——从小喜欢唱歌的我，始终向往着艺术家的生活。可当时我的脑海里突然涌出一幅画面，醉酒的父亲失去了平时庄严的形象，流着眼泪一遍遍地对我说："你要成为我的骄傲，给爸争口气，爸爸就靠你了！"然后我放弃了这辈子唯一一次进入艺术学院的机会，我是要成为他的骄傲的呀。

可我心里一直酸酸的，以前我放弃了钢琴和舞蹈，现在我放弃了最后的梦想。不过人生就是这样曲折和无奈啊，充满了跌宕起伏的色彩。

习惯了繁重的功课，单调的高三生活也没那么难熬了。我会在夜深人静的时候一遍一遍提醒自己：你是要成为骄傲的人啊，没有什么回旋的余地。

其实回头仔细想想，从来没有人强迫我放弃什么，可那些梦想终究埋没在了荒芜的青春里。

感悟手札

爱是需要付出的

陈思呈

我是 20 世纪 70 年代出生的，五岁时，妈妈生了我妹妹。那一年，不知为什么，我的很多同学纷纷当了姐姐或哥哥。他们多数都对家里骤然多出来的小家伙充满敌意。

那个时代没有绘本。要是今天，绘本可能会让孩子们明白一些道理。

某个绘本故事里有一只叫布奇诺的小鸡，妈妈很爱他。后来窝里多了一只鸡蛋，布奇诺觉得很讨厌，因为那只蛋分走了妈妈的注意力，晚上又挤得自己睡不好。他想了一个馊主意：偷走那只蛋。

他想把蛋丢到山上去，爬山的时候，它怕蛋摔坏了，只好扛在自己的肩膀上。山洞里的蛇要吃蛋，天上飞的老鹰来抢蛋，布奇诺只好一次次挡在蛋前面，保护它。花了很多时间和力气才爬到山顶，布奇诺把蛋放在那里，转身要走，这时一只小鸡从蛋里蹦了出来。

小鸡对布奇诺说"我冷"，布奇诺没办法，用翅膀温暖它。

它又对布奇诺说"我饿"，布奇诺只好把自己仅有的干粮给它。

它以为布奇诺是自己的妈妈。布奇诺说："我带你去找我们的妈妈。"

走了很远的路，回到了家里，布奇诺发现自己爱上了这只蛋，不，是爱上了这只新的小鸡。

这个故事的智慧在哪里呢？大概是告诉我们：感情，是通过劳动创造出来的。

作为家里的一员，我们很难理解为什么会有另一个小孩来瓜分属于自己的资源。但应该帮我们扣好人生第一颗扣子的父母却无暇顾及我们的感受，只会告诉我们，要让着 TA，因为你是姐姐，要爱 TA，因为你是姐姐。

世界上没有无缘无故的爱。爱是需要创造的，需要为之付出时间，付出劳动。

在法国童话《小王子》里面，那只小狐狸也在期待这样一种关系。

小狐狸对小王子说："请你来驯服我吧。如果你没有驯服我，我和千万只狐狸没有什么不同，你也和千万个孩子没有什么不同，但如果你驯服了我，我们就会彼此需要，你对我来说是独一无二的，我对你来说也是独一无二的。我会辨别你的脚步声，别人的脚步声让我躲在洞下，你的脚步声让我走出洞穴。如果你没有驯服我，我看到麦田也不会想起什么，因为我不吃面包，但如果你驯服了我，我看到麦田就会想起你，因为你的头发是金色的。"

小狐狸还仔细地告诉了小王子驯服的方法和步骤。驯服一个人，需要仪式感，需要在固定的时间做固定的事，形成期待。

小王子依言做了，但他们要分别了，小狐狸开始难过。

小王子不理解："你让我驯服你，结果现在这么难过，那驯服有什么好处呢？"

狐狸说："有好处的，这个好处就是——麦田的颜色。"

付出了时间和劳动，产生了爱；爱产生了，又面临分离。一切都白费了吗？并没有。关系教会了人们思念。麦田不再只是一种普通的金色。思念使万物成金。

我至今仍很遗憾，当我的生活里第一次出现一个陌生的生命——我的妹妹——的时候，我没有能够创造爱——被父母以"不要添乱"为由拒绝了。

我更多地被送往外婆家，妹妹更多地留在祖母家，我不需要与她密切接触，更谈不上照顾她。我们生命中第一个联结机会，就这样失去了。

我们慢慢地长大了，回到家里，重新生活在一起，也像很多姐妹一样，吵吵闹闹又说说笑笑，但我总是遗憾于人生里第一次可以自己创造爱的机会被错失，我不会像小鸡布奇诺爱那只鸡蛋一样去爱妹妹，因为我没有像小鸡布奇诺照顾那只蛋一样地去照顾过她。

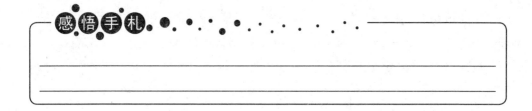

少年长大了

阎仁厚

少年是什么时候变成大人的呢？ 30年后，当他回忆往事时，总会想起那个暑假，想起他的第一次江湖之行。

那天，独自在市里求学的少年决定：暑假不回老家了，不挣到生活费誓不还。

很幸运，他在学校觅得一份收发报纸信件的活计。一想到一个月后，口袋里就会有几张通过自己劳动挣来的票子，然后会变成米饭、菜肴，甚至鸡腿，少年不由得两眼放光。

他正在收发室发呆，忽有一人飘然而至，来人白衣如雪、长发飘飘。这不是班花吗？少年没来由地心如鹿撞，他故作轻松地问："你来取信吗？"

伊人声音细若蚊吟："我有点事想请你帮忙。"

少年一脸愕然，求我？

"我假期也不想回家，可我没有找到事情干。外面我不敢去……你的差事好像挺适合女生……"伊人低下头的温柔，恰似一朵水莲花不胜凉风的娇羞。

少年头脑一热，大声说："好，这就交接。"留下收发室钥匙，少年手一挥，远去。走至半路，少年忽然醒悟：我这就把自己的饭碗送给别人了？冲动真是魔鬼啊！

接下来几天，少年大清早就骑辆破单车出校门了。若有人留意，就会看见某个小区门口，那个羸弱少年，举着块写着"家教"字样的牌子，傻傻等着。

第一天，保安说站远点，小区门口不得随意停留。少年挪远点，出了树荫，在阳光下真的站成了"阳光少年"。

第二天，一个胖女人问："你要能猜出我的年龄，我就给你介绍事情做。"

少年一脸郁闷："我又不是江湖神算子，怎么能猜中？再说，如何判断对错？"

女人笑道："你还不傻啊。我这会儿闲得无聊，逗你玩呢。"

少年叹着气，悲愤而去。原来武侠小说都是骗人的，说好江湖风光无限好，其实江湖处处有深坑。晚上，少年梦见不用操心钱的日子像夜空的星星一样，明亮动人。他跳起来去抓星星，却怎么也够不着。

都说朋友多了路好走，这话不假。同学亚军就带来个消息：学校保卫处正在找两个陪老师值夜班的同学。

值班老师瞥了少年一眼，直摇头："这么瘦，遇到紧急情况能行吗？"

亚军拍着胸脯说："别看人瘦小，做事特靠谱，请您给个机会试试吧。"老师勉强同意。

第二天早上，值班老师揉揉蒙眬睡眼，发现地上靠墙根坐着的少年眼里满是红血丝，惊讶地问："你一夜没有睡觉？"

少年点了点头。老师沉思一会儿说："好，你明晚继续来值班。"

少年欣喜地应了一声，离去，头重脚轻。

下一夜，狂风大作，暴雨如千军万马从天而降，值班室里报警声骤然响起。"快走，是财务室警报响了。"老师刚说完，一道瘦影如同一柄朴刀，劈入雨幕中。等老师赶到，才发现少年早到了——他握着根棍子，警惕地察看着一扇窗户。

是窗户被风吹开了，虚惊一场。"你假期都来值班吧。"老师发了话。

少年呵呵笑着，猛然觉得脚底疼——刚才跑得太快，一只鞋子丢了，脚底被沙石磨了几道口子。

一晃暑假即将结束，少年打电话告诉父母："爸妈，这个假期我挣了150块钱，够几个月的生活费了，不用你们寄钱过来。"

母亲有点激动，哽咽道："好，好，儿子，你长大了！"

是的，少年也觉得自己一下子就长大了。那天，少年恰好16岁半，属于他的江湖正徐徐拉开序幕。

感悟手札

辛酸减肥史

阿雅

很不幸，关于身材的胖瘦，我的体质也和我的性格一样，必须要很用力才能维持住银幕上得体的视觉效果。所以，谈到减肥，我可有一大堆血泪史。

其实，以前我并不知道什么叫胖。高中时代，谁还不带着几分婴儿肥嘛！（虽然，我那时候的婴儿肥已经"爆棚"了。）还记得当年与大S、小S、吴佩慈等"七仙女帮"的好姐妹一起聊自己的人生目标，轮到我发言时，我不假思索，像是讲出一个世间真理一般，说："人生以吃得爽为目标。"大家立刻咋呼起来，对我这个豪迈的"柳大哥"又多了几分敬意。

姐妹们叫我"柳大哥"，但有一半的时间，她们也叫我"小胖子"。我常误把"小胖子"幻听成"小包子"，而每当这时我就感觉又饿了。青春期嘛，多吃点才能长身体嘛——我总是这样给自己洗脑。于是高中时期的我，过着"一天吃七餐，志得又意满"的生活。

就这样，在台北一所名为"华冈艺校"的专门培养艺人、明星的私立高中里，在一群号称"七仙女帮"的姐妹淘中，有一个被尊称为"柳大哥"的女生，她身高 1.57 米，体重却有 54.5 公斤。

有一天，这个小女生的尖叫声惊醒了附近所有的邻居：因为她套上了一条前一季她每天都很爱穿的直筒裤，谁料，小直筒因为大腿根部太紧绷而变成了小喇叭！

我站在镜子前，左瞧瞧、右瞧瞧，小直筒变成小喇叭不说，我一向最自豪的长腿比例，也不知何时悄悄缩短了。"妈呀！原来我真是个小胖子！"这一声惊呼之后，我觉醒了："该减肥了！"

因为是用力型的人，深信尽一分努力才会有一分收获，一旦决定减肥，我立刻一百八十度大转变，摇身变成"减肥苦行僧"。对一个十七八岁的女孩来说，苹果减肥法、绷带减肥法、水煮蛋减肥法、酸梅减肥法、针灸减肥法、埋耳针减肥法……当然还有各种减肥药，相信我，这世间所有你能想到的减肥方法，当时的我都试了一遍。（幸好当时没有人宣称吃屎可以减肥，不然，我想，我极可能也会亲自一试。万幸，万幸！）

我的减肥史，就如神农氏尝百草一般，亲身尝试了各种口耳相传的减肥方法，还自创了几招"可能可以减肥"的方法。例如，把一种消化饼干，反复放进烤箱烘烤，每烤一次，就用餐巾纸吸去饼干上冒出的油脂。为了彻底去除油脂，烤一两次之后，我甚至把饼干压碎再度去烤。最后，一边吃又焦又干的饼干屑，一边自我催眠：这样吃总不会发胖了吧？

记得有一次暑假，我发现"吃冰疑似可以减肥"（因为里面没有油嘛），接下来的半年，我的饮食完全被锉冰取代。所以"锉冰"不仅是我的成名曲，也是我的减肥辛酸史——那一年的锉冰吃到最后，我的生理期不见了，我闭经了！

西医说"因为身体感觉到生存的威胁，所以自动暂停了生殖功能"；中医则说"体内太寒，以致气瘀血滞"。我姐追问医生："接下来会怎样？会长腿毛和胡子吗？会变成货真价实的柳大哥吗……"那段"锉冰岁月"让我的体质彻底改变，日后，只要喝一口冰水，我的脚底就会冒冷汗，掌心也有一种奇冷无比的、隐隐作痛的感觉。

这真是，只想优雅转身，不料华丽撞墙。

为了减肥，我搞坏的不只是身体，还有友情。

因为我是个"恶性减肥者"（行为恶劣的减肥者），姐妹淘们越来越怕跟我一起吃饭。有一阵子，我迷信健怡可乐"可能可以减肥"，因此，每餐只喝健怡可乐。当时的场景，据观察仔细的姐妹描述如下："七仙女聚餐，阿雅一定抱着她的健怡可乐。用餐的全过程，只见阿雅咬着吸管，神情愉悦地盯着姐妹们用餐。她渴望地看着别人盘中的美食，然后用心地吸着她的健怡可乐。"

有一次吃完饭，在赶去教室的途中，我竟然开始狂吐，而且是"口吐白沫"式的呕吐，熙媛她们在一旁都吓坏了，以为我误食了老鼠药什么的。但没过一会儿，她们就发现我吐的是健怡可乐，每个人都很气愤，扬言我再这样下去的话，就不跟我同桌吃饭了。

因为凡事用力的个性，我在极端减肥时，甚至为自己设定了一个强烈的目标："我要变瘦，就算把身体搞坏了也不在乎！"很多人应该都能体会女生的这种疯狂。问题是，这样减肥的结果是不但把身体搞坏了，也影响了人际关系。更令人难过的是，我整个人完全被"减肥"这个念头控制了。想好好看一场电影，内心却陷入应不应该买爆米花的天人交战；到了每天下午，一般人偶尔吃一次下午茶，配一块芝士蛋糕，就可以得到完全的满足，那是很自然、很正常的状态，但是被减肥念头控制的我，却没有办法在吃了一块蛋糕后，有正常的心理满足感。我要么觉得极度不满足，内心挣扎着想：再吃一块吧，刚才那块很小啊，再吃一块应该不会怎样吧？要不就觉得极度厌恶，内心咒骂：一块蛋糕的热量是400卡，等于两碗大米饭，我是失心疯了吗？接下来四天都不要再吃任何东西了！

减肥的念头无时无刻不在控制着我，让我没有片刻觉得轻松自在。那段日子我始终处于一种紧张的状态，心里不是渴望就是自责。

但是这样疯狂的减肥并没有带来什么好结果。随着我的狂吃狂减，体重忽上忽下，身材忽胖忽瘦，面对这种惨痛的轮回，我终于悟出一个道理：减肥，不会有立竿见影的方法，不要再期待任何一种"神奇减肥法"！真正的减肥秘诀只有"少吃多动"。

对我来说，现在体重能长久维持在一个令人满意的水平，最有效的就是那几个最平凡的小办法：能站着就别坐着，能走路就别坐车；早餐吃得像皇帝，午餐吃得像王子，晚餐吃得像乞丐；不仅要吃得少一点，还要吃得早一点，还有，我本人吃素。

"少吃多动"看上去简单，做起来很难，有多少女孩就败在这四个字上。要么兴致来了，极端减肥；要么自暴自弃，甘愿变得皮松肉垮。其实，如何少吃，如何多动？只有将它变成一种生活的戒律，让它充分融入你的生活，才能最不费力、长久持续地进行下去。

感·悟·手·札